The
SPICE ROUTE
A HISTORY

香料之路

一部关于欲望、探险和帝国的历史

by
John Keay

[英] 约翰·凯伊 著　　荣岩 译

九州出版社
JIUZHOUPRESS

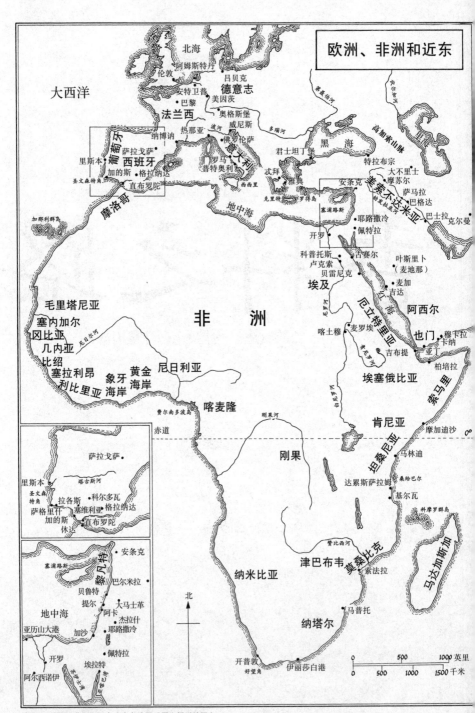

地图1 欧洲、非洲和近东（本书地图系原文插附地图）

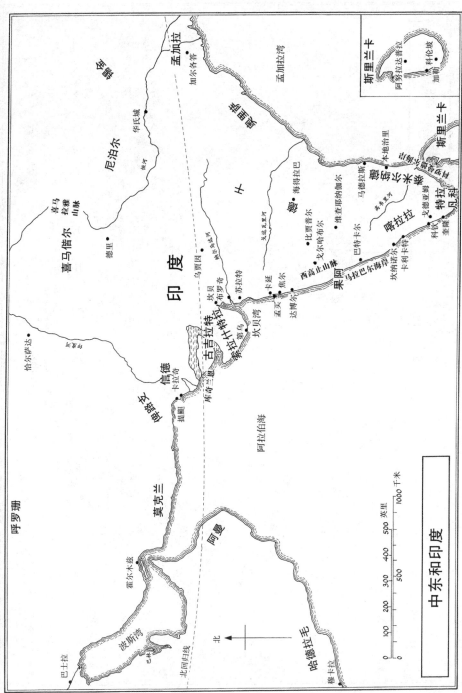

地图 2 中东和印度

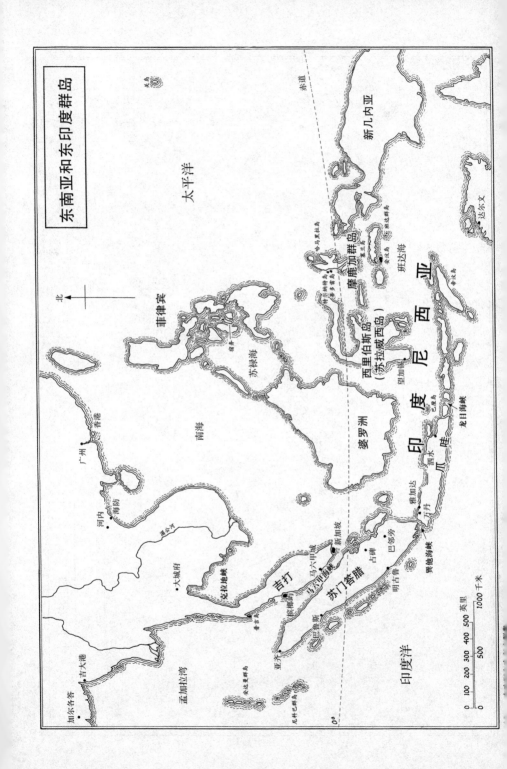

东南亚和东印度群岛

目　录

前　言

自1908年伦纳德·伍尔夫（数年后，他将成为弗吉尼亚的丈夫）被派驻以来，斯里兰卡的渔港汉班托特几乎没有发生什么变化，直到2004年年底那场大海啸。距离伍尔夫当时的住处最近的商店仍然是一家五金店兼杂货店，店内光线不好，十分昏暗，店主仍旧坐在一个宽大的木制柜台后面，柜台的设计虽显得有点奇特，但符合当地传统。胶合板窄条从柜台表面的一边伸长到另一边，纵横交错地粘在一起，形成了一个由小小的方形容器组成的"蜂巢"。大约有100个这样的方形小格子，每一个都装有干枯的林地植物碎屑，比如根、种子、树枝和坚果。而并排放置的塑料罐和旧的烟草锡罐里装的东西也是一样的，只是叶子、花蕾和黏稠的香精这些类别更多一些。所有这些东西的称量都非常精确，如果有必要的话，就用非常锋利的小刀削砍，称量时会使用珠宝秤，之后小心地用前一日的报纸包裹起来，因为它们都是香料。尽管看起来不多，但是浓烈的气味已经表明了它们的存在，它们散发出不同的气味，互相抵触，冲击着鼻窦，效果堪比一支铜管乐队为乐器调音而产生的听觉冲击。听起来似乎很难相信，人类竟然会为了获得与上述那些散发难闻的气味、外观又不起眼的相似的事物，第一次冒险进入了未知的领域，并渴望掌控全球环境。

历史总是喜爱悖论，没有什么比对香料的渴求更能推动人们对于地球的探索了。君王们以声望做出保证，航海家们冒着生命危险，他们不是为了追求黄金或权力，而是为了改变一些非必需的，而今几乎已无关紧要的植物生成物的分配。无论是像瓦斯科·达·伽马那样向东航行，还是像克里斯托弗·哥伦布和斐迪南·麦哲伦那样向西航行，伟大的文艺复兴时期的先驱们总是为了寻找香料去远航。美洲、环绕非洲的海上航线，以及地球周长中缺失的一环——太平洋——等发现，都是在对这种辛辣味道的追寻中偶然发现的。因此，推而广之，造船业、航海科学和弹道学的发展也是如此，这些发展最终使西欧的海上强国拥有了超越其他国家的优势，并由此获得了诸多领地，成为帝国。

但是，香料的诱惑由来已久，不具有新意，受到诱惑的范围也不狭小。它始于人类历史的发端，将一直延续至地球末日。在达·伽马起锚之前的很长一段时间，香料的气味引诱埃及法老，腓尼基的水手，希腊-罗马、印度-阿拉伯的商人，伊斯兰学者，威尼斯探险家，非洲冒险家和中国使者进入未知的水域。从亚历山大大帝时代之前起大约至拿破仑时代，几乎每一位航海先驱都对这些散发辛辣气味的物质有敏锐的嗅觉。多亏了有这样一项挑战，即寻求香料和改变这些异域商品的路线，人类才学会克服对于世界海域的恐惧，掌握了航海技能，发现了最偏远的海岸，可以说，渐渐"发展，以至适应"了广袤的地球。

人们经常讲述欧洲的扩张和帝国时代的那段历史；相关学者还研究了在欧洲国家于文艺复兴时期所做的干预前后，香料贸易的起源和经济形势。人们对于东西方贸易历史上的非欧洲因素知之甚少。在追溯古代对于香料路线的表述，以及他们对于这些路线的不断探索和调整的过程中，本书可能是第一本将欧洲在公元

1400年后的努力置于更广泛、更古老的追寻背景之下的书。

　　没有一个重要的行业离不开香料，除了医药之外，也没有任何艺术或科学的分支离不开香料。人体需要矿物质，尤其是盐分；但胡椒是所有香料中交易量最大的，与饮食无关。一个人可以过上完全健康的生活，而无须摄入、吸入或以其他方式接触到的任何脱水植物，这些植物传统上被认为是香料。它们在任何生理意义上来说也不会使人成瘾。在香料短缺的时期，可能纯粹是社会和经济方面表现出戒断症状。

　　不过，这就是问题的关键。在过去效用至上的时代，香料的魅力恰恰在于其无关紧要。香料太罕见了，这一点足以彰显它的与众不同，香料也十分独特，毫无疑问不会被弄错，它坦然地宣称自己为奢侈品。有些香料具有治疗或刺激作用，但在大多数情况下，它们的刺鼻气味和辛辣味道只是被有效地用来宣传消费者的奢靡做派，引发其他人的嫉妒。通过迷惑粗鄙之人，提升平庸者，人们利用香料，实现奉承和安抚的目的。对于嗅觉和味觉来说，它们表现得就像丝绸之于触觉，或者音乐之于听觉，适得其所。

　　丝绸曾经是中国专有的产品，也具有类似香料的特点。希腊人和罗马人在了解它是如何制成的，或者来自何处之前很久，就受到其触觉和光泽的诱惑。这些谜团只会增加它的吸引力。西亚和欧洲的需求产生了一系列互相有联系的贸易路线，通过这些陆上路线，这些地区从中国费力地运来了纱线、布料和服装。但这些路线（后来被统称为"丝绸之路"）的传奇色彩，被证明纯粹是源于欧洲人的自负。其他去往印度和东南亚的丝绸之路遭到了忽视。只有穿越沙漠去往撒马尔罕和地中海地区的漫长的商队路线，得到了赞颂、研究，最终被探索。对于欧洲人来说，这条

"丝绸之路"——他们的"丝绸之路"，才能被视为一种挑战，被认为确实配得上一个专有名称。

香料的情况也是如此。从逻辑上来讲，单一香料路线的概念几乎是站不住脚的，香料以前生长于气候温暖的地区，但分布广泛，现在仍然如此，它们通过整个路线网络到达更广泛的市场。还有些香料几乎没有流传出去。印度可能是世界上最大的香料消费国，也是最大的生产国；中国也是香料的进口国和出口国。因此，不能说有一条单一的贸易走廊，将世界上的香料种植园与香料厨房联系起来。香料贸易流动的方向也不一致。例如，藏红花在古代是从西到东，再从东到西，现在可能完全是倒过来了。

单一香料路线的概念之所以出现，只是因为欧洲人认为他们自己的消费区域是首要的，并假设存在一个可定义的生产区域。在这两个区域之间肯定有一条"香料路线"，尽管与丝绸之路不同的是，它显然跨越了更多的水路，而非陆路，因此更容易频繁重整路线。随着航海家变得越发大胆，船只变得越发适合航行，其仪器也越发复杂，航道逐渐远离海岸线，穿越开阔水域的捷径也有所延伸。

香料的生产区域被模糊地称为"东印度群岛"，但随着个别香料得到了正确的溯源，这一区域变得越发具体。到中世纪后期，最上等的烹饪添加剂中，只有三种仍然未得到地方认同。在那些原产地非常遥远，以至这一点成为一种决定性特征的香料商品中，上述三种无疑是最遥远的。没有办法，在原产地没有被真正发现之前，它们被分配了各自的生产地实体，即所谓的"香料群岛"。和"丝绸之路"一样，这个名字也引发了人们的猜测，激起了冒险家的热情，并被视为一种挑战。

　　古代人的混乱想法导致了惊人的误解和一些显然与之相关的推论。后来，中世纪的基督教世界欣羡伊斯兰世界的海上传奇，于是利用更狂野的虚构能力，编造了一些精彩的故事，程度之高，以至于将香料群岛提升为一个不折不扣的天堂。而不那么迷人的是文艺复兴和宗教改革时期，欧洲那些满脸胡须的老练水手傲慢且随意犯下的暴行。他们的成功也因此染上了污点，最终天堂本身也遭到了劫掠。整个社会都被摧毁了，世界上最传奇的贸易的神秘性也被无可救药地贬低了。数千年来，人们怀有的对于香料路线的期望，不到几个世纪就烟消云散了。

　　这个故事的结局并不美好。香料路线也没有留存丰富的考古遗址或人工制品的遗迹。事实上，人们可以追溯整条香料路线，而不会有意识地遇到任何能说明其存在的确凿证据。就像香料本身一样，香料路线的传奇以一种不那么有形的形式存在着，在微风中，它留下了一股比汤还要浓郁、未被扰乱的气息，或者在海浪拍打海岸的沙沙声中，海浪忙着将珊瑚变成粉末状的沙子，从而也就抹除了过去的潮汐线，以及被遗忘了的危险和曾经有不速之客登陆的种种迹象。

　　在科钦大港入海口附近的马坦切里，一个主要从事香料批发的小集市上仍能闻到海风的味道，由此也给这个大转口港增添了一抹异域情调，它曾经是香料路线的组成部分。在喀拉拉内陆错综复杂的密林里，胡椒藤仍从旁边的寄生植物上蔓生出来，而跨过保克海峡，斯里兰卡的杂货店店主可能只需种植自己售卖的香料，就能填满香料柜台的小格子。但是，斯里兰卡最著名的香料肉桂，现在更广泛地种植在苏门答腊岛西部的高原上，那里秀丽的肉桂树沿着灌溉稻田排布，就像英国沼泽地里的柳树。

再往东，东爪哇的海港大都市泗水仍有一个专门为航海保留的港口。此地的香料路线传奇要比其他任何地方都更多地存在于带有异域风情的气味中，而且是以一种贸易和旅行的方式。码头长达一英里多，既没有龙门架，也没有集装箱。货物装载在麻袋和板条箱里。码头边挤满了小货车、手推车和跳板，所有这些都像兴奋无比的收割机开进了船舶的森林似的。这些船被含糊地称为马来快船（pinisi或prahu），大多数是在苏拉威西岛（有时被称作西里伯斯岛）或婆罗洲用柚木手工打造的，单桅杆或双桅杆，但现今也都装上了发动机，它们的排水量可能高达250吨。达·伽马和哥伦布乘坐的船只大小与这些船相当。马来快船不是停泊在码头边，而是在码头的一端，互相靠得很近，以至于它们突出的船头和船首斜桅构成了一条角度倾斜的大道。它们看起来像是被拴住的剑鱼，颜色有点像漂白了的鲸须。

大米、椰子、糖和西米现在构成了当地的主要贸易商品，香料则是次要的。但一旦离开河流，进入薄雾弥漫的爪哇海，当地的季节性商品路线仍然忠实地复制着香料时代的航线。前往安汶岛和帝汶岛、望加锡、马六甲城、巨港（旧称巴邻旁）和巴东的马来快船乘着同样的风航行，受到同样的希望鼓舞，也面临同样的危险。苏拉威西岛海岸外的一处礁石可能就是德雷克所乘的"金鹿"号搁浅的地方；在蒂多雷岛的一处海湾里，有潜水员报告说发现了船只的巨大残骸，可能是麦哲伦的旗舰"特立尼达"号；在摩鹿加群岛的一个小山顶上有一些城墙，四周杂草丛生，它们是贝尔吉卡堡所筑的墙，堡垒的荷兰主人见证了传统贸易的消亡。在这些地方，不需要多少想象力，就能触及香料路线，但要重现香料路线的传奇，大量的历史文献可能会有所帮助。

1

堕落之前

马来商人说，上帝为了檀香创造了帝汶岛，为了肉豆蔻创造了班达群岛，为了丁香创造了摩鹿加群岛，他们还说，这些商品在世界其他地方不为人熟知。我再三向他们问询，其他地方是否有这些商品，每个人都说没有。

——多默·皮列士，《东方志》

（*The Suma Oriental*，1515年[1]）

在某个偏僻的小岛上，一串串油亮的树叶在俊俏的肉豆蔻树顶端回旋摇曳。也许是被岛上一群大型野鸽的笨拙求爱行为所惊动，也许只是被一缕赤道微风吹得晃动起来。树枝摇动，细枝钩缠到一起，一颗成熟的果实脱落下来。这颗长得像桃子的球状果实向林间地面落去，由此开始了一场奥德赛之旅，这场旅行甚至能令奥德修斯也要为之惊叹。虽然这颗果子的掉落不为人所知，没有引发人们的注意，但它对于混沌理论的支持者来说，就像蝴蝶翅膀的振动一样意义重大，促使了后续一系列事情的发生。多亏了那些发情的鸽子或那缕奇异的微风，我们称之为香料的那些商品中的某一种开始了历史所能赋予自然产物的最漫长的旅程。

肉豆蔻被运送到世界的另一边，取用其少量果实，可缓和希腊阿提卡地区烈酒的辛辣口感，可使患上痢疾的埃及水手固肠，也可添加在多泡沫的德国奥格斯堡啤酒中，喝了之后让人不禁咂嘴称赞。如今，添加了肉豆蔻果实精华的条形美容皂香气扑鼻，圣诞布丁则别具风味。据说，肉豆蔻也是诸如维克斯达姆膏和可口可乐等专利品牌绝密配方的其中一种成分。

岛上的种植户不是没有意识到这些下游商机，也曾经想要从中获利。丰收季节来临，他们除了捡拾掉落在地上的果实，也会尽可能多地采集树上的果实。他们在长杆顶端绑上篮子，不断用长杆摇动肉豆蔻树，这样树上的果实就会掉到篮子里。采集完毕后，他们会将果实运回家，然后立即将果肉剥离果核，有时会将果肉做成有点乏味的果酱。16世纪，葡萄牙人高度认可这种果酱。果酱相对较重，因而运费会更高，但葡萄牙人认为此举非常值得。在果阿任职多年的医师加西亚·德·奥尔塔在《印度香药谈》（*Colloquies on the Simples and Drugs of India*）一书中第一次如实地揭示了多种香料的植物起源。他认为这种果酱是一种上佳补品，有益于大脑和神经系统，可助消化，并且在抵御子宫疾病方面也存在极高的价值。

厚厚的果皮（外果皮和中果皮）很适合做成果酱，味道可口。果酱产自班达群岛，存放在醋瓶子中，有些人会将果酱拌在沙拉里吃。但所有运到这片土地（即印度）的肉豆蔻果酱都是用糖渍方式加工的，它们外观诱人，吃后口有余香。[2]

其实，这种果酱是一种附带而来的副产品。人们对果酱的需求量一直不太稳定，采集下来的浆状肉豆蔻果肉也会随着时间的推移逐渐腐烂。肉豆蔻的种仁包裹在果实之中，就像珍珠长在牡蛎之中一样。果实里面有一层柔软的蕾丝状薄膜——假种皮，包裹着核仁。新鲜的假种皮呈胭脂红色，经太阳暴晒后，逐渐变为深红色、橘色，最终变为金茶色，这种脆弱的物质就是世人所称的肉豆蔻干皮。这种果实来自偏僻的岛屿，果实中的圆形小果核就是肉豆蔻核仁。肉豆蔻干皮和肉豆蔻核仁来自同一种果实；在大多数历史阶段，这种果实只有一个产地，它是你能想象得到的最遥远的地方之一。

事实上，肉豆蔻原产于10个小岛，这些小岛统称为班达群岛。它们聚集在以渔场闻名的班达海的中心，班达海位于赤道稍往南、澳大利亚达尔文市以北约500英里（约800千米）的地方，可能属于西太平洋，也可能属于印度洋。班达群岛中最大的岛屿约12平方英里（约30平方千米），最小的岛屿只有几英亩，其中一个岛屿完全是由一座活火山构成的。印度尼西亚东部的马鲁古省的首府为安汶，易发生地震，从那里出发，乘船去班达群岛要耗费18个小时，乘坐小型飞机要花30分钟。无论选择哪种方式，都需要天公作美，天朗气清、风平浪静才可出行。常规地图很少会收录班达群岛，而在最完善的地图上也很容易错失它们。

当杂乱的绿色草堆渐渐出现在模糊的地平线上时，这意味着前方就是停泊处和飞机跑道了。大海在卤素灯的照耀下变得清澈明晰，蓝绿色的海水投射在乳白色的沿岸堤上，色彩斑斓的鱼儿在水中遨游，穿梭在迷宫似的珊瑚宫殿中，宛若水中仙境。郁郁葱葱的蕨类植物和棕榈树顺着山丘蔓延下来，越过了海岸线，就好像是为了更好地欣赏这些糖果般绚丽的浅滩。从火焰山（Gunung Api）的侧面看，熔岩浆径直流入海中，接触到珊瑚，珊瑚熔化，混杂着岩浆滴落下来，犹如肮脏的烛蜡。与此同时，在高耸的林冠之上，鸽子奏响了它们特殊的欢迎曲。1861年，自然主义者阿尔弗雷德·罗素·华莱士曾到访班达群岛，他写道："关于鸟类，最让我印象深刻的是一只友好且俏丽的蓝尾皇鸠，它以肉豆蔻核仁或干皮为食，自始至终，我都可以听到它嘹亮的兴奋叫声。"[3] 在班达群岛上体形小一些的鸽子忙着卿卿我我时，蓝尾皇鸠不断地发出低沉、有回响的鸣叫声。它们的叫声如战斗的不祥号角，在岛屿间回荡，打破了热带清晨的完美与宁静。游客们感受到了不安，但这股不安并不是因为火焰山喷发出的烟雾。事实上，偶尔喷落的火山灰会赐福于岛屿，可以为岛屿独特的生态系统补充必不可少的营养素与矿物质。四周的气氛明显变得紧张了，这缘于其他因素的突然袭扰。人类贪欲的难闻味道就像开炮后的余响，弥漫在烟雾中。班达群岛深受欢迎，吸引了各方的密切关注，除了商人，还吸引了垄断者、充满激情的爱国者和癫狂的帝国缔造者。地理优势将此地打造为一座天堂，但历史使之成为一处杀戮之地。如果现代游客很容易由此地联想到伊甸园，那么它也是亚当和夏娃堕落之后的伊甸园。

不过，在堕落之前，班达群岛还需度过很长一段岁月。在1000多年里，欧洲的面包商、啤酒商、制药商、葡萄酒商、防腐剂商和香水商碾碎和使用肉豆蔻的干皮和核仁，却全然不知这些散发芳香的物料从何而来。直到15世纪，班达群岛才出现在（尚存于世的）航海图中；直到16世纪，这些岛屿才被欧洲的一艘冒险舰船发现。欧洲人也发现了摩鹿加群岛之中数以千计的小岛，其中包括丁香的起源地。丁香几乎可以治疗所有已知的小病，也是最受欢迎的烹饪香料，在欧洲与中国都备受追捧。与肉豆蔻的核仁或干皮相比，同等重量的丁香价格通常更高一些，而且约有几个世纪，丁香和肉豆蔻的起源地都不为人知。

香料的稀有性、辛辣口味、繁多种类、实际功用也会增加其价值。但在大多数历史阶段，香料独特的吸引力在于其神秘的原产地。香料不仅是异域商品，而且大多产自非常遥远的地方。香料的供应量就像天气一样不稳定，需要碰运气，正如古以色列人吃的天降神粮吗哪（manna），它们同属超自然事物。有趣的是，人们每天都使用以香料制成的香水、调味品和酊剂，但对香料原产地的了解程度甚至不高于只有奥林匹斯山上的众神才能食用的仙果或让印度神明烂醉如泥的长生苏摩酒（soma）。

无知会导致迷信。由香料文化的危险和解除这些危险所必需的仪式，产生了一些奇妙的传说。公元前5世纪，希腊历史学家希罗多德说，桂皮（一种肉桂）的采集方式听起来极其危险。桂树丛生，长在一片湖的中央区域，每当收获时节，采集桂皮的人会遭到"长有翅膀，形似蝙蝠的生物"的争夺，"它们生性凶猛，尖叫声十分恐怖"，尤其喜欢攻击人的眼睛，因此人们需要特别保护好眼睛，当地人可能是用柳条编织物挡住眼睛，抵御它们的进攻。

希罗多德接着讲采集肉桂的仪式，这个过程"更为奇特"：

　　阿拉伯人说大鸟会用那些叫作肉桂的干木棍和黏土筑巢，并且会将巢筑在人攀登不了的陡峭高山上。为了克服这个困难，人们想出了如下计策：把牛或其他役畜的四肢切成大块肉，然后把肉块放在鸟巢附近，退到远处观察。鸟会飞下来将大块肉叼回巢，但鸟巢会因承受不了肉的重量而掉落至地面，此时人们就会走上前，将掉在地上的肉桂收集起来。肉桂就是以这种方式传播到其他国家的。[4]

看来，希罗多德似乎听说过某些鸟巢可以食用的传闻。肉桂呈木条状，大小适中，是为数不多可以用来筑巢的香料。鸟巢可能用肉桂筑成的说法不仅解释了鸟巢的可食用性，而且透露出这种香料的原产地。事实上，无论是鸟巢还是肉桂，都不产自阿拉伯半岛或它附近的任何地方。不过，在东南亚，可获得这两种事物，这一点应该感谢一贯具有鉴别力的中国人。

有关香料神秘性的传言经受住了古典学者的探究，在人们容易轻信传闻的黑暗时代肆意传播，在中世纪发展至巅峰。一个笔名为"约翰·曼德维尔"的作家说，"森林里……长有胡椒"，他虽然很受欢迎，但只是一名耍笔杆的文人，完全不值得相信，他的地理学识就像他的14世纪拼写一样错误百出。

> 它只生长在那片森林中，其他任何（地）方都没有……那个国（家）有很多蛇和害虫，（因为）那个国（家）和胡椒招来了很大的仇（恨）。有些人（说）采（集）胡椒时，他们会四处（放）火（燃烧），将蛇和（鳄）鱼吓跑。

曼德维尔纠正了上述荒谬之论。如果人们真的四处放火燃烧，难道胡椒本身不会被烧毁吗？他说，事实是人们涂抹了一种上好的驱避剂，可以驱走蛇和鳄鱼。（在曼德维尔那个时代，鳄鱼被视为蛇的一个品种，尽管鳄鱼有四条短腿和爪子。）

他（们）用（蜗）牛，以及蛇和野兽厌恶和害怕的其他东西制成一种（液）体，擦在头面部和脚上。人（们）还没靠近，它（们）就会跑掉，因为闻到了气（味）。然后，人（们）就可以安全地采（集）胡椒了。[5]

曼德维尔将这个出产胡椒的地方定位在亚丁或印度海岸，将出产丁香、肉豆蔻核仁和干皮的地方定位在爪哇岛。虽然一个都没有说对，但整体方位是正确的。在大众的观念中，大多数香料都来源于"东印度群岛"，这个名称几乎包含了东方所有的热带地区。到14世纪，航海报告取代了凭空猜测。像马可·波罗这样的旅行家已经从印度和中国出发抵达了东南亚；阿拉伯、波斯和印度的航海家在很久之前也从印度和东南亚抵达了中国。西方人越来越热衷于寻找"香料群岛"。长期以来，香料群岛上的水果被视为禁忌，很快，它们将成为留着络腮胡子的海员们酷爱的食物，装满外国船只的货舱。班达群岛美好的伊甸园时光快要结束了。

人们对香料的猜测虽然引发了许多曲解与传言，但也唤醒了人们对航海探索的热情，促成了许多发现。纵观有记载以来的历史，香料凭借自身的强大优势，融入越来越多的国家，香料运输业持续扩张。香料运输推动了航海与船舶设计方面的一系列重要创新；诱使希腊水手驶入印度洋，印度商人涉足阿拉伯半岛和非洲，阿拉伯商人涉足印度尼西亚和中国；最终促使欧洲人开始探索航行，发现了美洲，实现了环球航行。对于克里斯托弗·哥伦布、斐迪南·麦哲伦、瓦斯科·达·伽马和弗朗西斯·德雷克来说，漫长探索之行的最大奖赏不是新大陆或黄金，而是东印度群岛的香料。香料是促使他们踏上未知航程的主要动机，而从香料中获得的利润也确保他们获得了航海所需的资金与政治支持。

　　同样的动机将激发英国和荷兰的航海家鼓起勇气，对抗北极的大块浮冰，开辟东北航道通往俄罗斯，或者也可以说是西北航道，通往加拿大。他们本以为这两个方向的短途极地探索可以发现阳光普照下的香料群岛，但均以失败而告终。之后，英国人和荷兰人开始探索亚赤道带的香料之路，彼时葡萄牙人和西班牙人已经开辟出自己的亚赤道带航线。其他任何一种贸易的竞争都没有如此激烈，其他任何商品都比不上香料这样对国家产生如此重大的影响，甚至改变历史进程。在众多香料之中，多亏了东印度群岛的胡椒、肉桂、檀香和樟脑，摩鹿加群岛北部的丁香，班达群岛的肉豆蔻干皮和核仁，人们才第一次对赖以生存的地球有了全面的地理认识。

　　随之而来的是，人们渴望掌控香料。暴行肆虐，战争频发，政府被推翻，人们被迫离开家园，成百上千的船只失事，数以千计的民众死去，而这一切都只是为了得到数量有限的干枯树皮、干瘪浆果、有节的根茎、枯萎的花蕾、皱缩的种膜、胶黏的树脂和陈旧果核，其中没有任何一种物质是人类所必需的，大多数与普罗大众无太大关联。这些纤维状物质很可能只是贪吃的阿拉伯大鸟筑巢的材料而已。香料与其他植物最大的不同仅在于它具有刺激性味道和气味，人类只能通过味觉与嗅觉感知香料的这两种特性，而这两种感觉是感官系统中最容易被人类所低估的。

　　香料贸易的方方面面几乎都存在一些谣言。我们不应该苛责希罗多德、曼德维尔，以及每个介入其中任想象力驰骋的作者。这些人并非特例。他们热忱地赞扬香料的价值，却不知香料从何而来；同样，现代学者承认香料贸易的悠久历史，却不知香料贸易是从何时开始的。可以确定的是，香料贸易早于罗马帝国时代，而且香料似乎很有可能早在公元前3000年就已经开始远距离运输，若是如此，香料之路可能在有文字记载的历史时期之前就已经存在。

从全球范围来看，香料贸易违背了商业发展的规律。中国的茶叶、南美洲的橡胶和中东的石油，都是先被"发现"，然后被开采、种植、交易和加工，但香料与它们不同，是先被开采、种植、交易和加工，然后才被"发现"的。因此，香料故事的动态是独特的，它揭开了一个地理谜团，通过探索与查询获取了某些现有商品，同时又尝试改变这些商品的路线。作为一种回报明确的探险，香料路线与通过它获取的商品一样重要。就像找寻圣杯一样，香料吸引了全心全意而非临时起意的探索者，并且必然历经文献考证与实地探险之旅。

从"香料"这个名称就可以明显看出，它涵盖了来自世界不同地区的多种产物。其中，最遥远也是最出乎意料的一个产地是印度尼西亚东部的摩鹿加群岛，那里最终被誉为"香料群岛"。在摩鹿加群岛，最偏远的当属肉豆蔻干皮和核仁的原产地，即班达群岛，此地可以说是香料之路的开端。东南亚地区大多为岛屿，即使靠近陆地，也背靠难以穿越的雨林，因此香料只能通过海路运输。香料之路的本质其实就是一场海事活动。

但香料贸易并非一直以来都是这样。如果在地图上划直线连接班达群岛与巴黎或伦敦，或者最好还是绕地球一圈，途经的陆地其实与海域一样多。将丁香或肉豆蔻核仁运往欧洲的最直接的运输路线，不需要一直跨越海洋；在水手们尚未在意长时间看不见海岸线的那些日子里，两栖特性是这条路线的决定性因素。货物只需在半岛之间运输——马来亚、印度、阿拉伯和非洲——其中，大多数位于欧亚大陆的南部，非常方便。在这些相对较短的航行之中，人们可以通过河流或陆路运输香料，河运的船只可能还会在途中的小岛上稍做停留。商人们可能会倾向于陆路运输，因为可以途经更多的亚洲内陆城市，从而扩大销售范围。东方对香料的需求量远高于西方，因而这些商品或许在当地即可售罄，或者继续向西和向北运输销售。

香料之路的故事的理想讲述方式或许可以从以下内容入手：随着贸易逐渐从陆地解放出来，这些陆上运输点如何在数个世纪里一个接一个地被淘汰。要绕行途经的这些半岛运输，路程自然会变得更长。班达群岛与欧洲西部的直线距离是1万英里（约1.6万千米），但是到16世纪，从班达群岛运输肉豆蔻核仁竟需要航行近2万英里（3万多千米）。如果整个航程只用一艘船运输，可以减少运输时间，运输费用也会大大降低。散装船运更加划算，因为没有不计其数的中间人赚取差价，如车夫、赶骆驼的人和海关关卡。同样，直达的海上通道，加上海军的优势，可以消除一些不那么好斗的竞争者，从而确保最低的购入价格与尽可能高的转售价值。

传统上，一些香料几乎完全是通过陆路运至西方，它们将继续如此。麝香、大黄和桂皮产自中国或邻近地区，与丝绸、砖茶和其他中国商品一样，通常会出口至他国。骆驼和马车为主要的运输方式，运输路线即为人们所熟知的横跨亚洲的贸易通道"丝绸之路"。丁香、肉豆蔻的干皮和核仁也许在古时就已经通过"丝绸之路"运达中亚地区。这些香料先通过海路运输至中国后，一定会继续通过陆路运送到中亚，如布哈拉。

但这些都为特例。直到进入公元第二个千年，产自香料群岛的香料才逐渐采用水陆联运的方式，沿着亚洲大陆的边缘向西输送。有权威学者在考证了有关东南亚的史料后，将这一东西方贸易阶段称为"地峡时代"。[6] 这里要讨论的是马来半岛的地峡，据清晰可辨认的史料记载，位于南海和孟加拉湾之间的马来半岛的海港曾大量参与香料的转运贸易。

显然，产自班达群岛的肉豆蔻核仁和干皮，与产自特尔纳特岛、蒂多雷岛、巴占岛和哈马黑拉岛（以上岛屿均位于摩鹿加群岛的北部）的丁香，在被运至马来半岛之前，肯定会先被装至船上，再经历印度尼西亚群岛长度那样的航程。这项工作似乎全部由当地的航运负责。没有确凿的证据表明，中国人、印度人、波斯人、阿拉伯人，更不用提欧洲人，曾在14世纪前频繁出没于摩鹿加群岛的海港；也没有证据证明，曾有外国人抵达过檀香（闻起来仿若闺房散发出的香气）的主要产地之一——帝汶岛。

香料之路最开始的2000英里（约3000千米）可能由爪哇岛北岸的湿热海港控制，或由"形似蜘蛛的"[7]苏拉威西岛西岸的望加锡（有时也被称作乌戎潘当）控制。群岛上许多以航海为业的民族应该在不同时期参与过香料贸易，包括班达人、爪哇人、原始马来人，以及现今马来奥朗劳特人（orang laut，"海上吉卜赛人"）和望加锡布吉人的其他祖先。

外国人——无论是亚洲人还是欧洲人——试图夺取这条香料之路中最鲜为人知的一端的控制权，而所有这样做的当地人都被称为"海盗"，这个轻蔑的称谓可随意用于任何竞争对手，尤其是那些当地水手，他们想要捍卫自认为属于自己的领海水域和海上权利。望加锡布吉人尤为招致坏名声。精通造船的工匠和出色的海员仅通过气味就可察觉出前方是否有暗礁，他们冲进轻巧的马来快船（有时会配备舷外支架），从婆罗洲和苏拉威西岛海岸边不为人知的锚地出发，去挑战所有入侵者。为了对抗垄断的欧洲人，布吉人直至19世纪还在继续抗争，那时，"妖魔"（bogey或bogy）一词已成为常用英语词。这也许是一种巧合，但童谣中对香料贸易的影射十分常见，那些小时候被"妖怪来了"的喊声吓得安静下来去睡觉的人恐惧的源头很有可能来自"布吉人"，布吉人在海上手握海盗帆船的方向舵，"竭尽全力抓到你"。

在一个更早，谣言不那么耸人听闻的时代，布吉人和印度尼西亚的其他运送人会向马来地峡东岸的港口运送香料。在那些海港，为中国这个一直以来都很重要的贸易市场购入的货物会被转移到其他船只，其中经常有来自中国的高大帆船（junk）。我们对15世纪之前这种贸易和马来东岸海港的了解主要来自中国史料。中国史料称东南亚大陆和印度尼西亚西部的人群为"昆仑人"，并且通常认为这些"昆仑人"种植了肉豆蔻核仁和丁香，实则它们源自遥远的摩鹿加群岛。

人们经常会把交易地或转运地当成原产地，这种错误十分常见，而香料贸易因为这种错误的推测变得更加扑朔迷离。希罗多德认为用肉桂枝筑巢的是阿拉伯大鸟，其实他犯了同样的错误。就像中国民众认为丁香和肉豆蔻核仁产自马来亚、苏门答腊岛或爪哇岛一样，西方人认为，许多香料源自阿拉伯或非洲东部的邻近地区。有些香料确实产自这些地区，但大多数香料并非如此。西方人之所以这样想，只是因为这些奇特的商品最终正是从阿拉伯或非洲东部进入可查明的文字资料和中转渠道，之后北上顺着红海抵达埃及和地中海。

在"地峡时代"（在约公元1000年之前），东方的香料通过陆运穿越马来半岛，去往西方市场。人们不断验证那些看起来可行的运输路线，随着时间的推移，这些路线似乎开始向南推进，从克拉地峡（位于现今泰国南部）延伸至马六甲海峡（毗邻现今的新加坡）。约6世纪，人们开始利用海峡航行，但仍然会在附近的港口停留转运。由于南海和孟加拉湾盛行风之间的差异，且人们在当地的航海经验不足，通常需要在中途稍做停留。约7世纪，海上强国室利佛逝崛起，它源于苏门答腊岛东部的巴邻旁，印度和中国的文献对此都有所提及。

12世纪，曾在广西任职的官员周去非认为，巴邻旁是"诸蕃水道之要冲也。东自阇婆诸国，西自大食、故临（位于印度马拉巴尔海岸）诸国，无不由其境而入中国者"。[8] 13世纪，泉州市舶司提举赵汝适在《诸蕃志》一书中增补了相关内容：

> 其国在海中，扼诸番舟车往来之咽喉，古用铁索为限，以备他盗，操纵有机，若商舶至则纵之。比年宁谧，撤而不用，堆积水次，土人敬之如佛，舶至则祠焉，沃之以油则光焰如新，鳄鱼不敢逾为患。[9]

与希罗多德一样，赵汝适在此处似乎也混淆了两条差异颇大的信息。在校勘各种资料的过程中，他显然错将东南亚河口港通常用作防御的跨河链条看成了横跨马六甲海峡，总体上来说更具野心的事物，也许他认为室利佛逝因此才取得了该地区的霸主地位。巴邻旁及其继任者确实强有力地掌控了马六甲海峡，它们的繁荣很可能与这种牵制有关。经历了一段史料记载模糊不清的间歇期，14世纪，马六甲海峡被同名的马来半岛的马六甲海港（若指代的不是海峡，而是马六甲城，那么它现今的拼写为"Melaka"）控制；19世纪，被靠近马六甲城的新加坡控制。

马来半岛，连同马六甲海峡和它两岸的众多海港，既构成了一条隘道，又是香料之路的贸易集散地。在大多数历史阶段，这些香料要么产于香料群岛，要么产于现今印度尼西亚的其他地区，它们都需通过这个商业节点。中国帆船装载着大量的阿拉伯和印度香料，在返程途中也要经过这个贸易中心。中国人认为，马来半岛是异域物产重要的原产地与供应地。葡萄牙人后来入侵远东地区，将占领马六甲城和控制马六甲海峡作为首要任务，这同样证实了马来半岛的重要性。直到16世纪，西班牙、英国和荷兰的航海家通过苏门答腊岛和爪哇岛之间的巽他海峡开辟了一条新航线，葡萄牙人的垄断地位才受到冲击，这条狭窄水道才被绕过。

香料贸易的路线图不是由单条线，而是由一束循环的路线构成的，它们弧线状穿过中途无数个停靠港，但最终都在不同的主枢纽或节点上汇聚成一整个团块，就像机上杂志里的航线图一样。马六甲海峡是一个枢纽中心。从马六甲海峡向西航行，下一个这样的枢纽位于印度半岛的顶端。此地同样经历过"地峡时代"，那时印度尼西亚的香料还没有绕行科摩林角或斯里兰卡运输，而是被运送至印度东海岸（科罗曼德尔海岸），然后通过陆路运送至印度西海岸（马拉巴尔海岸）。

在横跨马德拉斯和卡利卡特的半岛区域，发现了一些罗马货币，这些货币证实了这条陆上"捷径"在早期历史阶段的受欢迎程度，史料中似乎也记载过这件事情。公元前1世纪，古典时代最伟大的地理学家斯特拉波已对印度有所了解，他将印度称为"一个比其他国家更强大、更繁荣的国度"。他也知晓埃及与马拉巴尔海岸之间的贸易，但是对于印度最南端的科摩林角，以及科罗曼德尔海岸和孟加拉湾并不了解。对此，他唯一掌握的信息也是完全错误的，"（印度）的边界一直延伸至东部海域和大西洋南部"。[10] 也就是说，在斯特拉波看来，印度南部毗邻非洲南部，印度洋被一分为二，阿拉伯海几乎像地中海一样被陆地包围。

公元前1世纪，罗马人的认知范围几乎不超出印度西海岸，因为这就是那些在罗马的庇护下出海的人达到的最远探险范围。来自更遥远地区的香料，比如摩鹿加群岛的丁香和肉豆蔻核仁、帝汶岛的檀香和苏门答腊岛的樟脑，通过印度西海岸的港口进入罗马世界的势力范围。然而，罗马帝国和后来所有来自西方的国家之所以受到吸引，前往这些港口，不是因为它们是印度尼西亚异域商品的集散中心，而是因为它们是印度南部更加知名的自产香料的输出港。这些香料包括姜、小豆蔻、姜黄，尤其是黑胡椒——整个香料贸易的支柱商品，也是唯一的大宗商品。

胡椒产自印度南部的山林，散装胡椒收获后从附近的马拉巴尔海岸被运走，胡椒数量非常之多，相比之下，从摩鹿加群岛运来的一船肉豆蔻核仁和丁香可谓没入其中，不见一点水花。16世纪，葡萄牙进口香料的80%是胡椒粒；17世纪初期，荷兰和英国也偏爱进口胡椒。退回到中世纪，阿拉伯和印度的货船同样热衷于运输胡椒，东西两向均有销路。如果马可·波罗所述为真，那么，13世纪，每往欧洲运送一船胡椒，就会向中国运送十船。

再往前追溯，古典文献一致认为，罗马帝国主要从东方进口的商品是黑胡椒。每年夏天，从红海去往马拉巴尔海岸运载胡椒的船只数不胜数，以至于黑胡椒不再被视为一种不必要的奢侈商品，到4世纪，成了罗马人生活中的基本商品。至少，这是对亚历山大港的清单中没有黑胡椒的通常解释。这份清单记录了所有需要缴税的进口商品，这些商品经埃及的亚历山大港流入罗马帝国，香料路线就是从亚历山大港转入地中海。清单上列有白胡椒，却未列黑胡椒，可见当时黑胡椒已成为日常必需品，不必缴税。

一船估计产自摩鹿加群岛的肉豆蔻核仁和丁香，被装载到另一艘船的船舱里，深藏于印度胡椒粒之下，之后这艘船驶进了阿拉伯海。虽然已经航行了4000英里（约6000千米），但香料距离最终目的地仍有一多半的航程。再航行一段距离，才能抵达又一个重要的贸易节点，也就是波斯湾的入口或红海入口。驶向波斯湾就意味着要通过霍尔木兹海峡或阿曼海峡，驶向红海则意味着要通过亚丁和"非洲之角"之间的曼德海峡。

索马里海岸的"非洲之角"或称瓜达富伊角，素有"香料之角"之称，这是因为它对于来自马拉巴尔海岸的船只来说，是非常重要的登陆点。自公元前1世纪起，这些船只可能已经直接横穿阿拉伯海，驶过整个香料之路中最长的航程。海员们长达数周都无法看见陆地，当看到"香料之角"时，欣喜之情溢于言表。"香料之角"附近虽然多岩石，较为危险，却是海员们渴盼已久的陆地，看到"香料之角"，意味着能提供庇护和便利设施的红海海港就在不远处了。

而前往波斯湾的船只更有可能沿着印度的海岸线行驶，从马拉巴尔到古吉拉特，再到信德（位于现今的巴基斯坦境内）。这些船只装载着成堆的胡椒和此时已被覆盖至窒闷状态的肉豆蔻核仁、丁香，在这些海港，人们会加载来自印度北部和喜马拉雅山脉的其他香料。在古吉拉特的海港，人们可能会继续装载木蓝、姜和长胡椒；在信德的海港，可能会装载甘松和芳香树脂。

除了航海知识，选择去往波斯湾还是红海，取决于当时的政治条件。在那些悬垂海外的半岛（是古代香料之路上的停靠港）中，阿拉伯半岛最先被淘汰。希罗多德写道，波斯国王大流士一世（约公元前522—前486年在位）派出了一支探险队，从今阿富汗出发，顺印度河而下，环阿拉伯海岸进入红海。公元前323年，亚历山大大帝去世，当时他显然也在计划相似的探险。公元前3世纪，环阿拉伯半岛航行不失为一种选择，那时波斯湾航线似乎比它更受欢迎，至少还要风行200年。

公元前1世纪中叶，马克·安东尼与克里奥佩特拉短暂结盟，之后罗马成功入侵埃及，局势大为转变。罗马征服了埃及的托勒密王朝，进一步加强了对红海沿岸的管控，随之而来的是一个意想不到的"重大发现"，其意义堪比瓦斯科·达·伽马发现绕行非洲的航线。人们发现，阿拉伯海的海风呈现出一种持续的、有规律的变化模式。根据季节或季风有所变化，在夏季，海风可推动船只从红海直接驶向马拉巴尔海岸；在冬季，海风可反向推动船只行驶。原本需耗费数月的航程此时只需要几周。海上运输业急剧发展，香料贸易变成了大生意。在接下来的两个世纪里，红海变成了从西方驶向东方的主要门户。与此同时，罗马与帕提亚，而后与萨珊王朝之间的战争使波斯湾航路变得尤为危险。但在4世纪，罗马本身屈服于蛮族的入侵，而帝国的东半部在拜占庭的基础上逐渐繁荣起来，局势发生了逆转。此时红海变得危险重重，君士坦丁堡更为强大的购买力促使香料之路向北扭转，又回到了波斯湾。

无论从波斯湾还是红海进入欧洲，所有来自东方的商品都还需面临另一段漫长的陆路旅程。在罗马时代，运抵红海的香料会在非洲沿岸的海港卸货，然后由骆驼运送至尼罗河上游，再乘船顺流而下运送至地中海和亚历山大港。运抵波斯湾的香料的运输方式则反过来：到达海湾顶端的货物通常先由船溯底格里斯河或幼发拉底河而上，然后由骆驼穿越叙利亚沙漠。安条克、提尔或亚历山大港等地中海港口再次成为目的地。

这些穿越中东地区的沙漠商路孕育出一些强有力的王国，它们控制着陆上贸易路线，如同室利佛逝控制着东南亚的海上航道。东西方贸易产生的财富为孤立的绿洲城市，如约旦的佩特拉和叙利亚的巴尔米拉，带去了奢侈品与权势。二者均撼动了罗马帝国的权威，公元1世纪之前，佩特拉威胁着罗马帝国，2—3世纪，巴尔米拉威胁着罗马帝国。在强悍的季诺碧亚女王的统治下，巴尔米拉入侵埃及。巴尔米拉经历过非常繁荣的阶段，城市曾经十分宏伟，遗留下来的切割开的岩石立面和古典柱廊就足以证明一段原本无法解释的辉煌历史。

如果地理条件允许的话，前往欧洲的船只会尽可能地避免陆上运输。从埃及或黎凡特出发，来自东方的进口商品均通过海路运往意大利。如果要前往更远的目的地，则可能需转运至法国南部城市纳博讷，然后重新打包，通过河运或陆运运往佛兰德斯，最后可能转载至英国或波罗的海。罗马帝国在其鼎盛期当然是香料贸易最大的受益国。但自10世纪起，威尼斯和其他意大利城邦的香料贸易发展迅猛，实力增强，地位如同中东的巴尔米拉、佩特拉或远东的室利佛逝。

中世纪欧洲的航海业没有同时代的亚洲发达，通过陆路穿越法国的运输距离远远长于穿越印度和东南亚地峡的运输距离。直到14世纪，威尼斯桨帆船（galley）才敢穿过直布罗陀海峡，环行伊比利亚半岛，将胡椒和其他香料直接运送至安特卫普和伦敦。于是，人们放弃了远距离的陆路运输，选择穿越直布罗陀海峡，但这条航线也只是被短暂采用，因为两个世纪后，它也变成了一条多余的航线，1497年，瓦斯科·达·伽马成功绕行好望角，如此一来，就越过了在香料群岛和欧洲之间所有的半岛之中最后也是最强大的一个障碍——非洲。

从班达群岛至欧洲大西洋海岸的整条香料之路终于脱离了地峡时代。但与课堂上的观点不同，我认为葡萄牙人（包括后来的荷兰人和英国人）没有彻底改变香料贸易的路线。他们只是完成了从陆路运输固有的物质、经济和政治障碍中解放出来的进程。香料之路最终完全转变为海路运输，是一个至少能追溯到两千年前的累积过程的结果。

从古人断断续续的航海到早期现代不间断的公海航行，围绕这样的进程构建的叙事无疑会起到很好的推动作用。但在所有对香料贸易的叙述中，这种从本质上来说是一种地理学性质的视角，遵循了一种更具历史意义和偏袒色彩的论述方式。有些航海家和国家确实要更为擅长记录商业和航海活动，香料的故事通常会分为几个时代，这些时代与其中最善于表达的参与者享有的普遍认可的主导地位相对应，所以就有了普遍接受的希腊-罗马时代、印度-阿拉伯时代、葡萄牙-西班牙时代和英国-荷兰时代等年代划分。

原始资料以此划分模式记载，但其细节又否认了这种模式。

在印度船只上曾发现希腊商人，阿拉伯航海家曾帮助葡萄牙海员，中国人、马来人、波斯人和非洲人等其他民族都曾作为香料贸易的重要参与者。任何一种全球贸易都依赖于多方合作，航海科学和助航设施的发展也是如此。香料之路的故事不仅关乎探险、各种尝试和帝国，还关乎一系列不那么显著的发展进程，其中最重要的是香料本身的变化。随着时间的推移，需求变更，价格浮动，市场风向变幻无常，香料的本质也被重新定义。而所有这些事情，加上欧洲海上霸权的出现，给班达群岛的肉豆蔻种植者带来了无尽灾难。

香料的起源

印度泡菜（上等）

配料：每加仑醋可腌制 6 瓣蒜、12 个红葱头、2 条辣根（切片）、0.25 磅姜末、2 盎司黑胡椒、1 盎司长胡椒、1 盎司多香果、12 粒丁香、0.25 盎司卡宴辣椒、2 盎司芥末籽、0.25 磅芥末、1 盎司姜黄根粉；1 棵白甘蓝、花椰菜、萝卜英、四季豆、嫩黄瓜、小而圆的腌洋葱、旱金莲、甜椒、辣椒等。

——《比顿夫人的家庭管理手册》（*Mrs Beeton's Book of Household Management*，1859—1861 年[1]）

香料的获取很有难度，因而香料贸易的存在可能着实令人惊讶。那么，为什么不干脆把香料植物的种子收集起来，然后将种子种植在更便利的地方呢？这些香料本可以被迁移到别处，而不是被运到半个地球之外的另一边，而且人们为了确保稳定的供给，年复一年地重复这个过程。事实也最终证明，适宜种植香料的土壤和气候并非东方独有，非洲、美洲和澳大拉西亚的部分地区同样可以种植很多香料，有些地区的种植条件非常有利，可以提高产量。

无论好坏，东方香料在西方的归化，加上西方香料，主要是来自美洲的香料在东方的归化，最终都破坏了香料贸易整体的神秘感。18世纪，随着种植的普及，香料的神秘性逐渐消失，市场饱和，需求转向了其他新鲜事物。事实上，正是全球化使植物王国里的这些珍品备受屈辱地缩在包装袋中，在超市售卖，然后被买走，放置在无人烹饪的厨房整洁的架子上。

其实，植物的归化并不新鲜，甚至有时在某些方面改变了古代世界。1世纪，老普林尼表达了他对移植的厌恶之情，他写道，"从外国引进树种，却只为了乘凉"。他所指的树种是悬铃木，悬铃木现今依然整齐排列在欧洲街道的两旁，它们让粗心大意的驾驶者付出了沉重的代价。悬铃木从小亚细亚引入爱奥尼亚群岛，老普林尼接着写道，"从那里又引入西西里岛，成为最先引入意大利的树种之一，比利时高卢现在甚至也有这种树了"。[2]

同样，人们也开始尝试香料的移植，尤其是那些带有根茎的香料。如果不完全干燥，香料植物在移植过程中可能会长出嫩芽。例如，姜就非常适合移植。伊本·白图泰可谓"阿拉伯的马可·波罗"，他注意到14世纪，在开往印度马拉巴尔海港的中国船只上种植着治疗坏血病的绿色植物，包括"木槽中的草本植物、蔬菜和姜"。姜（*Zingiber officinale*，这个名字伴随着词根有些微变化）本产于东南亚，史前时期就广泛分布于东方和太平洋地区，之后传播至非洲与美洲。

在之后几个世纪，香料的生产出现了一种变化趋势。虽然有些香料只能在一个地区种植，如小小的班达群岛上的肉豆蔻，但绝不是所有香料都无法移植。当然，这也不意味着任何香料都有必要移植。许多产香料的植物在南亚和东南亚的森林里肆意生长，但香料的产量并不高，一直等到市场需求非常大时，人们才开始认真培育。因此，直到13世纪，黑胡椒才几乎全部由印度南部供给；直到17世纪初，才成为苏门答腊和爪哇的主要经济作物，满足了荷兰和英国的贸易需求。

显然，所有这些供应来源的变动，为香料之路的历史带来了另一个变量。更重要的是，它提出了一个问题，即一种植物究竟需要具备多大的异域性和刺激性，才能被称为香料。比如，藏红花在过去不如现今这样受重视，因为从紫色花朵提取的藏红花并没有那么神秘。藏红花源自小亚细亚，后在欧洲各地生长繁盛，而后又被移植到英国的萨福隆沃尔登。直到后来集中种植于克什米尔，藏红花才看起来足够异域，有资格被视为一种珍贵的香料。

这些又引发了一个更加难以回答的问题，即香料到底是由什么构成的。这个问题的答案可不简单，香料的定义有很多种，但没有一种能获得普遍的认可。比如，如果姜可以生长在甲板或窗台上，那么它就失去了与香料相关联的异域情调。如果缺少光照或土壤产生变化，它也可能失去其辛辣的特性。如果人们种植它是为了欣赏其枝叶，而不是食用其根茎，那么，它与欧芹或芫荽又有什么不同呢？这样说来，姜就变成了一种草本植物。

有学派认为，草本植物和香料的区别与产地无关，而在于它们的构成物质。草本植物呈绿色，有叶片；而香料干燥且无叶片。没有比这更简单的定义了。然而，干燥的草本植物算什么呢？艾伦·戴维森在其《牛津食物指南》(*The Oxford Companion to Food*)一书中极为谨慎地处理了这个问题，他引入了一个新的分类——调味料，即"餐桌上可以添加进食物的香料或其他调味品"。他详述了如何通过外观区别草本植物与香料：草本植物多叶片，未干燥，香料无叶且干燥。他通过简单而具有决定性的试验，将其应用于绝对不具有异域情调的芥菜植物。"因此，芥菜为草本植物，芥菜籽为香料，而装在餐桌上芥末瓶中的芥末为调味料。这种定义方式非常方便，界定合理，尽可能地贴近日常用途。"[3]

这种定义的问题在于"日常用途"通常是指"当前用途"，不包括"传统用途"。如今，英语中的"香料"（spice）一词仅指可食用的提味品、调味料和着色剂，尤指烹饪用料。历史上，特别是在古代贸易和香料之路的扩张时期，"香料"一词没有这么严格的界定。在制备过程中，不仅是食物和饮品，还有药剂、药膏、化妆品、空气清新剂、春药、香薰和染料等，都需香料发挥重要作用。这些行业中的其他异域商品也被认为是香料，尽管它们不用于烹饪，甚至不一定产自植物，比如气味刺鼻的麝香，麝香提取于喜马拉雅山区麝的腺体。价值极高的异域进口商品可能也是如此，它们不用于以上任何一种行业，也不具有明显的香味或味道，但仍备受欢迎，因此，还有一条重要的判别标准，即税率很高。在这条笼统的定义下，即使是印度棉花和中国丝绸这样的制成品，也可以被归入香料贸易。

所有这些问题究其本质，都可归于拉丁语名词"物种"（species）一词。英语根据这个单词派生出一整个单词家族："special""specification""species""especially"等，当然，还有"spice"。拉丁语词"species"原本的意思只是"类型"或"种类"，在英语中这个意思被保留下来，即英语单词"specie"，表示金钱的一个"种类"——硬币。罗马人通常以"species"表示价值，之后又赋予了它更为"具体"（specific）的含义。这个词被用来指代需要缴纳进口税的商品"类型"或"种类"，法语中的"épice"（香辛料）和英语中的"spice"似乎就是根据这个含义衍生出来。6世纪，在查士丁尼统治的时期，一些途经亚历山大港的货物需要缴税，而之前提过的"亚历山大港的清单"就列出了所有需要缴税的商品。清单的标题是"species pertinentes ad vectigal"，大致可以翻译为"需缴税的进口商品的类型"。因为其中许多商品的类型为我们现在熟知的香料，而且"species"一词在别处通常指代香料，所以这份清单的标题也可以指"需缴税的进口香料"。

"亚历山大港的清单"列举了54种商品，有些无法辨别究竟为何物，但起码有一半是如今我们烹饪所用的香料。其中包括锡兰肉桂和桂皮、姜、白胡椒、长胡椒、两种小豆蔻和阿魏，但肉豆蔻核仁和干皮、丁香、姜黄和黑胡椒不在清单之内。上文提过黑胡椒可能因运输量过大，不再被视为应缴税的奢侈商品，被剔除在清单之外。至于上述提到的其他香料——全部都为后来的罗马世界所知，绝对是需要缴纳关税的贵重物品。它们未列入清单的原因至今仍是香料历史的一个谜，尽管不是唯一的一个。

古典时期的所有异域商品进口清单都列出了一个令人疑惑的种类：从乔木或灌木的木料中提取的芳香物质，比如，油脂、树脂、树胶或者只是易燃的枝条或木片。这些提取物主要用于香水和熏香行业，通常与香料混合使用，在古代也是如此。抛开数量因素，单就价值而言，这些进口的木本植物产品可能超过了那些烹调香料；也许正是因为这些木本植物产品，人们才得以开拓香料之路。

"亚历山大港的清单"上有几个较为有特色的商品，包括甘松（甘松香油）、沉香木（一种木材）和没药（一种树脂），但同样享有盛誉的樟脑油、檀香和乳香未在清单之列。有一种可能是6世纪时远东地区的香料之路可能在马来半岛的地峡区域有所中断，一些香料暂停供应。这可以解释为什么清单上没有印度尼西亚的樟脑油和檀香，没有摩鹿加群岛的肉豆蔻核仁和干皮、丁香。

但是阿拉伯的乳香未列其中，其原因并不容易解释。早在东方三贤士动身前往伯利恒之前，乳香就因与没药的产地相邻，且经常一起搭配着使用，其香料之名实至名归。从老普林尼对乳香加工过程的描述，就能感觉出乳香的价值，当时人们对乳香工坊的防护程度堪比如今用于铀浓缩的安全举措。

> 好家伙！乳香要在亚历山大港售卖，再多的警戒手段都不足以保卫乳香工坊。在劳工的工作围裙上贴上封条，劳工必须戴上面具或在头部套上一个细格网罩；在脱下所有的衣服之后才能被允许离开工坊。[4]

16世纪，回到里斯本的船员要经历同样的检查，包括身体搜查，似乎没有什么比往马裤里塞一把胡椒粒更吸引人的了。也是在16世纪，据说孟加拉苏丹国苏丹的内侍每年可通过贩卖嚼碎的樟脑颗粒，赚取2000克鲁扎多，而这些樟脑颗粒回收自苏丹的金痰盂。[5] 乳香很难被人体吸收，但在罗马时代被视为珍品，备受追捧。政府本来就不会放过任何收入来源，更何况是乳香这种高收益的商品，因而我们可以判定乳香确实引来了税收。这样看来，现存的"亚历山大港的清单"可能并不完整，也许只是原件的概括或节选，可能中世纪的抄写员没有抄写完整。

无论多么用心，清单中所列的其他商品都无法为香料的任何一条定义所容纳：比如，"狮子""花豹""美洲豹"等猛兽，或

"象牙""玳瑁"和其他无数珍宝。"亚历山大港的清单"将所有这些商品列出来，只是因为它们都是奢侈之物或象征着等级地位，理应缴纳重税。同样，"印度阉人"和清单上的最后一项"印度头发"可能也需缴纳重税，印度头发深受假发制造商的青睐。如果引进美洲豹需要缴税，为什么老虎不需要呢？如果引入印度阉人需要缴税，为什么非洲奴隶不需要呢？运送印度阉人和非洲奴隶都会经过亚历山大港，而且非洲奴隶的数量相当可观。因此，"亚历山大港的清单"似乎只涉及了需要缴税的商品"类型"，并非全部的进口商品名录。

要想获得更加完整的清单，实际上可谓香料的最终清单，人们必须关注更晚近的时期，去寻找一份更加细致和可靠的名录。1320年左右，佛罗伦萨商人弗朗切斯科·迪巴尔杜奇·佩戈洛蒂在其详尽的著作《通商指南》（*The Principles of Commerce*）中收入了最为完整的香料清单，条目有289条之多，令人印象深刻。对于像佩戈洛蒂这样的商人来说，所有的商品毫无疑问都被视为香料，尽管他突出强调了，最受欢迎的香料"特指那些以极少数量就能获取高价的商品"。这些商品被称为"稀缺香料"（minute spice）。[6]

这份清单也列出了几个明显不是香料的商品，例如，"鲜橙""椰枣"和"叙利亚大米"。这些商品听起来与香料格格不入，因为其价值重量比一定会让佩戈洛蒂的贸易伙伴抓狂。可携带性使传统香料成为完美的远距离运输货物。香料的体积较小、重量较轻，不易变质，很方便分解成较小的包装，加以运输、储存、转运、批发、零售，几乎可以永久保存。香料的这些重要特性甚至可引出它的另一重可能的定义。

佩戈洛蒂的清单上还列有"铅白""镀锡铁皮"和"旧铜"这类商品，它们似乎也在挑战上述定义。这些商品不是作为工业材料运输的，而是以小型运输为主，主要用于医药和装饰品。佩戈洛蒂在清单中还列了"废纸"这一项，它绝对是所有无价珍品中最不可能是香料的商品。在那个时期，欧洲人通过破布浆造纸，纸张的价格非常昂贵。因此，人们会最大限度地减少浪费，任何可以回收的材料都非常畅销。

如同查士丁尼的"亚历山大港的清单"一样，佩戈洛蒂的清单也包含许多如今并不常见的商品，比如，"石龙子""墨牵牛子""赭石""盒果藤根""竹黄"和"提尔绿松石"。即使在14世纪，这些商品在人们的购物清单中也不常见。但是其他史料中也提到了这些商品，它们无疑具有很高的价值，还出现在了滑稽诗文中，没有一个缪斯女神会对此提出异议。

其他异域商品也能唤起香料贸易的神秘感，尽管它们不再用于"日常生活"，但仍能被轻易地辨识出来。就像它们意指的香料一样，其名称令人感受到一股陌生的强烈气息，而从它们扭曲的音节中，人们或许会嗅到一股珍贵古物散发出的霉味。比如，"amomum"可作催情药，或者可能还是一句强有力的真言，实际上它是小豆蔻的一个品种——黑小豆蔻。更贴切的是"bdellium"（芳香树脂）一词，听起来像是胶状的，此词是佩戈洛蒂对"印度香胶树脂"（gum guggul，另一种与乳香类似的沙漠树脂）的首选用语，尽管在这个例子中它来自阿富汗和巴基斯坦。"龙血树脂"是一种火红色的树液，可作颜料，产于索马里及其邻近岛屿索科特拉岛。

索科特拉岛可谓一个遍布奇特灌木的植物宝库，"芦荟"（aloes）也产自此地。芦荟是一种拥有合适名称的黏软物质，虽然此词从表面来看为复数，但在语法上是单数。芦荟胶为沉香属植物的凝结液体，在东方被视为一种通便药物，用于治疗便秘，但决不能将芦荟与"沉香木"（aloes-wood，有时也被称为"lign aloes""eagle-wood"或"gharu-wood"）相混淆。沉香木是源自湄公河流域的一种高大乔木，其枝干没于水中，干燥的木质部分碾磨后，几乎可以治愈任何病症。1世纪，医师和药理学家迪奥斯科里德斯曾记载，过量服用芦荟的解毒药正是沉香木。

> 将一打兰（dram，英制重量单位，约等于1.77克）沉香木制成一剂药，可治疗胃部消化不良、胃虚与胃灼热，用水送服，可缓解肝肾疼痛、痢疾和腹绞痛……碾磨成粉，加水烧开，可制成漱口水，清新口气；也可制成抵御严寒的膏状物，涂抹于全身。也可如乳香一样用于焚香。[7]

在中国，沉香木几乎全部用于熏香，只有部分会用于制造带有强烈香味的纸张。赵汝适至少将沉香木分为了五等。在西方，沉香木非常昂贵，约翰·曼德维尔认为沉香木"昂贵至极"。他认为，沉香木从尼罗河中被打捞出来，"来自人间天堂"。[8] 如果你相信沉香木来源于非洲的尼罗河，那么你就大错特错了。但如果你与亚历山大大帝之后的一些人不谋而合，认为沉香木与恒河的起源地相同，在印度北端比月亮还高的群山之中的"人间天堂"，那么，这是一个不错的猜想。

佩戈洛蒂清单中的树胶和树脂一类还包括各式各样的甘松香

油和香脂（或香膏）。二者均为油质灌木或植物的油脂精华，多用于配制香水、遗体防腐剂和药物调和剂，较少被添加进食物之中。佩戈洛蒂特别强调了，清单中的"香脂"也许是"麦加香脂"（或者"基列香膏"），它指的是产自阿拉伯的另一种灌木商品，1世纪前这种灌木成功地移植到了巴勒斯坦。老普林尼说，"其他任何香气都比不上香脂"。香脂同样极其昂贵，但易掺假。罗马军团征服犹地亚凯旋时带回了产香脂的树苗，游街展示，这个举动肯定了香脂的名气。而老普林尼似乎并不认同此举，他写道："在我们凯旋的游行队列中，连树苗都成了显著的俘虏，位列其中。"[9]

在佩戈洛蒂列出的甘松香油中，"穗甘松"是当之无愧的甘松女王，可用于制造"非常昂贵"的油膏。圣约翰写道，"抹大拉的玛利亚为耶稣的双脚涂油"。[10]这个姿势通常被视为洗脚，尽管足部按摩更配得上穗甘松的名声。玛利亚用头发"擦抹"救世主的双脚，以示谦卑，这也可被认为是将卖弄风情与可理解的经济节约相结合。穗甘松香油总带有一种情欲色彩，或许是与它提取自直立的聚伞性头状花序有关。穗甘松产于高耸的喜马拉雅山脉，而后才被引种到西班牙。

价格也十分高昂的"木香"产自喜马拉雅山脉，是佩戈洛蒂的清单中另一种重要的香料。木香这种根用作物在英语中被称为"putchuk"，在印地语中被称为"cuth"，现仍在喜马偕尔和克什米尔的部分地区被许可挖掘，但全部流向中国的医药市场。木香也许是唯一一种从未移植出原生草地的香料。"西青果"是印度一种小型绿色水果，但不要与"三条筋"或印度桂叶相混淆。而"药西瓜"又名苦苹果，实为葫芦科植物。"荜澄茄"为胡椒的一种；"黄芪胶"提取自黄芪属植物；"高良姜"为一种形似生姜的根用作物，原产自越南；"劳丹脂"为另一种产自阿拉伯的黏稠树脂（据老普林尼说，上面通常粘有山羊毛）。

在可提取色素的商品之中，"风茄"或称曼德拉草，有催吐功效；"雄黄"或鸡冠石，有毒；"铜绿"现多见于铜具；"龙涎香"并非植物，而是抹香鲸体内排出的黄灰色分泌物。从"猪苓"（有通淋功效）到"郁金"，佩戈洛蒂按照字母表的顺序列举商品，以便创造出与任何一份文学作品中一样充满异国情调的词汇。

这些商品奇特且神秘，但随着时间的推移，它们没能持续繁荣，而有一些香料经受住了时间的考验，这颇让人感到安慰。风尚变幻、帝国更迭、科学验证，对香脂、甘松香油和树胶均产生了严重的影响，但烹调香料仍保有自己的一席之地。佩戈洛蒂清单中的肉桂、桂皮、小茴香、小豆蔻、丁香、姜、胡椒、藏红花、肉豆蔻干皮和核仁等仍是流行的烹饪书籍中的特色部分，也是许多商业食品的提味剂，尽管它们的作用通常不被承认。多亏了亚裔餐馆老板和即食食品制作者，香料重新流行起来，"香料"和"加有香料的"近乎成了印度的烹饪特色。

甚至，并不是所有的传言都不可信。虽然佩戈洛蒂列出的可食用香料（还应包括姜黄）的原产地不再神秘，但其用途仍令人惊奇，有些香料既不用于配制药物，也不是催情剂。举例来说，香料似乎长期被认为是贮存肉类的必备品。欧洲对香料贸易的兴趣，对香料之路的开辟很有可能就是基于这一假设，以至于历史学家几乎羞于提起此事。J. H. 帕里在一部描述欧洲探险和扩张的权威著作里写道：

至少，直到 17 世纪末，每年冬季，欧洲农民都没有足够的饲料喂养牲畜。这对于经济史来说已是老生常谈。每年秋季，人们会屠杀大量牲畜，然后用盐将这些肉腌制保存起来，以备冬季食用……除了盐，热带国家所产的防腐香料也会被加入其中，如胡椒……肉桂……肉豆蔻核仁和干皮……最有价值的当属丁香。[11]

为了应对自然在保存动物尸体方面提供的必要物品分配的不均，有观点认为，欧洲人实际上被迫从事香料贸易，在那个时期，人们没有冰箱与密封罐头，用香料腌制食物是他们抵御冬季饥荒的唯一方法。如同石油在现今的工业化经济体中的地位，香料被认为是当时西欧农业经济的必需品。15世纪，穆斯林将控制范围从香料的路线延伸至香料原产地，这进一步凸显了基督教世界在对手恶意封锁这些必需的商品时的脆弱性。因此，对于像西班牙国王和葡萄牙国王等天主教国家的卓越君主来说，找到香料的原产地，势在必行。

虽然历史学家将这一切看得十分透彻，但食品科学家并非如此。香料的确可以使平淡无味的食物变得更美味可口，但几乎不具备防腐功效。用大量盐腌制、风干、烟熏或在各种特殊液体（尤其是浓盐水、油水、醋、烈酒，甚至糖浆）中浸泡，才具有防腐的功效。在此过程中加入香料，可能会提升口感和肉类的香味，但不作用于防腐。在后腿肉上布满胡椒，用肉桂粉反复揉搓，或将丁香嵌入肉中，都不太可能在其自然腐烂的趋势中产生任何明显的阻滞作用。

化学家也是这样认为的，美食作家似乎认同这种看法。比顿夫人在书中讲到了防腐剂和香料，但将二者分开阐述，没有任何迹象暗示二者可能为同一物质。她显然赞同此观点，还引用了帕里斯博士的饮食研究，大意是说外国香料不仅可有可无，而且有害健康，因为它们"本质上就不是为温带气候的居民所用的"……"香料最大的作用是促进食欲，最坏的可能是根据敏感程度逐渐影响胃部健康。当肉类需要添加辛辣的调味料来弥补它们天然缺乏的美好滋味时，那么，我们有理由质疑，肉类本身是否真的还完好"。[12] 当代香料商人、杰出的饮食作家弗雷德里克·罗森加滕表达了同样的忠告。与其他油脂一样，提取自丁香和肉桂的油脂可能具有一定的杀菌作用，但是"研究表明，过去人们使用香料更多的是为遮盖变质或腐烂食物的味道，而非用于保存食物"。[13]

罗森加滕的著作写于20世纪60年代末，自那时起，香料使变质的肉更可口的看法也受到了质疑。"曾有人说，添加香料是为了遮盖变质肉类的腐烂味道，"《牛津食物指南》一书写道，"但其实这是一则烹饪方面的谣传。"[14] 事实上，实验表明，香料非但没有遮盖令人作呕的腐烂味道，反而会放大这种味道。我们的祖先似乎不是为了任何经济价值才寻求异域食品。与我们一样，他们渴望获取可食用的香料的原因只是香料让食物更加可口，由此品尝到世界各地的口味。香料的气味可刺激食欲，味道可激发味觉，也许最重要的一点是，香料是奢侈之物，食用香料会让左邻右舍羡慕不已。

香料可以带来极大的威望，此项功用怎么夸张都不为过。与上等丝绸、著名的艺术珍品一样，异域香水和调味料为追求生活品质的家庭带来了令人羡慕的优雅与富丽景象，体现出了他们的优越地位。只要香料始终稀有与昂贵，这种地位差异就会一直存在。从最早的历史时期开始，香料就被制成香水和焚香，大量用

于宗教及其相关仪式。人们在仪式上洒香水或焚香，以取悦那些
难以安抚的神、强者和亡者。在敬拜、占卜和安葬的过程中，袅
袅上升的香气赋予了一种令人陶醉的圣洁氛围，敬拜者借助缥缈
的香气，以示崇敬之情。基督教最初反对焚香，将之视为异教的
标志，但最终还是认可了焚香，因为焚香时烟雾徐徐上升，就好
似虔诚的信徒升天。

在一个不断向上流动的世界里，曾专门为神和祖先保留的仪
式和祭品，而后被其他人急切地占用了：首先被用于祭拜法老和
恺撒，之后用于祭拜将军、元老、女神职人员、享乐主义者、妃
妾等一切渴望获得特别崇敬的人。随着香料逐渐向下传播，进入
整个社会，它们也被应用于实际生活。神圣的油膏和焚香不得不
与洗漱用品、迷情剂、通便剂、熏蒸剂、空气清新剂，当然还有
食品添加剂争夺原材料。

与烹饪一样，人们认为，若想最大程度地发挥药剂和香水的
功效，关键在于将尽可能多的香料混合起来。本都王国的米特拉
达梯大王（死于公元前63年）曾怀疑自己中毒，救活他的著名解
药包含36种成分，且几乎所有成分都被认为属于香料。虽然那剂
解药的药方太长不好引用，但一个世纪后，老普林尼提到的"宫
廷香水"的成分与它非常相似，由"西青果、木香、黑小豆蔻、
叙利亚肉桂、小豆蔻、甘松、猫百里香、没药、桂皮、苏合香树
脂、劳丹脂、香膏、叙利亚蒲草和芦苇、野葡萄、肉桂叶、柏木、
骆驼刺、夏枯草、藏红花、唐菖蒲、马郁兰、莲花、蜂蜜和葡萄
酒"混制而成。老普林尼抱怨道，除了最后几种，"没有一种产
自'世界的征服者'所在的意大利，甚至没有一种产自欧洲"。所
有这些香料都需要从他国高价进口，为的是什么呢？是为了满足

"所有形式的奢侈中最多余"的一种喜好，而且它的回报最小，"因为抹了香水的人自己是闻不到身上的气味的"。[15] 担任过多个重要官职的老普林尼著有《自然史》（*Natural History*）一书，这本书在世界广为流传，他对此类事情大感震惊，在书中表达了愤慨之情：

> 此外，我们还听说，有些人将香膏涂抹在浴室的墙上，罗马帝国皇帝卡利古拉的浴盆散发出香味；皇帝尼禄的一个奴隶也这样做，所以这并非王侯的特权。但最令人惊讶的是，这种做法竟然传入了军营；无论怎样，鹰旗和军旗……在休息日受涂油礼……想必他们是因为这份奖赏才被引诱去征服世界的！而我们指望仰赖这些事例纵容自己的罪行，从而证明戴着头盔却仍要抹发油是合理的。天哪！现在有些人竟然还在饮品中添加香味。[16]

唯一值得庆幸的是，那些涂抹了甘松香油的游手好闲之人有时也会得到惩罚。执政官卢修斯·普洛提乌斯出逃时，追捕的人顺着他身上散发出的香味找到了他的藏匿之地。老普林尼认为，随后对于普洛提乌斯的定罪没有根据，但他遭到了所有好打扮的人应得的报应，"因为谁会认为那人不应该被处死呢"。[17]

尽管随着罗马帝国的衰落，罗马的香料进口量显著减少，但这并不是因为人们对香料嗤之以鼻。这将成为香料贸易的一种永恒循环，老普林尼抱怨道，罗马为了进口没有价值的外来物，不得不输出硬通货，简直是自讨苦吃。中世纪早期，西方国家对于香料的需求有所增加，归来的十字军战士被指控沉迷于东方的奢侈之物，大肆挥霍基督教世界的财富；威尼斯人通过实际经营欧洲的香料贸易繁荣起来，之后葡萄牙人建立起香料贸易的海上运输霸权。与此同时，出于相似的原因，即不得不输出硬通货，中国全面退出了一个看起来他们已经做好准备，有望获得垄断地位的贸易市场。

回到欧洲，在17、18世纪，英国东印度公司和荷兰东印度公司将面临真正的连珠炮似的责难。当时的经济学家怎么也想不明白，用富有光泽的硬币去换取散发恶臭的香料，如何能够符合国家的利益。然而，这一点将得到很好的解释，上述两大帝国均因香料而崛起。价值和盈利潜力不取决于需要，而是需求，在创造需求的过程中，没有什么比个人虚荣心和人们对于社会声望的痴迷更迫切的了。

3

乳香和肉桂

东北风在海上从盛产香木的

阿拉伯幸福的海岸吹来萨巴的妙香时

——约翰·弥尔顿，《失乐园》(*Paradise Lost*)，第四卷

据老普林尼所述，公元前4世纪之前，地中海世界还没有开始大量使用焚香，"在特洛伊战争期间焚香还未出现"。[1] 在进行奠酒祭神仪式时，人们也不过是以闷燃刺柏和"香木"产生的催人落泪的烟雾来敬奉荷马笔下的诸神。老普林尼表示，直到公元前333—前323年亚历山大大帝东征，西方世界才对香料产生了需求，意欲将香料用于制造香水或焚香。

但从亚历山大大帝时代之前的文献来看，情况似乎并非如此。公元前6世纪，诗人萨福写道，在举行婚礼时，人们会点燃没药、桂皮和乳香。《圣经·旧约》有几处以我们现在所知晓的形式提及焚香，或许也可追溯到公元前6世纪。《圣经·箴言》有一处描写了一位急切诱惑情人的女子："我又用没药、沉香、肉桂熏了我的榻。"在敷衍的前戏之后，她低语道："你来，我们可以饱享爱情，直到早晨，我们可以彼此亲爱欢乐。"[2]

老普林尼将提取自单一香料的香氛与混合多种香料浓缩精华

的香氛区分开来，这种区分解释了地中海地区香料使用历史的明显矛盾之处。"自然界的产物本身并不足够引人注目，"他说，"将多种产物混合起来，并制造出独特的香味，便成了奢华之物。"[3]

　　在东方，芳香混合物非常常见，似乎自古以来就用于祭祀仪式的辅助物、私人香水、烹饪调味料（就如后来的葛拉姆马萨拉，garam masala，即印度的香辛混合料）和万能灵药。这些混合香料的浓郁香味和辛辣味道比一点点肉桂强烈得多，更不要说一堆刺柏篝火了，亚历山大大帝的马其顿军队征战伊朗和旁遮普时发现了这些芳香混合物。尽管一开始他们对这些混合物有所防范，但在进行了一系列试验后适时屈服了，一番学习过后，他们将这些口味和习惯带回家乡。老普林尼对这段情节的描述听起来像是他们感染了某种性传播疾病，然后成了性病携带者。老普林尼的描述有点轻忽傲慢，后来这种论断被用来对付从黎凡特归来的香气四散的十字军和从印度归国、爱上了咖喱的英国人。

　　很难确定芳香混合物是从何时开始出现的。老普林尼认为应归因于波斯人，因为他们发明了以香料为原料的个人香水，并且大量使用香水，事实上涂抹得太多了，"通过外在具有吸引力的香味来掩盖天生的恶臭"。另一方面，印度可能是第一个将香料系统地用于药物的国家；梵文史料记载了许多当地植物具有治病的功效，这些史料体现了至少能追溯至约公元前1000年的口述传统。但是没有任何史料曾记载哪位神灵最先被敬奉焚香，也没有任何史料记载胡椒粒——一种既小又不吸引人的浆果，"没有什么明显的可取之处"——是如何进入锅里的。与老普林尼一样，我们只能猜测，"是谁第一个敢于冒险在食物中添加胡椒粒，或者是谁如此贪婪地想要激发出比只靠饥饿刺激出的食欲更大的胃口"。[4]

中国也为早期芳香混合物的发明创造做出了一定贡献。根据考古考证和文献史料，我们可以看出，在西汉（公元前2世纪），甚至更早的时期，胡椒和肉桂已经常用于烹饪，这两种香料似乎都为当地种植的作物品种。与印度菜一样，中国菜也受益于各式各样的当地香料，并已表现出因之而闻名的各种独特的味道。4世纪，中国从柬埔寨和越南引进沉香木和小豆蔻；从摩鹿加群岛引进丁香和肉豆蔻核仁，虽然这一点众所周知，但二者的原产地仍是一个谜；从印度北部引进长胡椒（与黑胡椒无任何植物相似性，它取自一种矮灌木的穗种，更类似于美洲辣椒属植物，而非杂乱蔓生的印度胡椒科藤本植物）。

人们通常认为，长胡椒是从孟加拉地区通过陆路运输传入中国，公元前1世纪，乳香可能是以相同的路线进入西汉的。乳香最先被引入印度，要么是从阿拉伯直接海运至印度，要么是经由波斯湾，然后沿着丝绸之路运至印度。乳香和没药均提取自矮小的灌木或乔木，它们只生长于红海入口处的干旱地带。乳香为一种树脂，可从多种乳香属植物提取，主要产自阿拉伯一侧区域；没药为一种树脂（也为一种油脂），可从多种没药属植物提取，主要产自索马里一侧区域。阿拉伯和索马里只隔着狭长的曼德海峡，距离极度奢侈的古埃及王朝只有1500英里（约2500千米）。法老想要这个南方腹地向埃及缴纳贡物，并开放贸易，这两个因素促使埃及成为早期开辟香料之路的主要竞争者。

底比斯（靠近卢克索）的代尔巴赫里祭庙约建于公元前1480年，这座祭庙拥有高大的柱廊，庙内还有著名的浮雕壁画群，描绘了古埃及中王国时期的法老向这个南方腹地发动的突袭中其中一场战事的情景。根据壁画的解说材料，哈特谢普苏特女王派军队前往一个叫作"蓬特"（Punt）的地方。远征军水陆并用，抵达了"产香区"，随后安全返回，还带回了许多焚香、香树（种植在代尔巴赫里祭庙旁）、黑檀、黄金、肉桂、猴子、豹皮和各个年龄段的活人。他们带回的东西与典型的探险家的收获非常相似，如果将其中的焚香换成胡椒，基本上就是3000年后瓦斯科·达·伽马运载回国的战利品了。

　　代尔巴赫里祭庙的题刻宣称，"自古以来，从来没有人带回这么多货物献给国王"，并补充道，以前埃及人只能通过诸多中间人或承运人获得商品，"需要付给他们很多报酬"。[5] 这些记载与提及的几次可远溯至公元前2800年、前往蓬特的远征相矛盾；但是哈特谢普苏特女王的创举似乎将这些联系建立在一个新的基础之上，此后它们变得十分频繁，形成了一种定期的交流。当然，这也是对古埃及法老远征的最好记载。如果浮雕的刻绘无误，我们可以得知当时有5艘船和31棵香树，船上有桨也有帆，蓬特人既有黑人，也有类似于含米特人的人，他们的国王戴有腿环，其妻子的体形较为矮胖，这个国家有长颈鹿、狮子、温顺的猎豹、狒狒，可能还有河马或者犀牛（浮雕磨损严重，无法辨别清楚）。

　　如果在很大程度上远征队带回来的焚香是乳香，那么蓬特位于哈德拉毛——在阿拉伯南部，濒临印度洋，被认为是乳香产量最大的地区。因此，法老的远征队被誉为开拓了整个红海的航海事业，实际上率先开辟了此段香料之路。然而，远征队带回的货物还包括肉桂，这促使某些学者望向更远的地方去寻找蓬特，而从浮雕中刻绘的人和动物群来看，蓬特似乎更像在非洲，而非阿拉伯地区。后来有资料提到，蓬特与埃及和努比亚的往来有关，这似乎也说明，蓬特可能在埃塞俄比亚一侧，濒临红海，即今厄立特里亚，并非位于阿拉伯。他们在那里也可以获得焚香，虽然不是乳香，而且他们不需要冒险驾驶看起来相当脆弱的埃及船只冲过曼德海峡就能到达那里，更不用说驶入更远的海域了。这些航程意义非凡，尽管它们肯定预示了后来的香料路线，但如果以厄立特里亚为终点，那么它们最多只能算是穿越了一半的红海。

要重新构建古代世界的地理知识，需要克服巨大阻碍。除了史料的稀缺与不可靠，重要术语的翻译也往往存在严重的不确定性。必须要考虑到多个世纪以来术语的含义变化，以及不同民族对它们的不同解释。在埃及语词中，"焚香"（incense）的意思可能是乳香、没药、芳香树胶或其他任何可以用于敬拜目的的树胶、树脂。生活于公元前二千纪的埃及人对"肉桂"（cinnamon）的理解可能与2000年后欧洲人对于"肉桂"的理解相同，也可能大相径庭。也许，肉桂甚至真的可以像希罗多德所讲的关于鸟巢的故事那样，生长于阿拉伯或非洲东部。如果不是这样，那么在蓬特可获得肉桂，这在一定程度上说明，那时蓬特已经与远东地区有了贸易往来，因为肉桂原产于远东。再或者，也许蓬特本身就位于远东地区。每种情况似乎都存在可能性，人们也只能根据这些碎片化的证据，得出一些令人兴奋的推断与假设。

地名可能会更具误导性。晚至中世纪，人们仍随意说起像"印度""亚洲"和"埃塞俄比亚"这些地名，就如同我们今天说起"外太空""宇宙"和"平流层"一样。人们使用这些词语，以表示制图师无法触及的地区和外行人有限的理解能力，而不会考虑是否表达了其正确的含义。同样，古人有时会用"印度"（India）来表示非洲，而用来表示非洲的词——"利比亚"（Libya）、"埃塞俄比亚"（Ethiopia）和"特罗格迪提卡"

（Trogodytica，此处显然不为"穴居人住地"之意）——有时会被用于表示印度或远东地区。无疑，斯特拉波认为印度疆域延伸至大西洋，这一点造成了这种混乱。[顺便提一句，"非洲"（Africa）本身的含义精准得多，它只表示北非，也就是从迦太基延伸至毛里塔尼亚的地中海沿岸地区，后来阿拉伯语中的马格里布地区。]与"蓬特"一样，这类地名需要根据其出现的语境、地区的商品和特征来做出具体的解释。如果我们想当然地解释"埃塞俄比亚"一词，现今很可能会导致误解。

如果说"蓬特"让埃及考古学家忙得不可开交，那么另外两个词——"俄斐"和"示巴"——则让《圣经》的解释学者备受煎熬。在《圣经·列王纪上》中，所罗门国王筹集资金修建神殿，在此期间他于埃拉特附近组建了一支海军，地点位于今亚喀巴湾（红海最北边）顶端的以色列海滩。推罗王希兰为这支舰队提供了一些腓尼基水手，黎凡特的腓尼基人在那时可谓是公认的航海经验极为丰富的海员。舰队抵达俄斐，并带回了大量黄金。这似乎激起了"示巴"女王的兴趣，她前往耶路撒冷拜访所罗门。她也许是从那支抵达俄斐的舰队听闻所罗门颇具威望，故想要"出难题考验他的实力"。她"带领一行人，骆驼驮着香料、大量黄金和宝石"，前往耶路撒冷。

所罗门不负自己富有智慧的声名，满足了示巴女王的突发奇想，成功地应对了她寻根究底似的仔细审查。之后他接过了女王送来的礼物，这个举动受到世人的赞赏。"从来没有人像示巴女王一样进献给所罗门这么多的香料"，尽管我们被告知，"希兰的舰队"似乎也向所罗门进献了来自俄斐的黄金、宝石和"大量檀香木"。仅一年时间，所罗门因对外交流就获得了666塔兰特黄金，还有"从商人、香料贸易、阿拉伯地区诸国王和总督等处获得的货物"。[6] 这真的是一大笔意外之财，足以使他将神殿修筑得富丽壮观。

所罗门国王被认为在约公元前950年即位执政，比哈特谢普苏特女王晚近6个世纪。如果他的舰队真的从埃拉特出发，那么它一定也是顺着红海向南航行，所以俄斐和示巴很可能都在这个方向。黄金、树脂和"香料"，而不是特指焚香，才是这些地方最具价值的商品，当然还包括"檀香木"（所罗门用于制造台柱、竖琴和"索尔特里琴"），也许还包括《圣经·列王纪上》中之后说到的周边地区"他施"进献的"白银、象牙、猿和孔雀"。

与蓬特一样，根据这些商品，也无法准确地推断出神秘的俄斐和示巴位于何处，之后的文献资料也没能提供有效的信息。所罗门国王统治过后1500年，《列王纪》确立其正典地位1000年后，《古兰经》借鉴《圣经》，按照阿拉伯传统修饰润色。在这一过程中，"示巴"首次被认为等同于"萨巴"或"赛伯伊"——阿拉伯南部的一个王国，自前罗马时代起就以富有而闻名。于是，之后的考古学家将被派往也门的高地匆忙查证，事实证明，这是对阿拉伯第一个伟大文明的有益探索，但在"示巴"方面最终徒劳无获。

不过，也门的萨巴人确实是焚香贸易的参与者。也许早在公元前750年，亚述人就已经注意到，萨巴骆驼商队将没药与其他货物一起运送至幼发拉底河上游地区。但是在所罗门国王的统治时期，没有文献提及与《圣经》中的示巴/萨巴女王有关的焚香；也没有证据表明当时存在陆上焚香运输路线，那个时期，骆驼还没有被完全驯化，人们严重怀疑这样一条路线是否可行，也门的萨巴也没有已知的黄金或宝石矿藏；根据萨巴的历代国王名录，无法确定公元前10世纪实际曾存在一个王国；更没有文献提及当时萨巴曾有任何在位的女王；因此，将示巴和萨巴联系起来的可能性似乎不大。

现今，有人推断，与所罗门有贸易往来的"示巴"王国位于相反方位，应该在阿拉伯半岛的东北部，靠近波斯湾。示巴拥有的香料虽然可能包含有焚香，但有观点认为这些香料更有可能来自印度，是以海运或陆运的方式运送至波斯湾顶端的。换句话说，《圣经》中提到的示巴拥有的财富可能不是源于南北向的焚香出口贸易，而是源于东西向的跨阿拉伯贸易，具有典型的地峡时代特色，涉及各种各样的商品。因此，示巴的繁荣之路与后来闻名的巴尔米拉相似。示巴女王如此近距离地与所罗门国王交谈，可能是在与他谈判通行权，以便她的"商人"和"香料贸易"从以色列地区通往地中海沿岸的腓尼基港口。

所罗门的腓尼基盟友获取黄金和檀香木的"俄斐"位于何处，更难确定。奈杰尔·格鲁姆近期对俄斐的问题进行了全面总结，他无视那些更大胆的猜测，认为俄斐位于厄立特里亚或阿西尔（红海阿拉伯一侧的一个地区，位于也门北部，曾盛产黄金）。其他学者则认为俄斐可能位于更远的地方。从词源学来讲，"almug"一词已被确认为檀香木（sandalwood）的意思，孔雀和象牙原产于印度或东南亚，那么俄斐可能位于印度河河口至马来半岛或印度尼西亚之间的任何一个地方。还有一种猜测是俄斐位于波斯湾入海口附近的阿曼，因为那时阿曼可能已引进了印度商品，且现今的苏哈尔被认为在语言上与俄斐有着密切的关联。

所有这些猜测可能多多少少都受到了希罗多德的影响，他提到，腓尼基人约在公元前600年花了3年的时间环行非洲大陆。虽然希罗多德对此可能持怀疑态度，但他仍感到好奇，因为腓尼基人说，在长期停留以便种植食物的过程中，发现季节颠倒，太阳位于他们的北面。如果腓尼基海员真的完成了如此壮举，或者至少冒险抵达过赤道以南地区，那么他们很有可能在更早的时候就到达过印度，甚至是马来亚。

与之相反，有人认为，如果希罗多德知道这次非洲之旅，那么他一定会听说行驶至印度洋另一侧的航行，并且会将之写出来，但他并没有提及此事。腓尼基船有两排桨，专门为地中海海域所设计。如果这些船沿着阿拉伯、伊朗、印度或非洲的沙漠海岸航行，估计很难坚持下来。如果 "almug-trees" 真的是指檀香木，那么用这种材料来制作流行的乐器似乎颇为奇怪。如果出现在俄斐和示巴的香料真的是焚香（无论是来自阿拉伯南部还是非洲东部），《圣经》没有明确讲明这件事，则显得更为奇怪。犹太人是鉴定焚香的行家，其他民族难以匹敌。如果香料与黄金、檀香木一样，是为了敬拜神殿和耶和华的荣光，它们肯定会被记载下来。

格鲁姆总结道："《旧约》中再无将示巴女王与阿拉伯南部地区确切联系起来的故事了。"[7] 人们也可能会补充说，也没有足够的证据表明，她进献的香料为树胶、树脂，或者埃及-腓尼基海员曾离开过红海。与哈特谢普苏特的远征队一样，所罗门的海军计划和来自示巴的商业提议（如果真的有过的话），除了有史以来第一次特别以香料之名进行的红海探险，并未对香料之路的发展起到太大的推动作用。

有关古埃及和以色列红海探险之旅的相关史料与其说令人失望，不如说更让人困惑。关于香料之路的开辟，还有另一个有力的观点，即来自印度和远东地区的早期商业提议。与示巴、俄斐的情况相反，有关印度和远东的史料非常少，以至于非常容易识破的谎言都需经受严格的考证。但有两点几乎无人质疑：印度与美索不达米亚（伊拉克）最早的文明之间存在定期交流；印度尼西亚/马来亚与非洲东部之间存在海事往来。由于大多数香料（除了树胶、树脂）来源于东方，东方也很有可能是环绕全球的香料路线最先萌芽的地方，这一点不足为奇。

我们从考古学得知，早在公元前三千纪，美索不达米亚的苏美尔文明和阿卡德文明曾使用香料，其中包括小豆蔻，它很可能是从别国引入美索不达米亚的。虽然这种植物的可食用部分是其松脆的种荚，但小豆蔻在植物学上是姜科植物，它的根茎粗壮，适宜移植。小豆蔻原产于印度南部山区，事实上，那片丘陵在喀拉拉和泰米尔纳德仍被称为"小豆蔻山"。那时，小豆蔻可能已经传播至东南亚部分适宜的地区和喜马拉雅山区，在锡金的山道旁，小豆蔻的叶片像蜘蛛抱蛋属植物那样一簇簇又长又尖，生长得非常繁茂。将小豆蔻移植至美索不达米亚应该是通过陆路运输，但也有可能是通过海路运输。

波斯湾顶端的美索不达米亚与印度西部和巴基斯坦神秘而广阔的哈拉帕（或印度河流域）文明之间曾建立起海上航路，这一点现今可能已得到普遍认可。哈拉帕的赤土陶器和印章曾出土于美索不达米亚的文明遗址，可追溯至公元前2000年左右，而美索不达米亚的文献中也有人们曾乘船前往"狄勒蒙"（今巴林岛）、"马干"（今阿曼或莫克兰/俾路支海岸）和"麦鲁哈"（有人认为，此地是指哈拉帕城本身，也或许是指它的某个海港，就像古吉拉特海岸的洛塔尔古城发掘出来的港口遗址一样）的记载。这些海上往来的性质还不能确定，也许要期望等到破译哈拉帕文字符号之日。不过，似乎可以肯定的是，如果苏美尔人重视香料，那么与印度港口之间的任何往来应该都会涉及香料。如果是这样，印度河流域与波斯湾之间这段未来将成为香料之路的航路，或许可以再向前追溯，而且这段航路的距离肯定很长，甚至可延伸至埃及法老顺着红海袭掠的地区。

至于印度尼西亚群岛与非洲东部的岛屿，尤其是与马达加斯加之间的海上航路，情况则完全不同。那里几乎不存在任何早期的商品交易，更不用提与优雅的生活、繁复的仪式相关的香料贸易了，而且这本身也不太可能。4—5世纪，苏门答腊岛的印度教–佛教王国还未建立起来，这些地域尚未诞生任何重要的文明与文学传统。它们似乎不太可能成为开辟堪称前哥伦布时代最具野心的贸易路线之一的候选者。

但是印度尼西亚和马达加斯加之间确实存在一些跨海往来，或许还存在人口流动。语言学家发现，马达加斯加语中有许多词语明显借用于梵文转换而来的印度尼西亚语；人种学家发现，这两个地区的民族有种族相似性；社会人类学家指出，二者存在许多共同的技术，尤其是造船术和相关设计，这些造船术只在非洲的马达加斯加、桑给巴尔及其邻近的内陆地区有所发现。如果诸如夏威夷之类的太平洋岛群是来自东南亚的民族拓殖的，那么就没有理由怀疑印度尼西亚人会向西迁徙，并在东北季风的协助下抵达马达加斯加或其周边地区。

然而，学者们并不能就这些航行所处的时代达成统一意见，范围跨度很大，从公元前5世纪到公元15世纪；更令人怀疑的是，它们是否具备贸易路线必需的常规性和互惠性。它们曾经从事商业活动的证据在很大程度上来源于英尼斯·米勒，他是这些航行的热情拥护者，并将之称为"肉桂之路"。[8] 大多数古典文献——从希罗多德的《历史》（*History*）到斯特拉波的《地理学》（*Geography*）、老普林尼的《自然史》和佚名作者的《厄立特里亚海航行记》（*Periplus of the Erythraean Sea*）——认为，肉桂（也包括桂皮）从位于阿拉伯南部或非洲东部的"肉桂之国"传播至埃及和地中海地区。但由于这两个地方均不生产肉桂，而在很久以前，肉桂只种植于远东地区，人们才提出，印度尼西亚与马达加斯加之间曾存在贸易往来。肉桂或其他诸如摩鹿加群岛的肉豆蔻核仁/干皮和丁香的香料，应该是先向南，再横跨印度洋最宽广之处运至非洲东南部，最终运抵西方。这条路线甚至比葡萄牙人行驶的航线还要艰险，与16世纪西班牙人、英国人和荷兰人开辟的路线相当。

从苏门答腊岛沿岸行驶至马达加斯加海岸，航程约4000英里（超过6000千米），之后向北途经莫桑比克、坦桑尼亚、肯尼亚、索马里进入红海，航程与上一段差不多，看起来似乎绕了很多弯路。但是，据米勒和其他学者所说，这是唯一符合时人提供的证据的解释。斯特拉波坚定地认为，"肉桂之国"位于埃及以南，老普林尼则以令人震惊的翔实描述验证了前者的观点。老普林尼知道希罗多德描写的阿拉伯大鸟以肉桂枝筑巢的故事，十分不屑地推翻了它：

> 这些故事是当地人想出来的，用来抬高他们商品的价格……（而且）是错误的，因为肉桂树生长在埃塞俄比亚，埃塞俄比亚与"特罗格狄泰人"（Trogodytae）因联姻关系而

有所往来。"特罗格狄泰人"从邻人手中买进肉桂，然后通过船（或"筏"）跨海运输。这些船不以船舵控制，也不以船桨或风帆推动前进，更不掺杂任何技艺设计。在那些地区，只能靠人和奋勇向前的精神填补所有这些事物（或如米勒所述，在那些地区，他们依靠的是人的精神和勇气）。

此外，他们选择冬日白昼最短的时候出海，那时刮的主要是东风，这阵风推动他们径直穿过海湾，绕过海角后，会先吹西风，接着是北风，然后是西风，将他们带到格巴尼泰（Gebbanitae）一个叫作奥赛利亚（Ocelia）的港口［或者是亚丁附近曼德海峡的奥赛里斯（Ocelis）港］。[9]

老普林尼也认为，肉桂来自非洲或"埃塞俄比亚"。而且，肉桂的种植区位于非洲一个非常偏远的地方。无畏的水手需要穿越好几个"海湾"，借着东风的推动力，乘着特殊的船只航行许久才能抵达。而这样的风在非洲东海岸无法带给他们助力，因此被认为应是将肉桂商人从印度尼西亚吹来。他们所乘的船或筏，没有任何驱动力和操控装置，大概与在印度尼西亚和马达加斯加发现的带有舷外支架的独木舟并无太大区别，只是型号稍大而已。与老普林尼对希罗多德的尖刻评论形成鲜明对比的是他关于人类的精神与勇气的结论所蕴含的热情，这一点还是令人信服的，对此，我们应该能理解。[10]

除了非洲，老普林尼没有提到肉桂有其他产地。但在斯特拉波的《地理学》一书中可以找到更早的参考文献，它们至少提过一次"印度的肉桂生产地"。这似乎与斯特拉波早先坚持的肉桂只可能来源于埃及以南的某个地方的观点相悖，在此情况下，《地理学》一书的英语译者坚定地删掉了形容词"印度的"一词。译者认为，这是斯特拉波的一个"笔误"，他解释道，"斯特拉波绝对从未认为印度是肉桂的原产地"。[11] 然而，这就是文本所表述的，鉴于斯特拉波认为印度的疆域可延伸至大西洋，也许他确实认为印度是肉桂的原产地。

没有任何证据证明，这种珍贵的香料不曾生长于非洲。过度开采，尤其是当肉桂树需要剥下娇嫩的树皮时，很可能导致随后它在非洲的灭绝。也没有证据表明，肉桂不曾直接从印度尼西亚运往马达加斯加或非洲东海岸附近的某个地方。考虑到斯特拉波——是当时顶尖的地理学家——对印度和印度洋地形的理解，他很有可能认为，从印度尼西亚出发需要穿越多个"海湾"，更不用说印度本身了。根据上述分析，我们可以看出，研究那时的地理资料需要极度谨慎。斯特拉波认为"印度"毗连非洲，那么老普林尼的"埃塞俄比亚"也有可能毗连印度尼西亚。

这两位学者都认为，肉桂原产于一个非常遥远的地方，这一点他们说对了。肉桂的原产地太过遥远，就算出现严重偏差，也情有可原。斯特拉波说，这个地方位于"宜居地带的边缘"，越过那里，人类就无法生存，因为气候将变得非常炎热；它与"塔普拉班"处于同一纬度，但在其"对面"。尽管塔普拉班现为斯里兰卡南部海岸的一个小岛，但学者们一致认为，"塔普拉班"一词在古代表示整个斯里兰卡。无论当时斯里兰卡是否是香料的主要出口地，尤其是否是肉桂的主要出口地，都无法证明它是肉桂的原产地。斯特拉波承认，公元前1世纪，人们对斯里兰卡的了解甚少，只知道此地向印度的市场供应象牙、玳瑁和"大量其他商品"。[12]

如果上述讨论讲得通，那么"其他商品"指的应该是香料，包括肉桂；其中一些香料，大部分为肉桂，肯定绕开了印度市场，直接从斯里兰卡运往非洲东部。而在非洲东部，索马里海岸似乎比马达加斯加或莫桑比克更有可能成为目的地。与后来从马拉巴尔海岸去往香料之角（瓜达富伊角）的船只所走的"胡椒之路"相同，运输肉桂的船只从斯里兰卡出发，很有可能抵达瓜达富伊角南侧的索马里海岸，剩下的路程由当地商船承担，将肉桂继续运往红海。

如果真的有一条特别的"肉桂之路"，这条路线似乎可以跟史料相吻合，尽管那时远距离运输的条件还不成熟，也完全没有相关的文字记载。但在当时，保密性也是香料神秘性的一部分。正如老普林尼的合理阐述，商人们很愿意让他们售卖的商品供应地听起来很难寻获，这样可以促进销量，提高价格，符合他们的利益。肉桂有时甚至卖到每磅1000第纳尔（根据老普林尼的说法）。如同欧洲势力通常诉诸更优质的枪械一样，肉桂商人似乎通过故意令人捉摸不透，有效地保护了自己的垄断地位。

亚历山大大帝带领他的军队进入印度，发现了新的大陆、新的香料、新的香料混合物和香料的新用途。此外，关于他远征的各种记载，使科学界面临一项重大的地理考证和植物学分类任务。许多卓越的学者参与了这项工作，从公元前3世纪的"地理学之父"埃拉托色尼到公元前1世纪的斯特拉波，再到公元2世纪的克劳狄乌斯·托勒密。同时期，亚里士多德最杰出的学生和公认的"植物学之父"泰奥弗拉斯托斯（卒于约公元前288年）在《植物探究》（*Enquiry into Plants*）和精辟小书《论气味》（*On Odours*）中系统整理了植物学知识。约公元65年，迪奥斯科里德斯在其著作《药物志》(*Materia Medica*)中提出了药理学分类。

希腊语和拉丁语中存在一些并不常见的香料名称,因为当时印度以梵文称呼香料,所以希腊语和拉丁语中的许多香料名称源于梵文词语。炼金术士和江湖游医拥有大量令人费解的配料,而文人总爱使用一些晦涩难懂的词语。罗马剧作家普劳图斯(卒于约公元前184年)为了滑稽地展现出人们对异域香料的狂热之情,竟自己杜撰了许多香料名称,比如 "hapalosis、cataractria、cepolindrum、cicimandrum",听起来好像确有其事一样,不被征缴进口税真的可惜了。为了进一步证明文学作品中大量使用香料,英尼斯·米勒引用了普劳图斯的一部喜剧中一名衰老的女奴对着自己最喜爱的烈酒所说的颂词:

俊美的酒神巴克斯啊!你老了,我也老了,我如此需要你!与你的酒相比,其他液体犹如污水!你是我的没药、肉桂、玫瑰油、藏红花、桂皮、我最珍贵的香水!我愿意埋葬在你浇灌的地方![13]

最后一句也许暗指,安葬时,以酒浸泡遗体比以传统的芳香油膏涂抹遗体更合民意。在罗马共和国早期,香料多用于葬礼。这种做法可追溯到埃及法老的遗体防腐处理流程,之后用于罗马帝国时期的国葬,只是有些过度采用了。

当学者和文人沉浸于香料的新风尚时,其他人开始探索如何才能获得这些异域商品。在这方面,亚历山大大帝从地中海到印度北部旁遮普的征服路线,似乎提供了一条陆上贸易运输路线。亚历山大大帝推翻了阿契美尼德王朝或波斯帝国(曾由居鲁士、大流士和薛西斯统治），将埃及、中东、伊朗和阿富汗统一制约在马其顿的庇护之下。

但他去世时年仅32岁，并且没有清晰、明确的继承人，"世界征服者"的帝国迅速瓦解为许多相互猜忌的总督辖地。大多数辖地由之前的军队将领统管，他们更熟悉战争，而非和平。塞琉古及其继承者在叙利亚、美索不达米亚、伊朗等地建立王朝。阿富汗一带的巴克特里亚独立出来，但随后被前往印度的一系列中亚入侵者——塞种人、帕提亚人和大月氏人——征服。塞种人和帕提亚人推翻了塞琉古政权，帕提亚人建立王国，最终与罗马军团相抗衡。如同亚历山大大帝将香料带回希腊一样，诸如庞培和卢库鲁斯等罗马将军带领军队从东方返回意大利时，也带回了对香料的新一轮热切迷恋。

各方条件成熟，东西方贸易和外交蓬勃发展，公元前4世纪至公元前3世纪可能是与印度的官方交往最密切的时期。印度孔雀王朝的宫廷位于华氏城（今比哈尔邦首府巴特那），在旃陀罗笈多统治期间（约公元前321—前297年在位），麦加斯梯尼被塞琉古一世派往印度担任使节；旃陀罗笈多的孙子阿育王（约公元前268—前232年在位）与亚历山大大帝的几位继承者创建的王朝交好，包括亚洲的塞琉古王朝和埃及的托勒密王朝。虽然麦加斯梯尼对孔雀王朝的相关记载没有留存下来，但是古典时期的几位作家将他的记载视为获取有关印度的信息的第一手资料，在他们的作品中，有一部分内容留存了下来。意料之中地，麦加斯梯尼对印度北部有所偏见，但他提到了一些未做详细说明的香料，也提到了比哈尔从印度南部的王国（位于印度半岛的顶端，如哲罗、潘地亚和朱罗）引进珍珠。在印度内部，香料贸易已经遍布整个南亚次大陆。公元前数个世纪至公元1世纪，从巴克特里亚和旁遮普的铸币、雕像、建筑中可以看出与希腊化文化的接触程度很高，由此也可推断出，香料已进入西亚。伊朗的帕提亚人似乎非常重视东西向贸易，并对来自中国的丝绸运输给予了显著的鼓励。毋庸置疑，这种陆路贸易必然包括更受追捧的香料——在印度西北部可以获取。

　　但早在公元前3世纪，海上运输的发展也许已经削弱了这些商品的陆路运输，使其变得有些多余。而且，南北向的香料运输量并不亚于东西向，北部的寒冷气候不利于农作物生长，更需要引进热带地区的丰富产物。这条运输路线跨越阿拉伯和红海，穿过埃及人口密集的尼罗河三角洲，进入地中海东南部。

　　亚历山大大帝征服的这一部分疆域由托勒密王朝继承，包括"救主"托勒密一世及其后代（地理学家托勒密与他们没有关系，他生活的时代远晚于他们）。与亚历山大一样，托勒密王朝的统治者是马其顿的希腊人，他们将王朝治理得很好，远远胜过亚洲的塞琉古王朝。埃及这个国家在当时是财富的代名词，是法老的故土和地中海东部地区的粮仓，埃及人管辖着黎凡特（巴勒斯坦、以色列、黎巴嫩）南部的大片贸易区，也控制着努比亚（苏丹）的外来资源。不像塞琉古王朝因中亚人口无休止的迁移而受到重创，托勒密王朝在其移居的土地上繁荣发展了近三个世纪，实际上，直到不幸的克里奥佩特拉成为王朝的最后一任女王，她向马克·安东尼示好，然后将自己的王国拱手让给了罗马人。

　　托勒密王朝的统治者忠诚于自己的希腊血统，在亚历山大港建都——在埃及地中海沿岸，且朝向爱琴海。这座城市以白色大理石筑成，城中有宏伟壮观的柱廊、纪念碑和宫殿，它取得了辉煌的成就：延续了700年，在商业上具有突出地位，尤其是在香料贸易中，它的地位持续了1700年之久。亚历山大港显然成了亚历山大大帝创建的众多城市中最著名的一座，也是他的安息之地，这经过了特意的谋划，托勒密王朝的统治者在亚历山大的送葬队列从巴比伦向西蜿蜒行进时劫持了他们。他将亚历山大大帝的石棺安葬于最具古典主义的一座庄重宏伟的陵墓之中，没有人可以再质疑托勒密家族是亚历山大大帝真正的继承人。

托勒密王朝是亚历山大大帝崇拜的守卫者，也是希腊文明中最好的那部分珍宝的赞助人。亚历山大港处于三个大洲的交界处，自觉积聚了这个地区所有的智慧，他们在地中海东部地区搜寻文献，以填充亚历山大港那座巨大的图书馆，并且寻找手工艺品和表演者为伟大的博物馆增光添彩，也邀请学者到此地生活和学习。值得一提的是，这个图书馆成为希腊化科学与学术的交流中心，拥有约10万份手稿和一大群抄写员。在这里，地理学家和天文学家，比如埃拉托色尼、斯特拉波和托勒密，夜以继日地构建地图、地名词典、新的天文与地球模型，不曾远离大理石大厅和阴凉的行道。当雅典开始衰落、罗马尚未唤醒军事热情之时，亚历山大港进入了希腊化文明的全盛时期。

然而，托勒密王朝的统治者也深切认同他们的移居之地埃及，所以他们不仅将自己视为马其顿的继承人，还将自己视为孟菲斯和古埃及许多王朝的继承人。与法老一样，他们追求专制统治和奢靡生活。亚历山大大帝去世后，被列为埃及诸神之一。诸如塞拉皮斯神殿和高大的法洛斯灯塔（亚历山大港灯塔，"世界奇迹"）的建筑物，均结合了雅典卫城的美学与金字塔的伟大建造技艺。

托勒密王朝沿袭了法老搜寻异域商品的传统，并像哈特谢普苏特等统治者那样复兴王朝的贸易事业。他们在红海沿岸开设贸易站，直接与也门的乳香产区做交易——是地中海王国中第一个这样做的，并且接纳了许多从印度海运过来的新奇物品。直到14世纪，欧洲人了解的香料路线基本上仍然是托勒密王朝所熟悉的，好比他们昔日的首都亚历山大港依然是地中海地区的重要贸易中心。

托勒密王朝起初似乎对亚洲的植物产品没那么大的兴趣，而是对非洲的奇异动物充满好奇。一队被捆缚起来的长颈鹿、困在笼子中的狒狒、激烈扭动的鸵鸟、伤残的河马、被缠牢的蟒蛇，被拖运到亚历山大港的花园与公园，供人们观赏。他们尤其喜欢猎捕大象，在埃塞俄比亚沿海地区建立了捕猎站，还专门设计了运载大象的船只，将它们运往红海地区。虽然人们无聊的好奇心肯定很快就得到了满足，但为捕猎大象而设的赏金保留了下来，因为在收购大象的背后隐藏着军备竞赛的势头。

大象在战争中的潜力是亚历山大大帝远征印度时的另一大发现。塞琉古王朝后来建立了自己的大象军团，托勒密王朝因地理上的劣势较难从印度获得象夫和大象，因此想要驯服非洲大象，以便弥补这种劣势。虽然驯服非洲大象和印度大象都是要逐步控制大象的心理，但前者远没有后者那么好驯服，他们最终没能成功驯服非洲大象。然而，这个举措开辟了埃及与红海之间的贸易往来。阿尔西诺伊靠近苏伊士，托勒密二世将它作为一个前线基地，重拾法老修建运河的事业，将尼罗河与阿尔西诺伊、苏伊士湾连接起来，船只可在地中海和红海之间自由通行。再向南，托勒密二世在米奥斯霍尔莫斯（靠近古赛尔）和贝雷尼克（更往南的地方）建立海港。二者均位于埃及的红海沿岸，通过精心维护的道路，配备的水井和驿站，在科普托斯（近卢克索）与尼罗河相连。

托勒密王朝的商业船队沿着红海地区扩展开来，他们掌握了一直以来都很复杂的航海技术，并且探索了阿拉伯和埃塞俄比亚沿岸等地的贸易潜力。为了开采矿藏和猎捕，他们又建立起多个站点，广泛遍布于红海地区。他们根据饮食习惯，详细记载了埃塞俄比亚和索马里沿岸许多奇特的民族，比如"食鱼族""食根族"和"食龟族"，还有"纤维食物族"——他们喜群居，在树上寻找食物，"完全靠嫩芽为生"，动作非常敏捷，无衣蔽体，男性之间可共享"女性伴侣"。[14]公元前150年，尼多斯的阿伽撒尔基德斯编纂了一部有关红海的著作，书中对于"纤维食物族"的描写非常翔实，几乎可以断定，这个群体其实就是黑猩猩。如同非洲和亚洲之间不太明确的分界线，猿猴与人的划分也并不清晰。

更重要的是，这些航行导致了首次确定的与也门沿岸的海上贸易的开启。无论哈特谢普苏特远征队从蓬特带回的和示巴进献给所罗门的是否是乳香，向亚洲其他地区出口焚香的陆上贸易确已存在许久了。古代苏美尔人也许已经开始使用阿拉伯树脂，亚述人明显对此渴求不已；公元前500年，波斯阿契美尼德王朝也对某种乳香青睐有加。据说，阿拉伯部落有一年曾向大流士进贡了24.5吨树脂，简直不可思议。希罗多德大概出生于大流士去世前后那段时期，他非常清楚这些传闻背后的事实，尽管仍不愿放弃在书中渲染它们的机会：

他们采集乳香时会点燃苏合香脂（腓尼基人带到希腊的一种树脂），燃烧苏合香脂释放出的烟会赶走飞蛇；这些蛇……体形较小，五颜六色，所有能采集乳香的树旁都有很多这样的蛇，驱赶它们的唯一方法就是点燃苏合香脂，释放出烟。[15]

像往常一样，真相之中也夹杂着一些谎言。致命的"蛇"，尤其是角蝰，经常出没于阿拉伯南部地区，但其实这种成群飞行的生物是蝗虫。在与切割乳香和收集"眼泪"般的树胶、树脂有关的各种仪式中，有一种是焚香烟熏。在希罗多德之后的两个世纪，泰奥弗拉斯托斯或许是根据亚历山大大帝亲自派遣去往红海的远征队提供的消息，在众多可能是原产地的地区中，准确识别出了萨巴、哈德拉毛和盖特班。从那以后，托勒密王朝从亚历山大港图书馆的库藏获取相关地理知识和数据，进一步研究与探索，掌握了关于这些地区的更多信息。

公元前3世纪末，这些研究终获成果。那时，地理学家埃拉托色尼掌管着亚历山大港图书馆，他穷尽馆中积累下来的所有资料，整理出了一份全新的地名列表，以及关于这些地名的很多信息。他写道，萨巴的首都是"马里阿巴"（马里卜），盖特班往南延伸至曼德海峡，乳香和没药来自盖特班和哈德拉毛。装运出口的货物通过以物易物的方式，出售给也门北部的迈因商人，迈因的商队需要花费70天，才能穿越整个阿拉伯地区，抵达亚喀巴湾顶端的"爱拉纳"或埃拉特。焚香从那里再运往地中海沿岸港口城市加沙。

实际上，埃拉托色尼是在描述后来名声大噪的"焚香之路"，而非一则小小的传闻。其他民族也参与到焚香贸易中来，尤其是约旦佩特拉的纳巴泰人。这条沙漠商路位于阿拉伯半岛的鲁卜哈利沙漠和西部海岸山脉之间，见证了整个罗马时代来来往往络绎不绝的骆驼商队。1世纪，每年经这条路线出口的乳香估计约有1675吨，需要多达1.1万匹骆驼，这还不包括没药和其他商品的运输。[16] 佩特拉约有3万人口，尽管纳巴泰人似乎没有自己的商队，但他们的首都会为商队提供水和其他必需品，并收取大量税费，因而对贸易仍具有重要的影响。纳巴泰人信奉的神祇鲜为人知，但其中似乎有一个"商队的守护神，也许可以与基督徒奉为旅行者之保护神的圣克里斯托弗相媲美"。[17] 虽然人们的观点不尽相同，但无论怎样，焚香的商路确实促进了阿拉伯其他社会的繁荣，特别是在像叶斯里卜（后称麦地那）这样的商业中心。关于这一点，《古兰经》和伊斯兰传统可以提供证据，无论它们是"多么有倾向性"。[18]

阿伽撒尔基德斯生活的时代比埃拉托色尼晚一个世纪，他在亚历山大港撰写的著作中也介绍了从也门出发的陆上运输路线，但补充了在萨巴人的掌控下海上贸易繁荣发展的证据。他将这个地区称为"艾夫泽蒙阿拉伯"（Eudaimon Arabia），这个词是"阿拉伯菲利克斯"或"阿拉伯福地"的希腊语表述。最幸运的是，这个地区的确如此，因为"它拥有我们认为价值极高的大部分商品"。事实上，萨巴的树胶、树脂丰饶充足，香味弥漫到了整片大陆。

> 这种香气似乎带有神性，比言语更具有力量，它会刺激每个人的感官，给人留下深刻印象。对于沿着海岸航行的人来说，他们虽然远离陆地，但仍能分享这份愉悦。夏天，一阵离岸风吹来，没药和其他类似的树的芳香飘散到附近海域。[19]

　　阿伽撒尔基德斯说，这种富足也有其不利之处，人们可能会将这种福运视为理所当然，因而忘记了诸神。与蛇（虽然不能飞，但"会在啮咬时一跃而起"）一样，这种令人陶醉的香气本身就存在危险。空气中到处弥漫着香气，人们随时面临眩晕的危险。应对这个问题，只有一种方法——以毒攻毒。阿伽撒尔基德斯写道，"燃烧一点树脂和山羊的胡须"，就可以起作用。这种方法"使香气不再那么刺激"，并且"混合一点会引起人们不适的物质"，可以中和气味。[20]

　　萨巴几乎统治了整个阿拉伯南部，无疑是彼时世界上最美丽的地区之一。阿伽撒尔基德斯说，那里的王家宫殿是用镶嵌着象牙和宝石的金银工艺打造出来的奇迹。萨巴人是世界上最富有的民族，因为"是他们将亚洲和欧洲市场上一切有价值的商品分售出去的"。有人认为，阿伽撒尔基德斯描述的可能是萨巴首都马里卜，这是一个误解。与佩特拉一样，马里卜的繁荣在很大程度上依赖于包括马里卜大水坝在内的大规模灌溉工程所带来的农业产量。马里卜大水坝长约550码（约500米），水位可涨至50英尺（约15米）。萨巴出口树胶、树脂所得的利润可能很大一部分都用于进口外国商品，进口的外国商品中只有一小部分会被再次出口。但在公元前2世纪中叶，这种贸易是否存在，萨巴是否与"亚洲和欧洲"都有贸易往来，仍需进一步考证。往返于萨巴海港和"亚洲"之间的船只属于谁，他们从事海上贸易多长时间了，他们的路线是什么，这些问题仍留待后人去探索。

　　阿伽撒尔基德斯在下一段落给出了一些暗示。他描写了"艾夫泽蒙阿拉伯"的近海岛屿，应该指的是索科特拉岛，他讲述了"白牛"和"有围墙的城市"，又讲到"从许多邻国来的商船停泊于此……大多数商船来自亚历山大大帝在印度河流域建造的港口。也有不少来自波斯、卡尔马尼亚及邻近地区的船只"。[21]

因此，阿伽撒尔基德斯笔下被萨巴人分售出去的"亚洲"商品，实际上全部源自阿拉伯以东地区，远至巴基斯坦的信德。这种贸易也许可以追溯到公元前325年亚历山大大帝建立的帕塔拉港口，该港口靠近巴基斯坦的海得拉巴（位于印度河三角洲）。参与这种贸易的船只来自以上这些地方，贸易经营者似乎已经在索科特拉岛建立了自己的商业定居点。倘若阿伽撒尔基德斯是从托勒密王朝的水手报告中得知，这些商人在那里或附近地区已经与他们有了贸易往来，那么阿拉伯半岛作为朝向陆地的垫脚石的地峡时代已经结束。多亏了印度人，也许还有波斯人，海上香料之路的很大一部分必备要素才能到位。

阿伽撒尔基德斯没有提及任何远于信德的印度地区；写到当地的风时，也没有提及它们具有一种特殊的模式，有利于促进这种航行。由此可以推断，来往于信德和索科特拉岛之间的船只一定是沿着海岸线航行的。如果他真的这样理解，那么真是有些过时了。可以说，历史上，人们对香料之路的最重大发现，似乎就来自阿伽撒尔基德斯撰写著述的那个世纪。整个印度西部和南部，加上孟加拉湾之外的潜在贸易市场，即将进入与埃及和红海地区直接贸易往来的时代。水手们不再需要地标做指引，在远离陆地的夜晚也可自给自足，这可能需要感谢神秘的肉桂商人，但或许更需要感谢他们自己尝试的一次次勇敢无畏的探险航行。他们拥抱大海，将自己的命运托付给掌管季风的诸神。

4

希帕鲁斯和跨海航线

> 利穆里克（泰米尔纳德）出产的所有商品全部被运到这些（科罗曼德尔）港口，每年几乎所有从埃及流出的钱财，以及利穆里克的诸多不同商品，均通过沿海地区运输。
>
> ——佚名作者，《厄立特里亚海航行记》[1]

像香料之路一样古老的航海开拓者几乎鲜为人知，没有相关的人物评议，也几乎没有相关的事件记载。如果研究者没有一点想象力，可能根本研究不下去，甚至无法重建最基础的史实。从费力收集到的少量文献和考古资料中可以看出，早期航海家没有留下姓名、出生年月或国籍，就登上了看似设计合理，装载着货物的船只，在合适的季节踏上航程。

《圣经》中记载，曾沿着红海航行的人是腓尼基人，希罗多德也支持这种说法；而根据其他史料，后来指挥托勒密王朝航海活动的人似乎是希腊人。人们普遍认为，他们所乘的船与代尔巴赫里祭庙的浮雕刻绘的无甲板船类似；武尔奇的伊特鲁里亚花瓶（约公元前500年，现收藏于卢浮宫）上也画有相似的船只在波涛汹涌的海上收紧船帆的景象。他们会划桨推动船只前进，但更多的是依靠安装在长帆桁端的大横帆。帆桁由两根拴牢的圆材组成，吊在一根结实的短桅杆上面。那个时期还没有船舵，人们只能靠船两侧类似于桨的装置控制方向。只有船中间的部分可以存放货物。据阿伽撒尔基德斯说，公元前150年，横穿阿拉伯海北部海岸的信德和波斯船只可能与之设计构造不同。它们的木质船体很可能是由椰子壳粗纤维缝制在一起固定的，而不是用钉子钉住的；它们没有安装与桅杆成直角的方形帆（所以也叫横帆），而是可能已经开始使用更为三角形的"纵"帆，之后地中海地区也开始采用这种帆，被称为拉丁帆。

对早期航海家的身份和他们驾驶船只的其他所有描述，都纯属猜测。前往红海海岸寻找大象的托勒密王朝的水手，可能是欧洲人（希腊人）、非洲人（埃及人和埃塞俄比亚人）或亚洲人（腓尼基人和阿拉伯人）。印度船只和沿着阿拉伯海海岸航行的船只，可能已经成功穿越阿拉伯海抵达非洲海岸；更为神秘的印度尼西亚或斯里兰卡载有肉桂的船或"筏子"，可能也已经穿越了阿拉伯海。非洲沿海出现了各式各样的船只，从独木舟到带有舷外装置的大型板材缝制船，熙熙攘攘，不停来回穿梭。

在所有这些船只之中，香料可能是运载得最频繁的货物了。但是除了地中海地区渴望获得香料，香料价格激增之外，香料贸易并没有引起更多的关注。在意大利湖区的一处静修时编纂《自然史》的学识渊博的老普林尼，以及亚历山大港图书馆中勤勤恳恳做研究的所有地理学家，前者对此沉默，后者也甚少有相关记载，但这都不能证明在他们的智识范围外，其他民族没有积极投身于伟大的航海事业。就像早期的航海家本人一样，他们的成就可能也未被记载下来。

然而，有两个特例。斯特拉波和老普林尼均注意到了神秘的尤多克索斯（来自基齐库斯）。约在公元前110年，他多次出海抵达印度，但在一次雄心勃勃的尝试环行非洲的航程中消失了。希腊有一份文献，其作者对于印度洋有实际了解，文献中特意提到了另一名航海家，他是整个希腊-罗马的印度洋航海史上唯一留下姓名的航海家。他叫作希帕鲁斯；希腊文献的作者特意辨认其身份，在此过程中流露出一种深切的敬意。文中说道："希帕鲁斯是首位通过观察贸易场所的位置和海域的特征，发现跨海航线的航海家。从那时起……印度洋的西南季风以他的名字来命名。"[2]

显然，在众多伟大的航海探险家之中，这个名叫希帕鲁斯的人理应占有一席之地。与哥伦布一样，他也许不是第一个"发现跨海航线"的人，而只是第一个代表一个民族完成这一任务的人，这个民族认为，这个成就意义非凡。和达·伽马一样，他也许雇用了熟悉季风的阿拉伯或印度人，又或许只是跟随他们的船只前行。更可能的是，在他发现连接两个大洲的航行路线之前，已经有人进行了一系列的探险航行，甚至到达过离海岸更远的地方。但是希帕鲁斯推断出了西南季风的潜在作用，凭借季风成就了第一个记录在册的印度洋远航，进而开启了香料贸易的轰动性扩张，这似乎是无可争辩的。如果对这一点有任何疑义，他的名声都将有所受损，不足以使印度洋的西南季风以他的名字命名。

遗憾的是，这一最有希望的突破遇到了许多史料编纂方面的问题的困扰。记录希帕鲁斯壮举的文献没有记载他的出生年月和他发现跨海航线的时间，文献本身也未注明写作时间，且作者不详。我们倒是知道这份文献的标题，拉丁语可译为 *Periplus Maris Erythraei*，英语可译为 *The Periplus of the Erythraean Sea*（即《厄立特里亚海航行记》）。这个标题读起来并不朗朗上口。

"Periplus"即为环绕航行之意，针对本书，则是与环绕航行有关的信息概要之意。航海家们还完成了其他几个环绕航行，包括环绕黑海和地中海的航行。厄立特里亚海是古人对阿拉伯海（包括波斯湾和红海入口）的称谓。所以，这部作品记载的是与围绕印度洋西半部航行相关的信息。

为了推断《厄立特里亚海航行记》的写作时间，学者们将重点放在了研究文中提及的几个在位的国王和当时发生的事件上。基于这些文内线索可知，这部作品的写作时间肯定不早于公元50年，不晚于公元130年。很显然，希帕鲁斯生活的年代先于这部作品的写作时间，这段时间的长度至少应足以使他的成就受到普遍认可，使人们能广为接受季风以他的名字命名，并且已建立起定期的贸易往来。这大概需要一个世纪或更长的时间。老普林尼于公元77年撰写《自然史》，书中使用了"希帕鲁斯"这个词来表示季风，但是没有提到希帕鲁斯这个人。由此可知，"希帕鲁斯"即表示季风，这个词的如此用法已被广泛接受，老普林尼不需要做进一步解释。另一方面，向前追溯80年（约为基督诞辰之时），斯特拉波在其著作中既没有提到希帕鲁斯本人，也没有提到以他的名字命名的季风。

因而，有些人认为，希帕鲁斯一定先于老普林尼，后于斯特拉波所处的时代，发现了季风的规律。但是，斯特拉波在书中认为，埃及与印度西海岸（或马拉巴尔海岸）之间已经存在贸易往来一事理所应当。他说，每年有"多达120艘船"去往印度；他唯一的遗憾是"现在从埃及出发，取道尼罗河和阿拉伯湾去往印度的商人之中，很少有人会航行至恒河（河口）那么远的地方"。[3] 如果斯特拉波所说的"阿拉伯湾"指的是红海，那么这些商人应该就是从那里出发直接前往印度，因为他没有提及任何中间停靠港。而且贸易发展起来需要一段时间，这样看来，希帕鲁斯似乎不仅先于基督和斯特拉波存在，甚至先于克里奥佩特拉（卒于公元前30年）。因此，我们可以推算出，他是在托勒密王朝出海远航的。此外，几位权威学者并未将希帕鲁斯的发现当作一系列更具冒险精神的航行的巅峰，而是作为其开端。这些航行在接下来的几十年里持续进行，其中包括那位神秘的基齐库斯的尤多克索斯尝试的远航。换句话说，希帕鲁斯可能在基督诞生前一个多世纪，就已发现了这条意义重大的跨海航线。

公元前1世纪，罗马人开始对埃及产生了兴趣。公元前48年，尤利乌斯·恺撒首次登陆埃及；公元前41年，马克·安东尼为了追随克里奥佩特拉，返回埃及；公元前31年，屋大维（之后成为罗马帝国的皇帝，受封为"奥古斯都"）击败了马克·安东尼和克里奥佩特拉，罗马吞并了埃及。罗马人的到来恰逢希帕鲁斯的发现初见成效之时，埃及将开展为古代世界所知的最具冒险精神和最有利可图的贸易，这应该不仅仅是巧合。无论是克里奥佩特拉身上诱人的印度甘松香味，还是亚历山大港香料满溢的仓库，埃及充满了不可抗拒的吸引力。

从《厄立特里亚海航行记》可明显看出，在罗马帝国的庇佑之下，埃及的贸易发展得极其迅猛。这位佚名作者的写作风格非常利落——其英文译本只有37页，66个段落，文中涉及红海的内容不多。米奥斯霍尔莫斯和贝雷尼克是埃及的两个重要海港，越过它们，非洲这一侧就是"蛮族之地"。这里居住着食鱼者，再向内陆延伸，麦罗埃（邻近喀土穆）附近的人以吃植物和野生动物为生。"托勒密王朝过去开展狩猎活动的港口"曾运载大象，盛产玳瑁和少量象牙，但是"没有停泊处，只有小型船只才能顺利入港"。阿杜里斯（靠近马萨瓦）是一个"传统的商业中心"，属于埃塞俄比亚的阿克苏姆王国，它抢了"托勒密狩猎海港"的风头。阿杜里斯是购买象牙和犀牛角的最佳地点，也是售卖埃及制品，如布匹、玻璃器皿、铁和铁器的好地方，从东方带回来的印度制品同样可以在这里售卖。

再往前走就是曼德海峡了，非洲之角的北部海岸排布着一连串的小港口，这些港口几乎全部专注于香料贸易。开端是阿费利特斯港（位于吉布提），然后这些港口延伸至一个叫作"香料贸易中心"的地方，之后环绕瓜达富伊角（托勒密在即将写就的《地理学》一书中称它为"香料之角"）分布开来。人们运输的香料包括索马里出产的没药等树脂、许多未说明的非树脂"芳香物"，以及大量肉桂和桂皮。肉桂和桂皮的运输量非常大，以至于《厄立特里亚海航行记》的作者建议要"使用大型船只"运输。

沿着非洲海岸继续前行至拉普塔港（可能靠近达累斯萨拉姆），《厄立特里亚海航行记》没有再提及肉桂或桂皮，这种遗漏导致以下事实被严重削弱：这种植物要么产于非洲东部，要么就是从印度尼西亚运到非洲东部的。这样看来，在索马里海岸出现的那些未说明的"芳香物"和肉桂/桂皮，似乎是由印度、斯里兰卡或阿拉伯船只运达索马里的。非洲之角的这些小港口很可能代表了前希帕鲁斯和前罗马时代印度洋海上贸易最后的盛况。

这种随意的推论在《厄立特里亚海航行记》一书中是找不到的。希罗多德叙述自己遇到的奇闻轶事，阿伽撒尔基德斯布道说教，斯特拉波评述文本，老普林尼愤慨抱怨，而《厄立特里亚海航行记》的作者则始终保持客观态度，书中没有任何试图吸引读者的痕迹。他对事实不加赘述，行文简短清晰，展现了一个非专业文学作家平淡刻板的风格。事实上，《厄立特里亚海航行记》读起来就像航海日志一样，甚至这就是一本航海日志。

《厄立特里亚海航行记》的作者可能是一位船长，更有可能是一位商人管事，他显然到访过书里记录的很多地方，这也是其巨大价值所在。《厄立特里亚海航行记》是古典时代留存下来的关于香料之路的唯一一份第一手资料。其叙述虽然乏味，但可谓是真实的航海记录。此次沿非洲海岸航行的终点还颇受争议，但在阿拉伯海的另一侧航行时，他肯定已经到达了西亚的大部分重要港口，包括印度西部的港口。《厄立特里亚海航行记》的作者神秘莫测，且不善表述，但仍值得我们深入研究。有人可能登上了他的船，在获得许可的情况下最终随着他驶向东方，寻找香料。

正如沿着非洲海岸南下的航行一样，《厄立特里亚海航行记》中记载的亚洲之旅的起点也是红海。7月，北风风向平稳。目的地为阿拉伯南部的船只在贝雷尼克等待9月的到来，但去往印度的船队需要即刻起程，张帆全速前进。只有快速穿越红海，他们才能及时抵达印度洋，赶上希帕鲁斯季风。

盛夏时节，红海干燥的北风从纳巴泰王国烧焦的山地上吹来，如火焰般炙热。国王马里卡的石造宫殿大厅建在地下水源之上，地下水源的供给使得他的"玫瑰之城"佩特拉可抵御围攻，并且对沙漠商队充满吸引力。载有焚香的陆上商队从萨巴出发，途经佩特拉，佩特拉的岩石壁垒下延伸出一条弯弯曲曲的道路，通往亚喀巴湾的拉克科摩。进入这个驻防海港的阿拉伯船只"虽然不大"，但有时还是会尽可能多地装载阿拉伯南部的树脂。他们为了此项特权，会缴纳25%的从价税。海路的运费比陆路骆驼商队的运费低廉，但鉴于当时正处于7月，逆风而行，北上的船只不会被开往印度的船只看到。

至于年份，就暂定《厄立特里亚海航行记》作者出海的时间为公元80年吧，据学者推测，这一年是《厄立特里亚海航行记》最早容许的写作时间与最晚写作时间之间的中间年份。《厄立特里亚海航行记》最晚写于公元106年，那一年罗马帝国（在位皇帝为图拉真）吞并了纳巴泰王国。图拉真将继续修建托勒密王朝未完成的尼罗河-苏伊士运河，如果这项工程在《厄立特里亚海航行记》作者在世时发生，那么他一定会知道这一事件。公元80年，罗马帝国在位皇帝为提图斯，他是罗马帝国的第十位皇帝。他的帝国仍在计算上一年8月维苏威火山喷发对其国家造成的损失。除了庞贝和赫库兰尼姆，受害的还包括当时在此统领罗马舰队的老普林尼。出于好奇，他上岸想要近距离地观察火山喷发，却因火山喷出的烟雾窒息而亡，他一定想不到自己会这样离开人世。

远航的水手需要面临各种各样的危险。阿拉伯海岸线的港口不欢迎外来船只。"会说两种语言的恶棍"埋伏着，等待毫无戒备的船只；在海盗的袭击中幸存下来的人都会被卖去当奴隶。此外，据说整片区域都"没有港口，只有糟糕的锚地，海岸淤塞、石头满地，无法停靠，方方面面都非常可怕……因为这些原因……我们坚持穿行中间水域前往阿拉伯南部的国家，并继续前行直至火烧岛（Burnt Island）。火烧岛之后的航程经过的都是文明地区，那里的人会放牧牛群和骆驼"。[4] 看到这些牧民，就预示着要抵达曼德海峡入口处的也门穆扎港（穆哈以南）。穆扎是一个"老牌海港"，"整个港口到处都是阿拉伯人、船长和水手，商业气息浓厚"。这里主要从埃及进口布匹、衣物、葡萄酒、香水和藏红花——来自小亚细亚，是一种具有自身意愿的香料，因为它似乎走错了方向。从这里起程的阿拉伯船只需穿过曼德海峡驶往索马里海岸，再穿越印度洋驶往印度。

《厄立特里亚海航行记》中写道，从穆扎向内陆行进12天，可抵达都城采法尔，古萨巴人及其新兴对手希木叶尔部族共同居住于此地。萨巴王国虽以焚香贸易闻名，但自公元前26年起，社会出现动荡。罗马帝国皇帝屋大维看中了萨巴积聚的财富，试图征服它。据斯特拉波说："奥古斯都希望，要么将阿拉伯人当作富有的朋友去结交，要么当作富有的敌人去征服。"5 当埃利乌斯·加卢斯率领的罗马军队在阿拉伯沙漠中迷路时，为了得到水，他们不得不放弃围攻马里卜，因而奥古斯都选择了前一种方式。萨巴-希木叶尔国王对此甚是宽慰，感激地称呼自己为"皇帝的朋友"，并向罗马进献了许多使者和贡品。

昔日的亚丁"城"因罗马人入侵损失惨重。亚丁位于一个绝佳的海港旁，岩质稳固、易于停泊，一通过海峡就能进入人们的视野。那时，从埃及直接驶向印度的航线还未普及，亚丁与对面索马里海岸的港口一样，是印度商船与阿拉伯人的交易地，印度商船在此停留后继续前往埃及。《厄立特里亚海航行记》写道："但是现在，在我们的时代到来前不久，恺撒（恺撒·奥古斯都）毁掉了它。"6

从亚丁再过去，"是一片绵延2000斯塔德（约350英里/600千米）的海滩"，一直延伸至卡纳（穆卡拉以西）。海滩地带全部都是"食鱼族"，但卡纳的范围相当大，是哈德拉毛所产乳香的主要出口港。哈德拉毛的国王"以利亚祖"（Eleazos）住在内陆的"沙卜他"（夏布瓦）。所有乳香的种植都由他控制，生产出来的乳香由骆驼商队、船只和当地以充气兽皮做成的船筏运输至"仓库"。《厄立特里亚海航行记》中写道，苏合香脂可以驱赶乳香树林中的飞蛇，是卡纳进口的商品之一；其出口的商品包括具有通便疗效的芦荟和龙血树脂，二者均产自哈德拉毛的附属岛屿索科特拉岛，出口量仅次于乳香。事实上，乳香的需求来自整个世界，因此卡纳"（与）对面（即印度）的巴里加扎、塞种人王朝，以及邻近的波西斯地区的所有市场存在互惠关系"。[7]

《厄立特里亚海航行记》的作者确实提供了大量信息。他的船队行驶至奥赛里斯或亚丁附近的海峡之后，继续向前行驶。前往印度的商船没有足够的时间停靠每个港口进行交易。因此，商人管事（假设《厄立特里亚海航行记》的作者是商人管事）写下他在这些地方的经历，造福他人。比如，8月乳香还未丰收，前来的印度商船无法获得乳香。乳香的丰收季在9月，这也是从埃及专门前往阿拉伯南部地区的商船起程时间较晚的原因。

他们离开亚丁湾，准备前往印度，船队的风帆随着阵阵狂暴的希帕鲁斯季风而鼓起。每年6月西南季风到来，7月狂风大作，但8月和9月风力逐渐减弱，变得易于控制。现在是"跨越海洋"的最佳时间。他们在卡纳以东"最大的岬角叙亚格鲁斯（也称法塔克，约在阿拉伯南部海岸线的中间位置）"最后一次登陆，然后趁着风平浪静驶入印度洋。

《厄立特里亚海航行记》中几乎再没有关于阿拉伯其余海岸的描述，就更不用说波斯湾了。波斯湾的采珠业发展得很好。从印度和其他地方来的船只沿着海湾上行至乌剌港（靠近巴士拉）和卡拉克斯-斯帕西努港（幼发拉底河沿岸），巴尔米拉商队在此接过这些向西输送的货物。但是我们的商人管事并不熟悉波斯湾，也不了解波斯湾以东波斯和莫克兰（俾路支）的沙漠海岸。接下来他熟知的地方都位于"对面"。"塞种人王朝"依靠塞种人或萨卡人的统治，将影响扩展至印度河流域。之后就是印度本身这个巨大的市场了，比如巴里加扎、穆齐里斯和尼塞达。

从叙亚格鲁斯岬角出发，不同的贸易目的地决定了不同的航行路线。如果要前往喀拉拉的胡椒海港穆齐里斯和尼塞达，那么船只应向东南偏东方向航行，几乎是以风帆允许的最大幅度，"调转船头逆风而行"。装有横帆的罗马船只也许没有印度和阿拉伯的船只适航，但他们仍勇敢驶入波涛最为汹涌的海域。为了保证可以在同年返航，他们探险"跨海之路"的时间甚至可能早于自己的竞争对手。

如果他们驾驶的船只是罗马制造的，那么它们肯定经得起狂风暴雨的蹂躏。罗马船只的力量堪比攻城装置。从古至今，大多数造船者造船时都会先搭建出一个坚固的框架，组成船的龙骨、船头、船尾柱和船体肋骨；然后根据这个框架安装木板，完善船体。但罗马人造船先从安装木板开始，他们将木板首尾相连、左右相接，先制成坚固的船体，再切割出框架和安装肋骨。一位学者说，榫眼和榫接头上会扎扎实实地雕刻回纹细工饰，整条船用榫钉加固，制造罗马船的船体时，更像是在制造橱柜，而不是一般的木工制品。[8] 罗马船非常坚固，可以造成大型船，船长可达180英尺（约60米），排水量最高可达500吨。《厄立特里亚海航行记》的作者在文中总是贬抑小型船，可能是因为他自己已经习惯了这种空间相对较大的船只吧。

《厄立特里亚海航行记》依次记载了印度的所有港口，但实际的航行并不停靠所有的海港，因为这样会错过回程的季风。船只向东南方向航行，"不到三天"就"看不见陆地了"，在刮起东北偏东的风之前，迅速驶向塞种人王朝地势低洼的海岸。这条航线可能"很危险，但借着季风，其航程最短，可直达目的地"。

塞种人统治的区域是"印度河——流入厄立特里亚海，是厄立特里亚海连通的所有河流中最重要的一条——的发源地"。虽然还未见陆地，但河流的淤泥已经破坏了大海本来的颜色。水手们注意到水中出现了成千上万条"蛇"。由于存在翻译误差，所谓的"蛇"可能指的是从水母到短吻鳄的任何一种水中生物。1世纪，印度河三角洲荒无人烟的沙洲和红树林的面貌不断变幻，有7个"入口"。只有中间的入口适于航行，旁边坐落着巴巴利孔市场（可能靠近卡拉奇）。那里售卖从喜马拉雅山脉西部运来的木香和甘松，从阿富汗巴克特里亚运来的芳香树脂和青金石。罗马的银制器皿和硬币在这些地区的出口量尤为突出，这意味着罗马通常出口的商品，如玻璃器皿和两耳细颈酒瓶，无法抵消他们购买香料的费用。现在这片地域的内陆地区由帕提亚人统治，帕提亚人好争吵，"经常互相驱逐"。[9]

印度河再往前，还有一片海湾，水流向北，但那里还未被探索发掘。这个海湾叫作伊利诺（Eirinon）。有人会说其实（有两个海湾），一个小海湾，一个大海湾。这两处的海域都是浅滩，离陆地很远就有不断移动的漩涡，因此在离海岸还很远时，船只就经常会搁浅；如果船只被卷向更远的内陆，可能就会沉没。[10]

上文对卡奇沼泽地的描述（"Eirinon"来自梵文"irina"，意为"盐碱泥滩地"）非常贴切。绕行"索拉什特拉"海岸过后，《厄立特里亚海航行记》的作者认为，只有在坎贝湾切身见识过的危险潮汐，才能与它的险阻相比。想要抵达巴里加扎（布罗奇），所有的外来船只都需要等待引航船。《厄立特里亚海航行记》的作者非常执着于这条危险的海岸线，因此有人说，他的船只可能曾在那里失事。就在他详细阐述时，载有满船"王家渔夫"的大船出现在讷尔默达河的入口处。他们靠向岸边，固定拖缆，等待涨潮；然后等待潮汐涨到恰当的高度，他们小心翼翼地驾驶船只穿过迷宫般的沙洲，停靠在港口的"指定停泊处"。时间点的控制至关重要。退潮会"露出船起航处前面的陆地"，潮涌听起来像"远处军队的喊杀声"，伴随着"嘶嘶怒号"，将船只从停泊处带走。

他们从巴里加扎收获良多。作者饶有兴趣地描述这些地方发生的趣事。17世纪初，英国东印度公司的代理人第一次踏上印度的土地，到达附近的苏拉特港口，他们对此地的描述与《厄立特里亚海航行记》的作者近乎相同。玉米、大米和棉花在古吉拉特郊外茁壮生长，"还有成群结队的牛"；芝麻油和酥油的产量非常高。亚历山大大帝军队的一些战士曾返回印度河流域；《厄立特里亚海航行记》的作者很感谢他们先于他来到古吉拉特，他本人很可能是希腊人，雄伟的印度教寺庙建有精心设计的阶梯水池或水井，他认为，它们的建筑风格是希腊式的。

更有说服力的一点是，他注意到马其顿人留下的其他遗迹。"直到现在，巴里加扎古币上仍印有希腊字母，是亚历山大大帝之后的统治者阿波罗多特斯和米南德的铭文"。这些古币最早铸于希腊-巴克特里亚王国，《厄立特里亚海航行记》的写作时代过去很久之后，仍可以在印度西北部收集到这些古币。19世纪的学者在很大程度上是基于这些古币才得以重建印度西北部早期的王朝历史，并推算出阿波罗多特斯、米南德和一系列其他听起来像是希腊国王的在位时间和统治王国。《厄立特里亚海航行记》的作者无意中为研究古印度历史的学生贡献了如此有价值的信息。他记载了当时的一场较量，如果不直接称之为战争的话。这场较量关乎这段宝贵的古吉拉特海岸线的霸主地位，是索拉什特拉的塞种人/萨卡人"总督"与德干高原强大的萨塔瓦哈纳王国国王之间的较量。

棉布从米纳加拉（索拉什特拉的曼达索尔）运至巴里加扎。萨塔瓦哈纳的人很会做生意，正是因为他们，来自德干高原的"两个重要市场"——波提塔那和特尔，运输缟玛瑙和平纹细布的武装马车队也前往巴里加扎。更多产自喜马拉雅山区的香料从遥远的查沙达（邻近白沙瓦）经邬阇衍那（乌贾因）运送下来。邬阇衍那"曾是政府所在地"，也就是在孔雀王朝旃陀罗笈多及其继位者统治下印度西部的首府。

《厄立特里亚海航行记》的作者非常了解古吉拉特和马哈拉施特拉当时发生的事件。他对这两个地区的观察范围广、准确度高，所以他曾经肯定经常出现于巴里加扎的市场。此地的大多数商人经营香料生意，之后出现了一些投资人和承运人，前者通常为印度教徒或耆那教徒，后者可能是佛教徒。香料和其他贸易商品是这个地区的经济命脉，其出口的商品也绝对带有一股辛辣的味道。甘松、木香和芳香树脂领衔出口商品的榜单，其次是象牙、当地没药、中国丝绸，以及首次提到的胡椒，尽管种类繁多。

此地进口商品的种类更加繁多，但是如果排除"可以兑换许多当地货币并带来巨大收益的金币和银币"，就没有太多值钱的了。首先说一说葡萄酒，"主要来自意大利，还有一些来自劳迪西亚和阿拉伯地区"，再者就是铜、锡、铅、珊瑚、"生玻璃"、布匹和少量染料。值得注意的是，这些基本都是具有一定重量的货物，是船舶压载时的一个重要考虑因素，而且几乎都为未加工状态；印度制造的制成品可以与罗马和埃及的制成品相抗衡。但声望极高的商品一般不用于交易，而是作为贡品进献给当地权贵，比如"昂贵的银质器皿、音乐家、美人……和上等葡萄酒"。

从巴里加扎向南走，港口开始变得密集起来。索帕拉港（靠近巴塞因）发现了一块阿育王的著名铭文，从而证实了《厄立特里亚海航行记》一书暗含的观点——索帕拉港在古代占据显赫的地位。卡延（位于孟买大区）曾是"一个合法的商业中心"，但由于萨卡人和萨塔瓦哈纳王国之间的战争，于1世纪关闭了进出口贸易。所有无视此禁令的人都"会受阻，并被遣送回巴里加扎"。

继续往南航行，康坎绵延的海岸坐落着7个知名港口。从其中一个港口，可能是"伊拉纳伯阿斯"（马尔范）出发，罗马的手工制品会被运送至距离海岸线40英里（约60千米）的萨塔瓦哈纳内陆城市戈尔哈布尔。历经2000年的风雨沧桑，1世纪时在加普亚（意大利南部古城）铸造的青铜镜和其他各种青铜制品被挖掘出来，还有一尊希腊式的精致青铜雕像，但它也很有可能是罗马人铸造的。这尊雕像是海神波塞冬，他举着手，好似握着遗失的三叉戟。[11]

在《厄立特里亚海航行记》的写作时期，海盗已经大肆出没于险峻的康坎海岸。希腊-罗马时代的海盗与后来阿拉伯、葡萄牙、荷兰和英国占据支配地位的时期的海盗方式相同，都是从遍布岩石的水湾切入，争夺海上航道。关于海盗，《厄立特里亚海航行记》的作者就写了几句而已。接着，延绵的海滩与随风摇曳的椰树夺取了作者的注意。第一股胡椒粒的刺鼻味道顺着海风扑面而来，平静的环礁湖和曲折的航道随着涌至的浪花散发出强烈的吸引力，诱人靠近。航程的终点好似天堂，作者兴奋起来，嗅到了生机勃勃的贸易气息：

> 然后来到了坎纳诺尔和塔诺尔，它们是进入利穆里克（"泰米尔国"）最先看到的两个贸易市场；之后可以看到繁忙的穆齐里斯（克朗加诺尔）和尼塞达（科特塔耶姆）。塔诺尔位于哲罗王国内，是有名的临海村庄。穆齐里斯也位于这个王国内，同样是一片繁荣景象，经常可以看到来自古吉拉特和希腊的船只……尼塞达属于另一个王国，即潘地亚王国，该王国中也有一条河流穿过。[12]

原文中出现的所有地名都可以查证出来，尽管有一些需要参考克劳狄乌斯·托勒密的《地理学》后才能确定下来。例如，托勒密书中的"泰米尔人之地"（Tamil-Land 或 Damirike）对应的是《厄立特里亚海航行记》中的"利穆里克"（Limurike）。[希腊字母表中的第四个字母"德尔塔"（delta）显然是"Tamil"之"t"的可接受译法；而"德尔塔"的大写"Δ"经常被错误地抄写为希腊字母"兰木达"（lambda）的大写"Λ"，反之亦然。]

喀拉拉最主要的出口商品为胡椒，它的主要支付形式为"大量硬币", 这些硬币也是进口量最大的一种商品。胡椒是"批量种植的", 产自"一个叫作科坦纳里克的地方, 靠近这些贸易市场"。2000年过去了, 这个位于科钦南部的回水区几乎没有太大的变化, 只是将名字改为科特塔耶姆, 如今仍是胡椒商贩的聚集地, 他们忙于附近森林地带的收获事宜。那时和现在一样, 既有黑胡椒也有白胡椒, 黑胡椒去壳后即为白胡椒。也和现在一样, 挂有一簇簇浆果的胡椒藤蔓可能是野生的——自由地缠绕在寄主植物上, 也有可能是栽培的——优雅地顺着一些竖杆盘旋而上。采摘、干燥后, 胡椒粒被装在棕榈叶编织的篮筐里, 等待着被运往世界各地。

在《厄立特里亚海航行记》写作的时代, 胡椒海岸也会运输其他特产, 如产自印度和斯里兰卡之间海峡的珍珠, 产自斯里兰卡和"克律塞"(位于马来半岛或苏门答腊岛)的玳瑁, 产自印度南部内陆的象牙、钻石和蓝宝石。书中还提到了两种香料——"恒河甘松"和"内陆三条筋"。前者可能产自恒河以北的山丘, 而后者产自恒河以南的山丘。"三条筋"一词(malabathron)可以追溯到泰米尔语词"tamalapattra", 意为"深色树叶", 通常是指印度肉桂树的树叶, 而不是树皮(肉桂树的树皮称为"桂皮")。印度南部也种植这种肉桂树, 后来被称为"印度月桂"。

那时三条筋因数量稀少受到人们的珍视, 自那之后更是如此。三条筋大多用于制造香水, 但老普林尼仍然将它视为普通香料, 因为"把它加入酒中, 微微加热, 其香味盖过了其他一切味道"。[13] 三条筋的价格也"堪比天价", 每磅售价达到了400第纳尔。《厄立特里亚海航行记》中记载道, 在极其偏远的地方, 还生长着这种植物更为稀有的一个品种。

　　当然，对于1世纪的希腊-罗马商人来说，印度最大的吸引力还是喀拉拉及其胡椒；《厄立特里亚海航行记》的作者可能在尼塞达/科特塔耶姆已经完成了为船只购买足量货物的任务。1世纪，在潘地亚宫廷的桑伽姆（Sangam，是古印度南部潘地亚王国建立的泰米尔语文学组织的名称）研讨会上，有人吟诵泰米尔语诗，这些诗歌讲述了耶婆那人（yavanas，古印度对于希腊人的泛称）的勇猛行为和所乘的宏伟船只。耶婆那一词由"爱奥尼亚人"一词（Ionian）演变而来，泛指来自西方的所有陌生族群。其中一首诗提到了购买胡椒的货币，将之描述为"永不会衰减的财富"。

　　《厄立特里亚海航行记》的作者由于持有的货币越来越少，而购买的胡椒数量已经足够多了，准备起程返乡。10月通常会刮起东北风，比西南季风更轻柔，持续时间更长。如果他们当时是径直从阿拉伯南部驶向印度南部的，可能会在9月末进入喀拉拉的回水区。经过为期两个月的交易，他们大约会在12月初返程。那么，他们应该会在2月末回到红海，4月末在贝雷尼克或米奥斯霍尔莫斯卸下货物，以便去往尼罗河的沙漠商队继续运输。从作者之后透露的内情我们可以看出，他顺利运回了货物。

　　《厄立特里亚海航行记》的作者似乎不愿意那么早就结束工作，或者也可能只是一种事后的考虑，他补充了除喀拉拉之外，自己所能收集到的更多有关海洋与陆地的信息。书中最后几个段落与之前任意一个段落一样，颇具启发性。作者在最后几段提到了希帕鲁斯，这也是书中不多的提到希帕鲁斯的几处。由于希帕鲁斯的发现，从红海出发的水手再也不用"乘着小船环绕海湾"，而先前那个时代就以希帕鲁斯发现跨海航线宣告结束。同样在最后几段，他讲述了"科马尔"（科摩林角），信教之人蜂拥至此朝拜女神，至今仍然如此；讲述了帕莱斯蒙杜（Palaisimoundou，古希腊和古罗马文献中对于斯里兰卡的称呼）"延展至阿扎尼亚（非洲东部）海岸"，但事实上从未如此；讲述了"用原木捆绑制成的"大船——明显是指双体船或木筏，从科罗曼德尔海岸的几个港口出发，环行科摩林角前往喀拉拉。

（但是）那些横渡到克律塞和恒河的船只（Kolandiophonta）是其中最大的船了。利穆里克（泰米尔南部）出产的所有商品，每年从埃及流入的几乎所有钱财，以及从沿海地区运送而来、在利穆里克制作而成的其他多种商品，都被运送到这些（科罗曼德尔）港口。[14]

如果《厄立特里亚海航行记》的作者注意到科罗曼德尔的这些货船是最大的船，我们大概可以认定，它们的确是最大的船只了。虽然埃及的航运在与孟加拉和东南亚的贸易中没有发挥作用，但似乎孟加拉湾以南航道上的船只比在阿拉伯海遇到的更大，它们不断来往穿梭。上述引文中所说的那种大船最可能的一种解释是"昆仑舶"，即"昆仑人的船"。"昆仑"是中国人对东南亚一带的称呼，那么这些船一定是马来人或印度尼西亚人的船，一位权威人士认为，"几乎可以确定"的是，"这些双桅船上装有两个尖头桅杆，也很可能装有坚固的舷外支架"。[15]

《厄立特里亚海航行记》一书证实了远东地区的贸易活动。利穆里克/达米里克生产的所有商品和每年从埃及流入的财富都进入了科罗曼德尔港口，并且这些活动是"穿过沿海地区"，而非环绕沿海地区，抵达科罗曼德尔的。不过书中对此的表述并不是太清楚，但似乎与后来一样，印度南部的主要商品，也就是棉纺织品，应该是出口至东方，而非西方；印度通过向埃及售卖胡椒获得的财富，大多都用来进口东方商品，因而这些财富又被重新投入远东贸易之中。此外，马拉巴尔和科罗曼德尔海港之间的这些现金和商品交易大多不选择海路，而是通过陆路运输。

对于《厄立特里亚海航行记》的作者来说，上述所有信息都可能使他感到困惑不已，但近来的研究已经相当可靠地验证了上述信息。法国考古学家和莫蒂默·惠勒带领下的印度考古调查局在维拉姆帕特南/阿里卡梅杜〔马德拉斯以南，靠近本地治里，《厄立特里亚海航行记》一书用"波杜克"（Podouke）表示本地治里〕挖掘出大量遗迹，揭示出当时港口的设施——大型仓库、水库、水井和储藏窖，一派繁荣景象。惠勒说，令人意想不到的是，我们在那里——一个完全是当地人的定居点——发现了地中海地区的手工制品。"突然间，从5000英里（约8000千米）之外的地方，发现了奇特的葡萄酒、远远超出当地制作工艺的餐具、奇异的灯具、玻璃制品和切工宝石。"从专门储存葡萄酒的阿雷蒂姆城陶罐碎片和双耳细颈椭圆土罐碎片可以推测，这个地方甚至可能包含"一小块外国人居住的区域"。此外，出土文物的年代也与我们推测的《厄立特里亚海航行记》的写作年代接近，"港口快速发展的时期……可能大约在1世纪中叶，尽管约在半个世纪前，这里就已经成为国际港口了"。[16]

人们没有在阿里卡梅杜发现罗马硬币，但在印度南部的其他地方，既有单独的发现，也发掘出成百上千的窖藏奥里斯金币（古罗马的标准金质货币单位）和第纳尔银币。大多数硬币的铸造时间可追溯至1世纪，其上印铸的是图拉真之前的罗马帝国皇帝。它们几乎没有磨损，但是很多硬币的表面被画上了作废的标记，这表示它们可能是专门为印度贸易而铸造的。这些硬币的踪迹遍布整个半岛，强有力地证明了东西方贸易走廊的存在。这条贸易走廊穿过马拉巴尔海岸的穆齐里斯（克朗加诺尔）和科罗曼德尔海岸港口，比如波杜克（本地治里）之间的哥印拜陀地区。

人们很容易认为，《厄立特里亚海航行记》的作者曾沿着这条航线，亲自航行至科罗曼德尔海岸港口的"外国人居住区"。如果他未曾抵达，那么他也一定遇见了到过那里的同乡。从文中可以看出一些线索，例如，他对东海岸的船只描写得非常细致，但对东海岸再向东的船只就描写得非常粗糙，二者形成鲜明的对比。在讲述了几个可能居住于奥里萨的部落后，他注意到快要抵达恒河时，海岸线向东转向。恒河是"印度的第一大河"，在孔雀王朝时期，大量甘松和三条筋的另一个品种可能就是通过恒河入口的塔姆卢克（耽摩栗底）港运达的。

接下来是"克律塞"，此词意为"金色的"。克律塞是一个小岛，是"有人居住的世界的最远之地"，它有可能指的是苏门答腊岛。托勒密纠正了这个说法，认为克律塞是一个半岛。所以，"黄金半岛"一词大概指的是整个东南亚，它回响千古，始终是终极传奇目的地，是追逐财富之人的终点，也是热带地区和异域风情的象征，包括香料。

《厄立特里亚海航行记》写道，在这片地域之外，"大海在某处终结"。但在这片地域的北面还有一片土地——秦那（Thina，托勒密更喜欢用"Sina"或"Sinai"，前者即秦那，后者为秦尼）。

那里是丝绸的产地，丝绸通过陆路运送至古吉拉特和泰米尔。它对于《厄立特里亚海航行记》的作者来说，还是一个笼罩在神秘之中的地方。

> 到达秦那并非易事。那里的人很少出来，也很少有人会去那里……（但）每年都有一个叫作塞萨泰（Sesatai）的部落来到秦那边境，他们个头矮小、面部宽阔、鼻子扁平、肤色白皙，生性狂野。他们的妻儿也会跟来，带着大包小包和编织的篮筐，里面全都是藤蔓植物的树叶。[17]

这些叶子全部都是三条筋（肉桂树叶或月桂叶），以大小划分，可分为三种质量等级。虽然他们语言不通，但交易过程非常愉快，就像在举办一个持续三天的狂欢节。塞萨泰人会将树叶铺在地上，然后走开。购买者会挑选自己想要的树叶，将它们卷成一个小球，串在一根竹竿上。购买者也会支付树叶的费用，也许是用印度长胡椒交换的。"它们（树叶球）会被购买者带回印度。"

我们无从得知《厄立特里亚海航行记》的作者是从哪里获得这些信息的。"秦那"明显指的是中国，塞萨泰人大概指的是喜马拉雅山脉以东的蒙古人种。一位权威人士说，这项无须语言交流的交换或"交易"可能发生在锡金王国的首都甘托克[18]；或者也可能发生在拉萨与河内之间的任意一个地点。那时，中国和印度之间还没有建立起直接的海上贸易往来，这条通道的意义就在于证实了中国人的研究——长江流域和恒河流域之间的跨喜马拉雅贸易路线确实存在。除此之外，还有一个令人欣慰的发现，即可居住的世界已经与香料之路相连。香料被认为来自世界的尽头。它们勾勒出已知的世界，界定了世界的范围，促使勇敢的人踏上探险之路。作为结语，《厄立特里亚海航行记》的作者几乎不可能写出比这更恰当、更富启发与挑战的段落了。

5

璀璨的红宝石之地

> "机缘凑巧"（Serendipity）一词……1754年［"Serendip"是锡兰旧称；霍勒斯·沃波尔受到童话故事《锡兰三王子》（*The Three Princes of Sarendip*）的名称启发，在此词最后加上"ity"，由此创造出来。故事中的人物"非常睿智，通常会意外发现一些他们本无意找寻的事物"］。此词有"意外发现珍奇事物的天赋才能"之意。
>
> ——《简编牛津英语词典》
> （*Shorter Oxford English Dictionary*）

在罗马时代，任何去往东方的贸易航程与后来一样，都需要投入巨额资金，风险也不容小觑。任何一个商人或商行都没有能力独立出资或承担相应的风险，因此会有几名投资人或几个组织共同出资并分担风险。每个人或每个组织都会签订合同，保证提供部分所需的资本，无论是以货币还是货物来支付，而且如果一切顺利，他们也都会提前约定好如何分配返程所得货物或收益。

一份幸存下来的纸莎草纸文献记载了亚历山大港的一个投资组织获得的货物。这些商品来自喀拉拉的穆齐里斯，包括4700多磅（约2100千克）象牙、700磅至1700磅（约300千克至约

800千克）甘松（可能是穗甘松）和近800磅（约350千克）织物（可能是细绒棉），但并没有提到胡椒。从喀拉拉回来的船几乎不可能不运载胡椒，如果只是作为压舱物，那么装载的胡椒可能属于其他投资人。实际的货物种类肯定要比这份纸莎草纸文献记载的多。穗甘松，尤其是几吨印度象牙，让人觉得这家商行有很多重要客户。罗马帝国皇帝卡利古拉有一间象牙建成的马厩；差不多与老普林尼同时代的塞涅卡，使用了约1500根象牙制作桌腿；塞涅卡的资助人是性情反复无常的皇帝尼禄，他被认为是一项重大的非洲探险计划的发起人，那时埃塞俄比亚的大象大量减少，象牙供应量日渐枯竭，尼禄发起此项计划，部分原因就是为了提高象牙供应量。

因此，我们掌握的这批印度进口商品的信息，可能并不具有代表性。这艘船的价值总额为131塔兰特，可不是一个小数目，事实上，"甚至可以购买近2400英亩的埃及上等农田"。[1] 如果罗马船只可以运载500吨货物，那么除了上述提到的，还有100多种其他货物，尽管这些货物价值没有那么高，但每年约有200多艘船"跨海航行"，完成货物运输。这还不包括阿拉伯南部的乳香贸易和非洲东北部的没药贸易，它们既走海路也走陆路，也不包括从波斯湾出发，经陆上丝绸之路运输而来的商品。

罗马帝国早期的香料贸易可能超越了西方在15世纪前的其他任何一种商品贸易。香料贸易在当时的人看来是一项了不起的发展，香料改变了祭拜仪式和当地人的食物口味，加深了罗马帝国认为自己可以掌握整个世界资源的狂妄想法，但也受到像节制的老普林尼和塞涅卡等人在道德层面和经济层面的双重谴责，虽然像塞涅卡这样的人也大量使用香料。只有不断扩张的帝国才能支撑起如此大规模的香料贸易，但我们很难估算出它的价值或总量究竟有多庞大。

人们编制了很多种进口香料价格表，大多都是基于老普林尼著作提供的信息。[2] 排除市场波动的影响，从这些价格表可以看出，不同香料的单价差额很大，这可能会导致人们误判每种香料贸易的总值。三条筋、没药油脂或上等桂皮的单价极高，这说明稀有香料并不容易获得。相反，胡椒或乳香等香料的价格相对适中，这说明它们供应量充足，且有足够的需求，可实现大宗运输和有序分销。因此，虽然黑胡椒每磅只标价4第纳尔，但其总价值一定会远超三条筋，尽管后者每磅的标价有时高达300第纳尔。

老普林尼在字里行间宣泄着不满情绪，但其文字还算是可靠的信息来源，为香料贸易的总价值提供了有力的线索。这部分是他最喜欢谈论的话题了，他谴责香料贸易损害了罗马经济，罗马一味地进口东方奢侈品，除了满足那些虚荣之人，再无益处。据可靠资料记载，阿拉伯一整年的香料产量都不及在尼禄妻子波培娅葬礼上焚烧的香料量。人们"每次只焚烧些许"香料祭拜众神，但"在祭奠死者时成堆地焚烧"。老普林尼引用阿伽撒尔基德斯对阿拉伯的称呼写道，难怪阿拉伯被称为"福地"，这些散发香味之物均产自阿拉伯地区。

> 往少里估算，印度、赛里斯（这里指生产丝绸的中国）和阿拉伯半岛每年会从我们帝国赚取一亿塞斯特斯（古罗马硬币）——我们帝国的女人和购买的奢侈品每年要耗费这么多钱；而在这些进口物之中，有多少献给了众神，又有多少献给了死去的人？[3]

1亿塞斯特斯相当于2.2万磅（1万千克）黄金，相比香料贸易的总值，这个数字并不令人惊诧。诚然，塞涅卡作为罗马帝国最富有的公民之一，其私人财产就可达这个数字的3倍；而西班牙新矿的黄金年产量约为2万磅（9000千克）。但是老普林尼列出的数字似乎很可能只覆盖了红海地区的贸易，不代表整个香料贸易的总值（包括出口的制成品和原料），而仅仅是维持罗马的收支平衡所需的财富和硬币的价值。如果真是这样，那么罗马帝国的处境确实堪忧。每年1亿塞斯特斯的贸易逆差对于罗马帝国的国库来说是巨额流失，只有罗马军团持续为帝国带回附近领土的财富和贡物，罗马帝国才能维持财政平衡。贡物数量一旦减少，或没有新的矿产资源可供开采，罗马帝国就会陷入困境。

与此同时，来自东方的香料，以及象牙、玳瑁、宝石和织物从科普托斯顺着尼罗河而下，堆放在亚历山大港的仓库和作坊中，然后分运至普特奥利等地中海港口，最后运往罗马。公元92年，图密善皇帝在罗马的主街圣道旁建造了新的"胡椒仓库"，与字面意义不同，这个仓库会用来储存各种香料。"香水区"的商店会售卖香料，商家称重时会非常仔细。对于身份地位较高的罗马家庭来说，胡椒已经与盐一样，成为他们烹饪的必需品。人们会通过"胡椒碾磨器"将之磨成粉，装在"胡椒盘"或"胡椒瓶"里，作为一种调味料放置在桌子上。从西西里岛、庞贝到多尔多涅、英格兰，人们发现了数种装胡椒的器皿，大多是银制的。

这是欧洲西部有史以来第一次向南亚的香料和中国的上等丝绸敞开贸易大门。抹着甘松发油、穿着轻薄的欧洲人来到托斯卡纳庄园参加宴会，点燃的阿拉伯香释放着香气，那里空气流通，氛围又轻松。从厨房飘出了古吉拉特餐馆的香味，那里正做着香料味浓重的炖鸵鸟、咖喱味的鹤肉、胡椒味的鹦鹉肉和撒了芝麻的熏烤火烈鸟。[4]"一道道食物先是令人想起印度，接着依次是埃及、克里特岛、昔兰尼和其他地方。"[5]用象牙做桌腿的桌子镶嵌有玳瑁，吱嘎作响，桌上放着浸泡了印度姜或阿拉伯树脂的坎帕尼亚葡萄酒——当代松香味希腊葡萄酒的前身，却更具滋味。在放了糖、香料且加热过的潘趣酒之后的是掺有肉桂的冰镇果汁。富裕的罗马上层社会将东方的放纵与萨巴的奢华结合起来。

著名美食家阿比修斯将以香料调味的一整套食谱介绍给罗马民众。他的《烹饪艺术》(*De Re Coquinaria*)一书可能写于耶稣生活的时代，内含478道菜谱，分布于数卷之中。英尼斯·米勒对味道浓郁的"巴亚杂烩"非常感兴趣，将它单挑出来论说，这道菜需要"碎牡蛎、贻贝、海胆、烤松仁碎、芸香、芹菜、胡椒、芫荽、小茴香、甜料酒、鱼醋、耶利哥海枣和橄榄油"。[6]阿比修斯尤其擅长制作酱汁。他推荐人们在烤鹿肉时浇一层酱汁，需要放入"胡椒、甘松、三条筋、芹菜籽、干洋葱、鲜芸香、蜂蜜、醋、鱼露，添加叙利亚海枣、葡萄干和油"。[7]七鳃鳗的酱汁不需要那么多香料，但做起来更具挑战性：

> 烹饪时加入韦纳夫罗初榨橄榄油、西班牙鱼露、意大利五年陈酿葡萄酒（如果要出锅之后再加酒，那么使用希俄斯酒，效果也一样好）、白胡椒和产自莱斯博斯岛麦提姆那葡萄园的醋。我自己的一点小小创意是加入新鲜的芝麻菜和略带苦味的土木香（地中海地区一种草本植物的根部）。[8]

除了上述提到的香料，阿比修斯还会使用姜、肉桂、从三条筋树叶中提取的油脂、阿魏和姜黄。其他产自东方的香料，包括木香、小豆蔻和黑小豆蔻，虽书中未提及，但人们绝对可以获得这些香料。值得注意的是这一点，即未提及的香料大多来自东南亚，如产自香料群岛的三种非常出名的香料——丁香、肉豆蔻核仁和干皮。《厄立特里亚海航行记》和其他文献提到的一种香料（macir）听起来有点像肉豆蔻干皮，但它被描述为树根部的树皮，所以不可能是指包裹着肉豆蔻核仁的那层娇贵的薄膜。另外，"comacum"是指从一种绝对是坚果状的物质中压榨出的油脂，这种物质有可能是肉豆蔻核仁，但"comacum"一词与肉豆蔻核仁一词（nutmeg）的梵文词源和之后的拉丁语名称（*nux moscata*）相差甚远，若二者表示同一种果核，应该纯属巧合。

　　丁香显然是众所周知的，老普林尼也在文中提及丁香。或者更确切地说，他提到的是"一种像胡椒的颗粒，但是比胡椒粒更大且更脆弱，据说产于印度的莲属植物（学名是'*caryophyllon*'）"。他没写出这种颗粒的价格，只是说人们"因其香味"进口这种颗粒。[9] 其他写于1世纪的文献没有再提及丁香的了，之后300年的文字记载也未提及丁香。但老普林尼用来表示丁香的词是正确的，"*caryophyllon*"或"garyophyllon"经法语"clou de girofle"演变成英语"clove-gillyflower"。古法语"clou"意为钉子，表示丁香的形状像钉子一样，这是丁香最明显的外部特征。令人好奇的是，老普林尼称丁香比胡椒粒"大"，而不是"长"，也没有提及丁香显著的药用和烹饪价值。有观点必然会认为，他只是听说了丁香的一些事情，却从未真正见过丁香。马来/印度尼西亚的大船载着摩鹿加群岛所产的丁香抵达科罗曼德尔海港，也许一些有进取心的商人在科罗曼德尔海港的"外国人居住区"暂住时，曾带走过几袋丁香。正如产自班达群岛的肉豆蔻核仁和干皮、产自苏门答腊岛和婆罗洲的樟脑、产自帝汶岛的檀香一样，产自摩鹿加群岛的丁香也已经进入了中国和印度的市场，但可能因为丁香极其珍贵，这些进口丁香的国家没有再次出口丁香。直到罗马帝国的衰落期，上述香料中的大多数才为西方所常见。

当时产自印度尼西亚的香料几乎不为人所知，因此人们并不具备追溯其原产地的动因。罗马人认为，自己已经掌握了通往印度的香料之路，所以逐渐放缓了在商业和地域上的扩张步伐。除了水手和像《厄立特里亚海航行记》的作者一样的商人带回的记录之外，人们当时也已经知道，阿拉伯南部和印度的外交使团抵达过地中海地区。据说，罗马帝国皇帝奥古斯都曾接待来自印度最南端的潘地亚王国和印度西北部旁遮普的统治者波鲁斯（Porus）派出的使团。波鲁斯向奥古斯都进献礼物，包括无臂人、大型龟和来自巴里加扎的苦行僧，这名僧人后来在雅典点火自焚。他还进献了一种"体形大于秃鹫"的山鹑——可能是印度丛林鸡驯化后演变而来的某个品种，而印度丛林鸡当时正以鸡的身份逐渐征服世界；如果是这样的话，那个引起热议的问题——究竟是先有鸡还是先有印度烤鸡咖喱（tikka masala）——的正确答案似乎是先有马萨拉（masala，印度人对于咖喱的称呼，即各种香料混合起来的调味粉）。

从使者出示的信件得知，国王波鲁斯"渴望成为罗马皇帝的朋友，无论皇帝要去哪里，他都已经准备好敞开国家的大门让其通行，而且会在任何一件体面的事情上给予配合"。莫蒂默·惠勒表示，所有这些话听起来"都像是为了寻求贸易合作的赞扬之词，感激之情溢于言表"。[10] 这些话听起来还像是对亚历山大大帝征服印度的一些情节的重新改写。亚历山大大帝遇到了一位名叫"波罗斯"（Poros）的国王，在后者被击败后将其统治疆域列为友好的封地，而作为回报，"波罗斯"需要保证，亚历山大大帝可以在他的领地自由通行。亚历山大大帝从印度带回了遁世者卡拉莫斯，这个人很有可能是耆那教徒。他还做出了令人惊讶的举动：病重后，他走向火葬柴堆，爬进了火焰之中。印度人的恭敬姿态，显然就是一位想要统治世界的人对于印度的期待吧。但在奥古斯都的事例中，也许我们不能过于按照字面意思来理解。

国家之间的交往仍在继续。在老普林尼时代，"遗落的世外之地"斯里兰卡派出四位使者出访罗马帝国皇帝克劳狄乌斯。如同示巴女王对所罗门感到好奇一样，据说，斯里兰卡的国王也派人调查有关罗马帝国权势和公正的传闻，这些消息可能来自一个遭了船难、流浪到斯里兰卡的人。2世纪初期，在将罗马帝国的疆域扩张至美索不达米亚之前，图拉真接待了另一队印度使团；据说，图拉真年迈时曾对波斯湾的汹涌波涛皱起眉头，并宣称，他年轻时最大的愿望就是可以航行至印度。在接下来的两个世纪里，罗马皇帝安东尼·庇护、埃拉加巴卢斯、奥勒留和君士坦丁均接待了来自印度和巴克特里亚的使团。

罗马帝国与这些国家除了贸易互惠，似乎没有其他回应。中国汉朝的编年史记载道，一队来自大秦（"叙利亚"或更含糊的说法"西方"）的使团曾在166年抵达现今的越南北部。但他们不太可能是自己驾船航行到达那里的，也不太可能是以皇帝马可·奥勒留的名义出访的。据推测，他们应该未返航，因为罗马史料中从未提及他们。

正如耶稣十二门徒之一、"生性多疑的"多马所说，罗马东部领土的外来工也可能已经部分外流。地中海东部的一位"工头"雇用或购买了多马，可能将他匆匆送至旁遮普，在国王冈多法勒斯（印度历史上的国王冈达法尔）的宫廷效力。之后，据说他作为传教士航行至喀拉拉，从那里沿着半岛上散落的货币踪迹，走到科罗曼德尔海港。喀拉拉的一些叙利亚基督教徒（这样称呼他们，是因为他们承认安条克宗主教的权威）将自己祖先的信仰转变追溯至使徒多马的这次旅行；他们或许很早之前就与马拉巴尔有香料贸易往来，且这种联系一直延续到现今，这可能是由于后来罗马帝国的基督教徒商人倾向于与信奉同一宗教的人做生意。圣多马与科罗曼德尔海岸的其中一个地区的交往尤为密切，这个地区现属于金奈（旧称马德拉斯），毗邻《厄立特里亚海航行记》中提到的索巴特马港。

　　人们在贸易往来中逐渐获取了更多的地理知识，虽然微不足道，但无疑为地理学家马里努斯完成著作提供了更多信息。马里努斯的著作现已遗失，但托勒密撰写其简明扼要的《地理学》一书时借鉴了他的很多观点。托勒密于2世纪中叶著书，他是所有能够利用亚历山大港图书馆的资源和获得资助的希腊-埃及学者中最有名的一位。那时在位的罗马帝国皇帝是哈德良，他是一位坚定的改革者，以建造诺森伯兰边墙和其他戍边设施而为后人所铭记。在哈德良统治时期，蛮族第一次入侵巴尔干半岛，犹太和埃及动荡不安，因此他清楚地意识到，此时驻守比征服更为重要。

　　随着罗马越来越多地参与香料贸易，红海地区的局势变得越来越紧张。阿拉伯地区的另一个部族希木叶尔人逐渐取代萨巴人，在阿拉伯南部建立了最高统治权，而与此同时，阿克苏姆的埃塞俄比亚人正逐步控制红海在非洲一侧的海岸。希木叶尔人和埃塞俄比亚人都参与了埃及和印度之间的海上贸易，可能还取代了大部分的希腊-罗马航运。但图拉真疏浚的尼罗河-苏伊士运河似乎没有真正用于地中海和红海地区的贸易运输。红海沿岸的科立斯马（苏伊士）、米奥斯霍尔莫斯和贝雷尼克等埃及海港，似乎也不曾像内陆同等规模的城市佩特拉、杰拉什（安曼以北）和巴尔米拉一样对香料贸易起到支柱性的稳固影响。

根据印度南部发掘出的货币踪迹和数量，人们可以看出希腊-罗马与印度之间的直接交易量已成下滑趋势。人们在那里发掘出大量奥古斯都和提比略统治时期使用的货币，但"尼禄统治时期之后的货币数量显著减少"。[11] 这也可能是因为尼禄贬低了货币的价值，使之逐渐丧失了作为交易媒介的信誉；或者是因为古吉拉特与波斯湾之间的贸易有所复苏，这导致马拉巴尔的胡椒海岸与红海之间的跨海贸易逐渐衰落。

图拉真进军美索不达米亚，促使罗马的进口商意识到这条通往印度的更短航线。巴尔米拉因波斯湾和地中海之间的过境贸易赚得惊人的收益，建设了许多恢宏的建筑。在一块可追溯至公元137年的石碑上刻有一份"巴尔米拉关税表"，该表列有巴尔米拉富商引进的28种贸易商品的关税。假定这份关税表里的商品顺序富有深意，香料所属的"干货"类别排在第二，仅次于奴隶，香水和油脂的顺序也较为靠前。巴尔米拉位于罗马帝国的东部边境，同时承担运输商和投资商两种角色。2—3世纪，巴尔米拉人可能全面掌控了与东方的贸易，就像之后威尼斯人在地中海贸易中所处的地位一样。随着巴尔米拉的柱廊自豪地伸入沙漠地带，它的政治势力也短暂地渗透入这片土地。塞普蒂米乌斯·奥登纳图斯于260年击溃了波斯人，要求被封为"万王之王"。王后季诺碧亚在其丈夫被暗杀后成为摄政王，统治巴尔米拉，她走得更远，占领了罗马帝国统治下的埃及与阿拉伯地区。

与此同时，意大利地区进入了经济衰退期。叙利亚和黎凡特成为罗马帝国经济产值最高的地区。帝国的轴心不断东移，贸易模式和思想风潮也随之改变。在那些渴望获得半神地位且已习惯使用焚香和香料的生活方式的帝王之中，埃及和中东的宗教崇拜既寻到了支持，又收获了皈依者。权势较小的阶层也把目光投向了东方；他们在诸如基督教等救世主崇拜中寻获了慰藉与力量。

虽然托勒密的著作《地理学》与其天文学著作《至大论》（*Almagest*）一样，激怒了早期基督教的保守派，但它避免了黑暗时代众多古典名著湮没无闻的命运。黑暗时代正在开启，在这个时代，基督教徒否定了凭经验显而易见的知识，而穆斯林欣然接受，并将之发扬光大。托勒密的《地理学》被阿拉伯学界奉为圭臬，从而得以保存下来，启蒙了文艺复兴时期的子子孙孙，于早期现代奠定了权威地位。书中对非洲和亚洲海岸地貌的见解一直无人能敌，直到葡萄牙向东探索，才彻底重新修正了书中的不妥之处；托勒密在书中描述了内陆特有的一些景象，比如非洲赤道附近的"月亮山"和丝绸之路上的"石塔"，这些景象在维多利亚时代仍吸引着探险家前去探索。正如《地理学》一书的内容覆盖数个大洲，它的历史也贯穿数个世纪。

托勒密本人并不乐意受到这种乏味的关注。作为一个地理学意义上的纯粹主义者，他丝毫不沉迷于旅行的浪漫，而是对已知世界在其行星背景下的形态和地貌充满好奇。这本书中没有2世纪旅行者或商人需要的信息，更没有21世纪的读者看重的富有趣味的题外话。从本质上来说，《地理学》一书是一堆几乎无法辨认的地名索引，每个地名都附有其应当所在的经度和纬度坐标，并被对应地标记在几乎无法辨认的地图上。

托勒密标注的坐标精确度无法跟天文船位相比，那些坐标通常只是根据可获得的旅行日志大致推算得出的。而且，托勒密严重低估了地球的周长。4个世纪前，埃拉托色尼推算出的地球周长几乎接近其准确值，而托勒密推算出的地球周长比真实值少了六分之一，所以他标注的经纬度肯定也会相应地缩减。从大西洋海岸外的那条子午线（穿过大西洋加那利群岛耶罗岛的经线，相当于今天的西经17度39分46秒）起始，越往东，地图上他标注的经度就越不准确。即使我们认为，他的消息来源足够丰富和可靠，但他对远东地区的见解也使之大打折扣。至于他标注的起始子午线以西是什么，由于托勒密低估了地球周长，向西航行至印度这件事似乎可行，并且也正因为如此，哥伦布才确信自己抵达的美洲大陆为亚洲。

此外，从托勒密的地图可以看出，他认为，印度洋与地中海一样，四周几乎为陆地所环绕。他眼中的印度洋，不像斯特拉波描述的那样，被过度悬垂的印度所包围（托勒密认为，印度不具有任何半岛特征），也不像《厄立特里亚海航行记》中描写的那样，被细长的斯里兰卡所包围（但托勒密眼中的斯里兰卡大于其实际面积）。相反，他认为中国是极度悬垂的，中国的海滨区不是从大约香港的位置开始向北延伸，而是向南延伸。由此形成的海岸线似乎包含了婆罗洲西部的海岸线，使中国面向印度洋，而不是南海。托勒密、《厄立特里亚海航行记》中的"秦尼"和老普林尼所说的"赛里斯"远不是凝望冉冉升起的太阳，而是深情地面向夕阳。

另一方面，托勒密列出了成百上千个地名和民族名，有些显然是从文字资料中获得的，有些则是传闻。相对于《厄立特里亚海航行记》，《地理学》在这一方面前进了一大步，尤其是东南亚地区。事实上，《地理学》的成就非常显著，以至于一些学者认为，现存的《地理学》及其地图根本不是托勒密所著。《地理学》"可能是由10世纪或11世纪一位不知名的拜占庭人编纂"，此人有机会接触托勒密的原稿。[12] 无论上述推断是否为真——仍未有定论，此书具有持久的影响力，这一点毋庸置疑。书中也用了数卷篇幅讲述，在公元第一个千年里，基督教世界如蜗牛般缓慢地认知外部世界的进程。如果说有什么不同，那就是欧洲发现香料之路的进程即将发生逆转。

回到《地理学》——无论其作者是谁——一书中的地名上，恒河以东的缅甸若开海岸首次作为"白银"之地出现，之后马来的"黄金"半岛也顺理成章地出现在书中。那里的河流与地点都有自己的名称，比如大概位于泰国南部普吉岛邻近地区的"塔科拉交易中心"。位于印度科罗曼德尔海岸戈达瓦里河河口附近的一个相似的"贸易中心"，被确认为"驶向黄金半岛的起航之地"。[13]"贸易中心"一词（emporion或emporium）似乎特指合法设立的交易之地。孟加拉湾位于印度和现今泰国南部之间，横跨孟加拉湾的海上航线也开始通行。书中还提到了几条马来河流，这有力地说明了存在连接马来半岛的"地峡"通路。

再向南看，事实上，在托勒密错误绘制的赤道以南三度，也就是黄金半岛的最南端附近，坐落着"萨巴拉贸易中心"。考古学家在新加坡或马六甲城附近发现了贸易中心的遗迹；而当时人们在那里成立贸易中心，说明马六甲海峡也曾作为东西方贸易的运输通道。托勒密应该不是从曾经到访那里的水手口中听来的这个消息，如果是这样得来的，他应该不介意，会如实说出来。

　　托勒密对更远的印度尼西亚群岛只有最浅显的一些了解。他描述的几个岛屿都难以辨认，更不用提岛上的香料了。他所说的"Iabadios"——尽管从名字来看应该是指爪哇岛，仅出产大量大麦，岛上的金矿通常与苏门答腊岛相关联。但根据托勒密对其地形的描述，这个地方更像是尼科巴群岛之中的一座环状珊瑚岛。学者曾尝试校准托勒密的错误经纬度，但融合各种影响因素后，也未能明确这个地方到底是哪里。一位权威学者嘲讽道："不难发现，托勒密所述岛屿的地理位置几乎是任意分布的，就像从胡椒瓶往外倒胡椒一样杂乱无章。"[14] 这些无序岛屿最大的贡献可能就是，学者需要不断辨别这些岛屿的真实位置，从而促进了许多学术热议。

　　唯一可以辨认的是"塔普拉班岛"，或称斯里兰卡。托勒密（或那位匿名的拜占庭抄袭者）叙述了许多有关此地的信息，内容的丰富程度高于任何前人的著作。当地人被称为"沙赖人"（Salai），因此未必对应《厄立特里亚海航行记》中的"帕莱斯蒙杜"。"那里的男人与女人都披散着一头茂密长发"，该地出产"大米、蜂蜜、姜、绿宝石、红锆石和多种矿石"。他们饲养大象和老虎；其最北角"与科摩林角隔海相望"。之后，托勒密列出了斯里兰卡的40多种沿岸地形与港口（均标有坐标）、15个部落和五六个内陆小镇，其中包括"王室住所"（Anourogrammon）——一定是广阔的阿努拉达普拉遗址了。学者在书中满意地辨认出了其他许多地名。虽然托勒密的地名覆盖范围非常广，但其准确度还算可以。和现在一样，当时的斯里兰卡也没有老虎——虚构出来的，但确实有很多大象。[15]

老普林尼和《厄立特里亚海航行记》几乎不怎么提及斯里兰卡，因此托勒密书中最值得关注的一部分即为他对斯里兰卡的叙述，这使得西方人对东方有了进一步的了解。托勒密非常乐于叙述斯里兰卡，这可以说明，来自红海地区的船只已经开始在此地停靠，因此岛上的信息非常具有报道价值。在斯里兰卡发现的为数不多的罗马硬币似乎也暗示了这一迟来的探索发现，这些硬币上面铸刻的皇帝全部晚于韦帕芗。但是很难想象，这位伟大的天文学家／地理学家仅仅为了满足公众的好奇心而偏离自己的关注重点，也许还有另一种解释。当那位无名的拜占庭抄写员注意到《地理学》这本著作时，斯里兰卡的愉悦之处早就被希腊化时代的另一名作家写出来了。这位作家是一个真正的旅行者，虽然有着松散的文学习性，却秉持严密的与托勒密截然相反的宇宙学信仰。

这位作家是科斯马斯·印第科普莱特斯（这也可能不是他的真名）。他生活于6世纪上半叶，比托勒密生活的年代晚了近400年，这段时期经历了大规模的变化，可谓多灾多难。在查士丁尼皇帝统治时期，罗马帝国已经处于最后的衰败期，在衰落与灭亡之间苦苦挣扎，在漫长的衰亡阵痛中享受了最后数十年的辉煌。君士坦丁皇帝较早就信奉了基督教，330年将首都迁至拜占庭（之后更名为君士坦丁堡）。罗马城看起来并不像它的名字那样永恒（罗马被称为"永恒之城"），408年阿拉里克（西哥特国王）围攻罗马城，取得赎金后才退兵。罗马交付的赎金包括4000匹中国丝绸和3000磅（约1400千克）胡椒。但两年后，阿拉里克还是率领西哥特人洗劫了罗马城。可充当一个城市的赎金，说明了那时胡椒的稀有与珍贵。就这一点来说，胡椒不可能被视为300年前的那种日常调味品。因此，不能以它是日常必需品的理由来解释胡椒为何未出现在查士丁尼的缴税商品清单中。

拉丁作家仍对印度充满兴趣，但是印度多猛兽和虚构之物，他们很有可能会将它与埃塞俄比亚相混淆。一位作家用一个精挑细选出来的词——"真的惊人"——表达了人们当时对印度的无知程度。[16] 香料贸易仍在继续，尽管可能不是与罗马人交易，也可能不是通过希腊-埃及统治下的罗马-希腊船只运输，也不一定要经过红海。市面上限量推出了几种新的香料品种。2世纪末，医生盖伦曾在他的处方中提到樟脑；6世纪，医生艾修斯在盖伦处方的基础上又加入了两种产自远东的香料——良姜或高良姜（其根部类似于姜）和丁香。这两位医生均在亚历山大港工作过一段时间，但艾修斯来自美索不达米亚，正是在那里，他见到了高良姜和丁香。由此可见，远东地区的香料是通过波斯湾运往罗马世界的，出口地是印度，也可能是斯里兰卡。

基于与艾修斯同时代的科斯马斯提供的信息——令人意想不到地翔实，斯里兰卡确实有可能是当时香料贸易的一个大交易中心。

> （斯里兰卡）对于附近的人来说是一个大商业中心……斯里兰卡地处中心位置，印度、波斯和埃塞俄比亚等地的船只经常光顾那里，同样，斯里兰卡也会售卖自己的商品。斯里兰卡会从最东边，我是说秦尼斯达（中国）和其他交易地，进口丝绸、沉香木、丁香、檀香和其他商品。这些商品又被

运送至西边的市场，比如种植胡椒的马拉巴尔，以及出口铜、芝麻和布料的孟买卡延，因为它也是一个繁荣的交易地。还会运至信德——出口麝香、蓖麻和甘松，以及波斯、希木叶尔王国（阿拉伯南部）和阿杜里斯（埃塞俄比亚红海沿岸）。

科斯马斯用一个段落，就比托勒密的大部头著作叙述了更多的香料新品种，以及更多有关它们路线的信息。几乎可以确定，科斯马斯本人确实抵达过斯里兰卡。其他一些参考文献讲得非常清楚，他是一名商船水手，从红海起航，沿《厄立特里亚海航行记》的路线航行。他不仅习得了在行驶的船上保持平衡的能力，而且赢得了"印第科普莱特斯"（即印度水手）的绰号。之后，他返回埃及，回到了故乡亚历山大港。科斯马斯是聂斯脱利派基督教徒，他加入了一所修道院，在修道院中完成了他的著作。

与"印第科普莱特斯"一样，"科斯马斯"是否也是一个昵称，还不得而知。其著作通过英文转译过来为《科斯马斯的基督教风土志》（*The Christian Topography of Cosmas*），也许还很有可能被转译为 *The Christian Topography of the Cosmos*。其实，倒不如叫作《基督教宇宙志》（*The Christian Cosmography of Topos*）；在它的所有十二册书中，除了一本之外（关于斯里兰卡的那本），其他全部都在坚持主张和不停地重申《圣经》中有关宇宙运行的阐述，更不用说一些奇怪言论了。他的著作与地理地貌没有太大关系，而是一直在驳斥托勒密等"异教徒"提出的宇宙论异端邪说。换句话说，科斯马斯固执地相信"地球是平的"，他认为，宇宙是一个规则的两层结构。600年来，尽管每一位著名的希腊和罗马学者都支持地球是球体这个观点，但科斯马斯始终坚持认为地球是一个平面。

更确切地说，他认为地球是一个长方形，宽（东西向）是纵深长度（南北向）的两倍，就像圣体龛底座的祭台一样。圣体龛的弧形顶部空间象征着诸天，而诸天与大地之间的帷幔则为苍穹。当然，这与《圣经》中的描述完全一致。根据《新约·希伯来书》（9：23—24），摩西在荒野中建造放置约柜的会幕，他为会幕配备了照着天上"样式"制作的物件。

因此，圣体龛成了唯一真实的宇宙缩影。太阳在地球上方往复运行，黑夜里消失在北边的高山之后。北地在极度寒冷中告终，而南边则以极度酷热告终。地球存在一整个"南半球"，这种观点对于当时的人来说荒谬至极，如此一来，雨水就该"往上"掉了。天体运行是天使不断地将它们推来推去的缘故；至于日食、月食、行星相合、上升、赤纬和跃迁等所有"异端邪说"，都是试图用专业术语来蒙蔽虔诚信徒的诡计。这根本不值得考虑，"因为它们影响不了我们分毫"。[17]

既然科斯马斯如此虔诚，那么他为何中断之前的努力，转而引入一章（第11册）概要介绍"印度动物和塔普拉班岛"，原因目前尚不明朗。在他提到的印度动物中，最具特色的是独角兽和长颈鹿，尽管后者"只能在埃塞俄比亚找到"。介绍完印度动物后，他又介绍了两种植物——椰子和胡椒。在他所附的图中，胡椒像是从一块纹章样的物件上垂挂下来，那个物件很对称，而树通常不具备这个特征。但是，文字表述得很清晰：胡椒"像是藤本植物的卷须，缠绕在参天大树上"。之后，科斯马斯还提到了海豚、海豹、海龟，以及塔普拉班岛。

塔普拉班岛是希腊人对斯里兰卡的称呼。科斯马斯说，这座岛屿有许多名称，如印度人称之为"西莱迪巴"（Sielediba），中世纪时由此演变为"塞伦迪布"（Serendib或Serendip），之后又称之为"锡兰"（Zeylan或Ceylon）。塔普拉班岛坐落在印度洋里，"从印度大陆出发航行五天五夜"方可抵达，能被发现纯属偶然。有观点认为，因为"此地位于东印度群岛的中心位置"，从各个商业中心进出口商品，"所以它本身也是一个重要的商业中心"。

斯里兰卡曾经是"遗落的世外之地"（老普林尼之语），现在成了东方的贸易枢纽。虽然科斯马斯没有提到斯里兰卡生产香料，但他反复强调它的中心地位，以及作为贸易中心的重要价值。来自印度、波斯和埃塞俄比亚的船只经常到访斯里兰卡，但似乎没有来自埃及或罗马世界的船只。斯里兰卡的船只也参与贸易，商品大多由东向西运输。斯里兰卡进口丝绸、沉香木、丁香、檀香和"其他商品"，然后将"这些商品运送"至"西面"的市场，比如从事胡椒贸易的五个马拉巴尔海港，以及古吉拉特（为了进口棉花）和信德（为了进口麝香和甘松）。

斯里兰卡的北面坐落着两个科罗曼德尔海港，其中一个是位于泰米尔纳德高韦里河河口的高韦里帕特南港，该港口向斯里兰卡输送玳瑁、石榴石，但不输送丁香、檀香、沉香木和丝绸。那时，这些异域商品很可能直接从东南亚运输至斯里兰卡，而丝绸或许也是直接从中国运输过来。科斯马斯只知道"丁香之国"要比泰米尔纳德还远，更远的是"生产丝绸的秦尼斯达"。他没有说明是谁将这些商品运输至斯里兰卡的。但鉴于当时处于6世纪，有可能——或一定——是位于苏门答腊岛的新兴海上帝国室利佛逝负责运输这些商品。罗马帝国后期动荡不已，随着欧洲投资者撤出印度洋及其贸易，亚洲的出产国接受了开辟新航线的挑战，开始探索香料之路。

　　科斯马斯直到快讲完斯里兰卡的所有事情，才说出自己介绍斯里兰卡的原因，因为斯里兰卡盛产"红锆石"。斯里兰卡有两个王国，一个王国控制了斯里兰卡的主要海港——可能是亭可马里，另一个则是"红锆石之国"。锆石是一种珍贵的宝石，有红锆石，也有紫蓝锆石，尺寸大、质量佳。人们在一座山上的寺庙顶上发现了最大的一颗锆石，"像松果一样大，颜色火红，从远处看，尤其是当太阳光照在上面时，景象着实令人震撼"。[18] 科斯马斯沉迷其中。毫无疑问，这个指路明灯就是《圣经·创世纪》第二章中提到的神奇红玛瑙，是哈腓拉的特有之物。科斯马斯将这个地方认定是南亚。"因此，神圣的《圣经》显然涉及这些事物，正如我们整个的论述所要说明的。"[19]

　　也就是说，红宝石才是起到决定作用的因素。他亲眼见过红宝石；炽烈光泽耀眼夺目，不仅证实了《圣经》的阐述绝无谬误，也说明了斯里兰卡的中心地位。从此以后，有关斯里兰卡的每一份资料都会提及红宝石。一个世纪后，中国的朝圣者玄奘注意到该岛，之后马可·波罗也注意到了它；爱德华·吉本将之称为"一颗璀璨的红宝石"；托勒密的《地理学》一书中也出现了"红锆石"，这绝对是那位神秘的拜占庭抄写员添加进去的。15世纪初，最勇猛的"印度水手"、舰队统帅郑和为中国皇帝购买的"带有独特光泽的红宝石"，甚至可能也是红锆石。

6

碎片上的虫子

人们在地中海的克里特岛海岸发现了一些带有孔洞的柚木板，板上缠绕着椰壳纤维。这些柚木板来自遇难的船只，随着海浪漂到岸边。如今，只有阿比西尼亚海（印度洋）沿岸还在使用这种板材建造船只……由此可以推断，海与海相连，从中国海岸开始……突厥人占领的地区被海水包围，这片海水从（大西）洋的其中一条通道流向马格里布。否则，只有真主知道这是如何发生的。

——马苏第，《黄金草原》（*Fields of Gold*，
转译自法国学者费琅翻译的法语版）[1]

公元500—1000年，尽管有关香料贸易的文献史料非常匮乏，但就此推断它有所中断，不管是以何种形式，都有可能是错误的。相反，香料贸易局面有所调整。罗马帝国是西方的香料消费大国，之后拜占庭帝国继而跟上，接过了这个位置；波斯人和阿拉伯人取代了罗马-希腊人和埃塞俄比亚人的直接供应商地位；在一段时间内，波斯湾曾基本取代红海，成为香料运输的主要通道。欧洲人对更远方的香料之路的认识可能有所退步，但在那些确实参与其中的人之中，这种认识有了极大的提高。

公元500—1000年，从波斯湾出发去往印度或斯里兰卡的商人首次将航程扩展至东南亚和中国；中国商人可能会与之进行交易；有一小段时间，双方似乎都通过自己的船只运输货物，换句话说，他们没有在任何中间港口转运货物和人员。远东地区与阿拉伯、波斯湾各港口的直达香料运输，应该就是从这个时间段开始的；香料贸易早已存在，但每一次的探险航行都是全新的旅程，可以说，人们是为了实现海上壮举和开辟新的贸易市场，才不断驶向未知的海域。现存的史料说明了这一现象，因此史料中有关航线和目的地的记载远多于香料本身，更鲜有记载香料贸易的数量与价值。

我们可以从史料推断出当时使用的船只和航海技术，但只是推断，几乎无法下定论。那时的船只明显变大，除了容纳商人，还可以搭载乘客。从5世纪早期的法显到7世纪末的义净，一些佛教僧侣往返于中国与佛教的发源地印度，探寻遗迹、经文和具有启发性的秘闻轶事，不断深化自己的悟性。佛教经由陆路传入中国，但在4—9世纪，许多中国朝圣者是通过水路前往印度"圣地"的。海路虽同样危险，但没有陆路那么艰辛，如果通过陆路前往印度，他们需要穿行喜马拉雅山区或跋涉半条丝绸之路。海上航路也给朝圣者带去慰藉，他们可以在苏门答腊岛当时兴盛的佛教僧院进修，有时会持续数年之久。在那些僧院里，香料在以文字为基础的课程中没有一席之地，但在近距离的海上航行中获得的香料芳香，一定长久地附着在贫穷的朝圣学者穿着的仅有的一件僧袍之上。

9世纪，阿拉伯的史料证实了这种人口和商品的交易，尽管两者之间并不总是做出明确的区分。从非洲东部大量运送来的奴

上：肉豆蔻树，只生长于遥远的印度尼西亚班达群岛，体现了香料的神秘起源。这幅画由19世纪一名中国画家所绘（Royal Asiatic Society, London/Bridgeman Art Library）

下：一名肉桂商人，15世纪一本意大利手稿［迪奥斯科里德斯所著的《草药志》（Tractatus de Herbis）］中的插图。完稿1400年后，这本由古希腊医学家所著的作品仍然是欧洲把亚洲香料作为药物使用时的主要指导用书（Biblioteca Estense, Modena/ Bridgeman Art Library）

抹大拉的玛利亚是航海家和药剂师的守护神，这一角色源于她使用喜马拉雅山区的穗甘松香膏涂抹耶稣的双脚（Book of *Hours of Marguerite d'Orléans*, Bibliothèque nationale de France, Paris）。

小天使用香水和油膏来装饰庞贝的维蒂之家，公元62—79年。具有讽刺意味的是，火山灰使壁画得以保存下来，却使老普林尼窒息而死，他生前严厉谴责罗马社会滥用香水的风俗（Dagli Orti/The Art Archive）

拉美西斯三世向卜塔献香。在古代世界，香料除了用于烹饪和制药，还被用于制作熏香和香水。这幅壁画出自拉美西斯三世之子的墓（底比斯，约公元前1180年，The Ancient Art & Architecture Collection）

卢克索贵族森诺夫尔的墓中墙壁上绘制的一条正在尼罗河上航行的船，公元前1426—前1400年。这艘船构造精巧，表明古埃及获得香料的地方并不十分遥远（Dagli Orti/The Art Archive）

这只制作于约公元前520—前510年的黑彩杯子描绘的划船比赛，表现了古希腊航运的局限性。货物放置的空间，即使是香料，也是十分紧缺的（Louvre, Paris/Dagli Orti/The Art Archive）

上左：钱币的发现证明了罗马世界与东方的贸易。罗马帝国皇帝卡利古拉在公元40年下令铸造的金币奥里斯，19世纪发现于印度南部，它们虽然看起来是崭新的，但更多这样的硬币还是有所污损，这表明它们是专门用于出口的（© The British Museum）

上右：公元1世纪，拉文纳的造船工普布里欧·隆吉迪诺的墓碑。古罗马人修建船只时，先打造坚固的外壳，然后在里面填充框架和肋骨，这么做有助于远洋航行（© Archivo Iconografico, S. A./CORBIS）

下：1992年，在英国萨福克郡霍克森小镇出土了一批华丽的胡椒瓶子，这是其中的一件。公元5世纪，在罗马人统治下的不列颠行省，当地人将这种镀银胡椒瓶称为"胡椒皇后瓶"（© The British Museum）

上：马可·波罗离开威尼斯，此图出自15世纪英国版装帧华丽的马可·波罗所著的游记（*Travels*）。波罗对亚洲香料产区的描述，是中世纪欧洲获取香料路线信息的主要来源（Bodleian Library, Oxford/The Art Archive）

下：一艘阿拉伯商船，出自《哈利里玛卡梅集》，1237年。马可·波罗认为一眼就能看出，印度-阿拉伯船只用椰子壳纤维捆绑，这种方式令人烦恼（Private Collection/ Bridgeman Art Library）

亚洲海域的一艘中国帆船和一艘欧洲商船，出自以泰语撰述的佛教宇宙论《三界论》（柏林，1776年版）。上为南，图中下半部分可见三座半岛的顶部，从左到右分别是中南半岛、马来半岛、印度（Iris Papadopoulos/Staatliche Museen zu Berlin, Preußischer Kulturbenitz, Museum für Indische Kunst/BPK）

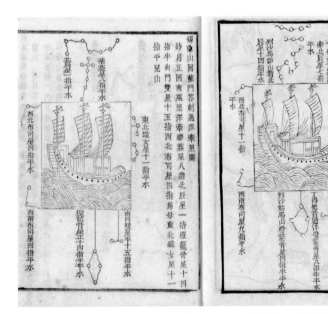

郑和为印度洋所绘的航海星图，木刻版画，出自茅元仪在约1621年编辑的军事著作《武备志》。15世纪初期，中国的航海优势通过一系列沿着香料路线、最远抵达非洲的远航体现出来（Library of Congress）

明成祖朱棣（1402—1424年在位），是郑和下西洋的主要支持者，自他之后，明朝的统治者不再鼓励国人走出国门（台北故宫博物院）

郑和从东非带回中国的长颈鹿，后由明朝宫廷诗人和画家沈度(1357—1434年)作颂并绘制成丝帛画（台北故宫博物院）

隶，就是一个典型的例子；同样，未成年少女和异国表演者（男女都有）的性交易，也是如此。斯里兰卡岛上的一位国王下令，将这样一批货物运往大马士革倭马亚王朝的王室，这起事件促使阿拉伯人在约708年首次入侵印度。这艘斯里兰卡船只在信德海岸遭遇海盗伏击，船上的乘客和货物被劫持。哈贾吉·本·优素福被哈里发委派为伊拉克总督，他听到这个消息后，决定予以报复。先是登陆部队坐船抵达提凰（靠近卡拉奇），随后是笨重的攻城器械；正是从这个桥头堡，阿拉伯人开始迅速征服信德。

200年后，具有丰富航海经验的波斯船长布祖格·伊本·沙赫里亚尔（来自拉姆霍尔木兹）——与辛巴达相比，他的确不那么像是虚构出来的，但也并不总是一个基于事实的讲故事的人——讲述了一支由三艘"极其巨大且有名的"船只组成的舰队的悲惨遭遇。这三艘船运载了1200人，包括"商人、船长、水手和其他人员"，以及"价值无法估量"的货物。这个船队听起来更像是一个移动中的商业中心，而不是一次性的贸易投机活动；或许，这里有一条线索，是关于印度洋海港如何突然获得阿拉伯化的组成部分的。当这支船队从尸罗夫（位于波斯湾波斯那一侧）出发，快要完成这次异常迅速的航行时，它们遭遇了一场特大风暴，这使得赛义姆尔（可能位于孟买以南）没有经历阿拉伯化的改造。拯救这些船的唯一方法就是丢弃船上的货物，但目的地已近在眼前，船长不甘愿损失这些货物。船长犹豫不决，痛下决心时却已为时过晚，"那时已经没有机会再丢弃货物，因为货物被雨水淋湿，原本是500莫恩德（印度的一种重量单位），变成了1500莫恩德，人们无法抬起这些货物"。这三艘船全部遇难，船上的1200人也几乎全部丧生，只有少数人逃上了救生船。[2]

　　船长布祖格说，这次人员和资金的惨重损失"影响到了尸罗夫和赛义姆尔，加速了它们的衰落"。关于当时的船运，他也讲述了一些没那么有用的信息。遇到恶劣天气时，船上的货物显然不能得到足够的保护，如果在船上安装甲板或许就可以保护货物；船上有救生船或救生筏，如果人们能早一点达成一致意见，即可弃船逃生；最大的阿拉伯船可容纳400人（包括全体船员），至少可承载500莫恩德的货物。每莫恩德的重量"轻至2磅多，重至160多磅"[3]，这个范围很宽松，本应该可以对货物进行大致的估算。然而，对于一艘能载400人的船的总吨位来说，基于最大值计算出的数值太小了，而如果单个的"捆包和麻袋"是可以手提搬运的，基于最小值计算出的数值又太大了。也许，布祖格船长指的是一种中间计量方法，以一部分货舱或其他一些装载单位为基础。

　　阿拉伯海普遍推行斜挂大三角帆作为标准帆装，中国的磁罗盘也传向世界，人们对于星象有了更多的了解，并且学会了使用星盘，诸如此类的重要技术突破均发生于这段时期，它们给予人们更多的航海底气。虽然我们不知道人们是如何引入这些技术的，但这些创举通常被归功于波斯人或阿拉伯人，或二者皆有。在亨利·皮雷纳的先驱之作问世后，乔治·胡拉尼在其宝贵著作《阿拉伯航海业》（Arab Seafaring）中提请读者注意阿拉伯航海术语中流行的波斯语词。尤其是这几个词："bandar"表示港口（因而，"shahbandar"表示港口负责人），"khann"表示罗经点，"rahmani"表示航行指南，"nakhuda"表示船长。这种词语借用现象表明，阿拉伯的发展壮大很大一部分要归功于波斯人。波斯萨珊王朝（推翻帕提亚帝国后创立）的统治者于4—7世纪确立了陆上与海上霸权，该霸权一度从波斯湾扩张至红海和亚历山大港。

7世纪初，先知穆罕默德向阿拉伯半岛北部的阿拉伯人揭示了神谕，他们没有航海传统。骆驼商队经常在令人心醉神迷的澄澈星空下前行，他们可能在途中发现了星象的指引作用；希贾兹地区有许多家族，比如穆罕默德本人所在的家族，都曾积极参与陆上焚香贸易。但与也门的萨巴人和希木叶尔人不同，他们并不是传统意义上的海员。他们的突击队可能会穿过海湾或河口突击敌人，但当阿拉伯军队占领黎凡特并抵达地中海时，与拜占庭海军对抗的想法是不可想象的。在被问及645年可能入侵塞浦路斯一事时，阿拉伯将军阿穆尔·伊本·阿斯曾提出一条出名的告诫，不要进行任何海上活动。尽管有人保证，这次航行几乎不算是一次远航，因为据说从叙利亚海岸可以听到塞浦路斯的犬吠，甚至是母鸡发出的咯咯声，但是阿穆尔仍不同意。他说："海洋如此辽阔，再大的船在海上看起来也只不过是一颗小微粒；除了上面的天和下面的水，什么都没有；风平浪静时，水手灰心丧气；狂风大作时，水手又晕头转向。希望渺茫，恐惧骤增。海上的人就像是碎片上的虫子，时而被吞没，时而又被吓得半死。"[4]

突袭塞浦路斯的计划被推迟。655年，阿拉伯人终于发动"船桅之战"，与拜占庭海军交锋。阿拉伯人乘坐的船由其他民族建造，大多数是由埃及的科普特人和叙利亚的希腊人所建。这些船需要人工操控，应该类似于从罗马时代起就为地中海地区青睐的多桨战舰。在发射火球和其他投射物之后，战斗中这些船需要通过撞击和靠近来对付敌舰。阿拉伯人只是这些最后交锋中动员起来的战斗力量的一部分，他们对于弓箭、挠钩和短弯刀的灵巧运用，通常能够决定战争的胜负。

在波斯湾和印度洋，那些前不久还效忠于萨珊王朝的波斯人，此时处于阿拉伯人的统治之下。波斯人为阿拉伯军队提供了科普特人和希腊人在地中海地区提出的航海技术。然而，公元750年之后，随着阿拉伯帝国的都城从内陆的大马士革（倭马亚王朝）转移到东流的底格里斯河沿岸的巴格达（阿拔斯王朝），这种从属角色逐渐有所改变。巴格达的缔造者哈里发曼苏尔形容自己的作品为"世界之滨"。伊斯兰教已经在从大西洋至印度河的陆地上取得了胜利，此时转向海洋。哈里发特意声明，"这是底格里斯河；我们与中国之间再也没有任何障碍；海上的一切都能沿底格里斯河运送到我们这里"。[5]

从巴格达起，阿拔斯王朝统治着一个起伏不定的地区，波斯人、阿拉伯人和其他穆斯林共同参与其中。海路和陆路一样，都是人们交流、贸易、朝圣和传教的主要通道。但是，他们在缺乏国家指导的情况下就这样做了。印度洋上没有阿拉伯帝国，也不存在对任何特定的商品或运载它们的船只的强制垄断。海盗行径有时需要采取协调一致的行动，然而，海上排他性和国家在推行排他性方面起到的作用，尽管是在地中海范围内实施的，并最终扩展到将基督教势力逐出红海，但在似乎像外层空间一样不确定的海洋，仍被认为是不可取或不可行的。

与此同时，阿拉伯南部的航海民族尽管对伊斯兰教的早期发展贡献不大，却成了它的主要受益者。亚丁、阿曼和哈德拉毛的商人祖辈从乳香出口贸易中获利颇丰，现在这些商人凭借自己精明的生意头脑，将贸易扩展至印度洋。哈德拉毛人既是承运人，又是投资人，在穆罕默德逝世后不到一代人的时间里，哈德拉毛人可以说是马拉巴尔海岸港口的代表人物。不久之后，他们又将贸易版图扩展至非洲东部、马来海岸，尤其是与印度尼西亚群岛交往密切。正因为从东方的香料贸易、当地种植的树胶脂贸易和朝圣贸易中获得了丰厚的收益，也门诸城才得以繁荣发展，与世界相互融通，建造起如此宏伟壮观的城市天际线。

关于船只，相比于伊斯兰世界那些装备有斜挂大三角帆的船只，我们更了解中国、印度和印度尼西亚的船只。7世纪的佛教僧人义净描述了他从中国去往苏门答腊岛时乘坐的船只，其帆桁有"百肘长，成对悬挂"，上面挂着"五层风帆"。他认为，此船属于不信奉伊斯兰教的波斯人或改信伊斯兰教之前的波斯人（Po-sse），不难看出，这种说法很容易引发误解。成对的帆桁悬挂的显然不是大三角帆，听起来更像是中式帆装。事实上，在其他中文文献里，中国帆船被描述为"有两百英尺长，可载六七百人"。[6] 之后，中国人造出了更大的船。但假设从中国帆船的帆桁上悬挂下来的船帆高度是其宽度的两倍，就像后来的中式帆船的插图那样，那么桅杆至少有330英尺（约100米）高。义净所谓的"百肘长"并不准确，或许是一种夸张手法；也许，僧人与常人的视角不太一样，对于一些更崇高事物的沉思，导致他判断失误。

他提到的"五层风帆"也是一个谜团，因为那个时期几乎没有适合五层风帆的帆桅装配。他所说的"层"可能是被错译而来，原意可能是指"桅杆"，因为多桅杆是之后中国帆船的一个特征，有的船装有"三个桅杆"，有的船装有"五个桅杆"等。中国人通常会像卷竹席那样，将风帆整齐地卷起来，因而所谓的"层"也可能是指卷帆的折叠层数。而所谓的"五层"也可能是指三张主帆、一张船首帆和一张顺风帆，被称为"福船"的中国三桅帆船的构造通常就是如此。

印度有一种船很常见，它与中国帆船的装配大致相同，船上装有五张窄帆和四根桅杆。阿旃陀石窟的一幅壁画上就画有这种帆船，此画的创作时间最晚不迟于7世纪。马哈拉施特拉的阿旃陀石窟位于德干高原边缘一处垂直的陡崖上，呈蜂窝状，距离古吉拉特海港约200英里（约320千米），地处内陆制造中心的一条运输路线附近。人们顶着飞扬的尘土，辛苦攀爬上来，但洞窟中无特别之物，唯一对得起这番努力和门票花费的就是那里的壮观景象了。由于阿旃陀石窟地处偏僻，外观朴素，印度的秘密珍宝得以保存良好；最让人叹为观止的是，绘制于中世纪之前的壁画竟还如此令人惊艳。

在散发着难闻的蝙蝠臭味的洞窟中，古老的遗迹在灯光的照耀下熠熠生辉，随着灯光闪过，墙上的壁画就像播放幻灯片一样诉说着掩埋在厚厚历史尘埃里的故事。枯燥的文字和令人生疑的引文变得无关紧要，从黑暗中浮现出梦幻般的华丽色彩和灵动之美：在波涛汹涌的海面上，这艘"四桅"帆船的船长正在掌舵前行。他坐在一堆罐子中间，这堆罐子里装的不是香料，就是预防坏血病的姜绿色植物。船上装有巨大的长方形帆，像极了中国帆船。但这艘船的舵柄没有按照中国人的方式安装在船尾舵上，而是系于船舷的大桨上。顺风帆鼓起，整装待发；船头还画着一只警醒的人眼，南亚和东南亚的大部分地区至今仍保留着这种传统。如果这艘合乎当时风尚的船是7世纪印度典型的远洋船只，那么定期从古吉拉特、马拉巴尔海岸航行到非洲东部、印度尼西亚/马来亚海岸的可信度就不容置疑了。

大约一个世纪后，在4000英里（超过6000千米）外的爪哇中部地区，在水稻梯田这一明显更加郁郁葱葱的环境下，另外一些印度教-佛教艺术家也在挑战如何在一块冷硬的石头上刻绘出一艘船只。印度的意识形态早已传播至东南亚，这是一个漫长而隐晦的文化适应过程，与亚历山大大帝将希腊文化带入亚洲内陆的冲击式传播方式几乎没有共同之处。不过，这一过程可能与伊斯兰教不久之后在东南亚的同化趋势类似。促成这种趋势的外部动力似乎不是源于征服，而是源于贸易，内部动力不是源于强制措施，而是源于效仿。当地统治者和精英采用了印度的意识形态，比如宗教崇拜、宇宙观、仪式、禁忌、社会差别、文学、艺术和叙事传统，因为这些会使他们的地位合法化与神圣化，并且与有吸引力的特征关联起来，例如财富的创造、优质的制造工艺和更为精致的生活方式。一股清凉的苏门答腊樟脑香气飘入了拜占庭女人的闺房，这提升了苏门答腊的声名，在室利佛逝的宫廷，印度人织就的纱笼下摆一缕闪耀的金线也为苏门答腊带来了同样的荣耀。社会地位的提升被无端地伪装成高级风尚、高雅品位或者荣誉性支出等现象，其实它的核心本质在世界各地都是一样的。

室利佛逝的海上霸权以苏门答腊岛东南部的巴邻旁为基地，它是促进印度意识形态渗透的关键因素。8世纪，室利佛逝的影响力遍及马来半岛、昭披耶河流域（纵贯泰国全境）、柬埔寨沿海和越南南部，以及邻近的印度尼西亚群岛的岛屿，尤其是爪哇岛。室利佛逝与爪哇中部的夏连特拉王国的关系扑朔迷离。但它们即使是死对头，也共享丰富的印度教-佛教文化传统。9世纪初，夏连特拉王国建造出举世闻名的灰色梯状金字塔婆罗浮屠，实现了其文化传统最崇高形式的表达。

与阿旃陀壁画一样，婆罗浮屠塔底层的浮雕面板上刻绘有印度神话故事中叙述的事件：只是被转述而来，具有当地风格。这艘著名的船只在暴风雨来临之前起程，船员竭尽全力与风帆搏斗，乘客蜷缩在舷边，这是当时生活中的一个场景。雕刻家很难在石头上凿出繁复的船体设计，他们应该着实费了一番功夫，才雕刻出整个船体的精密构造。舷外支架明显是由捆绑在一起的竹节制成，竹节中空，就像一个多槽浮箱，所以这艘船肯定是印度尼西亚船；船体也一样，是由加固捆绑在一起的木材组成，这与罗马人喜爱的讲究拼接的细木工艺形成鲜明的对比。这艘印度尼西亚帆船看起来并不是僵硬地破开波浪前行，而是有节奏地随着波浪起伏。与印度洋上主流的造船工艺——阿拉伯、印度和非洲的——一样，它不使用钉子固定船体，所有的木材均通过椰壳纤维制成的绳索缝合和固定。这使我突然想到了托尔·海尔达尔的木筏"康提基"号。这艘船适用于所有海域，易靠岸、易维修，且可以被拆卸，这种几近水陆两用的设计非常适合遍布暗礁与岛屿的群岛地区。

阿旃陀石窟的空间限制使得雕刻师无法刻绘出真实的船只大小，但船上的两根桅杆和团团簇拥的船客表明这艘船的容载量非常大。《厄立特里亚海航行记》中提到的大船可能就是指这种船，这并非妄想。就在这样的船只仍满载着丁香、肉豆蔻核仁和干皮、檀香，定期往来于群岛之间时，世界其他地方的人终于意识到了香料路线最东端的重要性。

《道里邦国志》（*The Book of Routes and Kingdoms*）一书首次提及香料群岛，或者说摩鹿加群岛——在婆罗浮屠塔的浮雕建成半个世纪内。此书由伊本·胡尔达兹比赫编纂，他生于波斯，时任阿拔斯王朝的官员。844—848年，他担任巴格达以北、底格里斯河东岸城镇萨马拉的邮政长官。其他阿拉伯作家，无论是学者还是讲故事的人，几乎都是重复或稍加渲染伊本·胡尔达兹比赫的材料，且很少承认这一点。但也有少数人，比如地理学家和博学家马苏第（10世纪曾游历印度），将这本书誉为"无价之宝"，是"一个取之不尽、用之不竭的信息宝库，永远都能从中获益"。伊本·胡尔达兹比赫似乎是那个时代公认的权威学者，而他一定也是在与他人的通信和接触中不断积累自己所需的信息，最终才写成这部著作，他不是水手，因而鲜少提及航海事务，对东方的地理也不甚了解。另一方面，他并没有像布祖格船长那样给听众讲述一些荒诞的故事，而是展示了自己对于商品种类和产地的广泛了解，对于印度尼西亚群岛尤为熟悉。

伊本·胡尔达兹比赫和其他波斯–阿拉伯学者笔下的"印度"（India），对应的是欧洲文学中除去斯里兰卡和印度西海岸（人们对这些地区已非常熟悉，即特指锡兰岛、信德、马拉巴尔等地）的"东印度地区"（the Indies）。因此，他们脑海中的"印度"向东偏移，囊括了东南亚所有的印度化王国，从缅甸延伸至越南，也包括印度本身。印度尼西亚也被涵盖其中，但印度尼西亚群岛的边界尚未为他们所了解，这或许是由于室利佛逝海上霸权的范围不定，它对周边地区的入侵和撤退就像潮汐一样；爪哇岛和苏门答腊岛不是被合并成一个岛国，就是被分裂为十几个小国，每个小国都拥有一个知名港口或部分海岸。

产品的地域特征更加清晰。所以，生长着粗大、高耸樟树的"Djawaga"不是指与其名称相似的爪哇岛，而是苏门答腊岛。这种樟树的树荫下可站立100人；伊本·胡尔达兹比赫作为伊拉克地区的邮政长官，对提取樟脑的过程非常熟悉。

要获取樟脑，首先要在树的顶部划一道切口，大量的樟脑液就会涌出来，可装满好几个罐子。液体流尽后，在树的中部再划一道切口，那里流出的樟脑会结晶成小块；这些均为樟树树脂，也可以从樟树本身的木材中提取出来。完成这些操作，这棵树就再无他用，直至枯竭。[7]

在书中相关的其余几处，伊本·胡尔达兹比赫说，大多数樟脑出口自"巴陆斯岛"（Balus），这个词几乎使人一眼就能想到"巴鲁斯"（Barus），尽管后者不是一座岛屿，而是苏门答腊岛西海岸的一个港口，长期以来一直是樟脑的输出港。他说此地住着食人族，其他作家吸纳了这种诽谤，以至于苏门答腊岛西海岸之外的所有岛屿都成了食人族的代名词。巴陆斯之外坐落着一座大岛——"Djaba"，在此处它是爪哇岛，在离爪哇岛不远的地方还坐落着"两座小岛"（Salahit 和 Harladj，即舍拉黑脱岛和海尔赖赫岛）。爪哇国王信奉佛教，头戴金王冠。"爪哇岛出产椰子、香蕉、甘蔗；舍拉黑脱岛出产檀香、印度甘松和丁香……从这些岛屿出发，两周即可抵达盛产香料的岛屿。"[8]

奇怪的是，《道里邦国志》一书中首次提到，在爪哇岛之外的地方存在"盛产香料的岛屿"，这竟然是它唯一没有被他人抄袭或渲染之处。"舍拉黑脱岛"一词反复出现，它可能是出产檀香的帝汶岛，但也可能只是爪哇岛的一个海港，这些香料从更远的东方运到那里。正如斯里兰卡对于希腊-罗马人的意义一样，那里对于阿拉伯的地理学家来说，也是一个极其遥远的未知之地。这个地方出现在《一千零一夜》(*Thousand and One Nights*)中，辛巴达正在进行第三次航行，据说，他从一个岛航行到另一个岛，直到最终抵达"盛产檀香的舍拉黑脱岛"。[9] 海尔赖赫岛也在《一千零一夜》中出现，通常会与一个被称为"世界奇观之一"的悬崖联系起来。但其他文献不曾记载伊本·胡尔达兹比赫提到的爪哇岛以东的"盛产香料的岛屿"。这些岛屿似乎悄悄地溜回了可知世界的边缘之地，成为被遗忘的乐土，又享受了数百年的静谧时光。

在这本书中的其他地方，这位萨马拉的邮政长官对于9世纪中叶具有进取心的东方商人可获得的所有已知商品，进行了有益的总结：

> 从东部海域出口的商品，包括中国生产的白色丝绸、其他各种颜色的丝织品、锦缎、麝香、沉香木、鞍具、貂皮、瓷器、肉桂和高良姜……印度（指东印度群岛）生产的几种沉香木、檀香、樟脑、樟脑油、肉豆蔻核仁、丁香、小豆蔻、荜澄茄（一种胡椒）、植物纺织纤维、细绒棉和大象。[10]

与樟脑一样，这里提及的大多数香料在伊本·胡尔达兹比赫的书中都有更准确的定位。比如，沉香木产自湄公河沿岸森林，可用作焚香，也具有药用价值。东南亚半岛的东西两侧港口都会出口沉香木，如孟加拉、阿萨姆、缅甸、马来亚、占城（越南南部）和东京（越南北部，当时还处于中国的统治之下）。而伊本·胡尔达兹比赫遗漏的几种香料在下个世纪的文献中均有翔实的描述。10世纪早期，作家伊本·法基赫将肉豆蔻干皮列入其著作中的印度尼西亚出产香料表。布祖格船长补充了"斯里兰卡的著名肉桂"，6世纪的基督教徒地志学者科斯马斯没有提到这种香料，但10世纪时，它被认为是最优质的，而且显然太过熟悉，不值得再多说什么。

此外，姜和胡椒，尤其是后者，仍从马拉巴尔海岸大量输出，但是出于政治和环境因素，指定的港口已有所变化。比如，奎隆取代了罗马人时期的尼塞达。再往北，康坎海岸海盗猖獗，加上古吉拉特和信德港湾的淤泥堵塞严重，导致了类似的变化，诸如巴里加扎等古老港口逐渐被废弃。取而代之的是赛义姆尔、塔那和坎贝等港口，来自印度北部、阿富汗和喜马拉雅地区的甘松、木香和芳香树脂等古老香料仍会运送到这些港口。阿拉伯南部和索马里海岸出产的乳香、没药和一些次要的树胶脂，仍会向北出口至地中海地区，向东出口至印度和中国。

伊本·胡尔达兹比赫和后续学者整理的信息，体现的是后期罗马人学识的重大进步，阿拉伯海的贸易除外。那些错误的划分，尤其是将肉桂和桂皮种植归到阿拉伯或非洲，没有得到波斯-阿拉伯文献的认同；非洲东部港口的吸引力在于黄金、奴隶、象牙和木材，而非香料。香料的构成参数逐渐减少至三点：具有特殊属性、产自东方的高价值植物产物。丁香、肉豆蔻核仁和干皮、檀香的原产地还难以参透，但其他所有香料的原产地都已明朗，人们列出的香料表信息也比较全面了。人们基本上已经发现了所有的亚洲香料；但直到15世纪，在探索香料之路的末端摩鹿加群岛一事上仍没有新的进展。

通过阅读伊本·胡尔达兹比赫和布祖格船长的作品，我们很容易推测出，8—10世纪，每年都有众多的阿拉伯船只航行至远东地区。乔治·胡拉尼注意到，748年，海南岛上"有一个居住了很多波斯人的大村庄"，他也注意到《资治通鉴·唐纪》中提到的几句话，似乎是说10年后（即758年），"广州奏：大食、波斯围州城……二国兵掠仓库，焚庐舍，浮海而去"。一个世纪后，船只装载着大量商人，定期往返于伊拉克和印度、中国之间。878年，为反抗政府，唐朝农民起义军血洗广州。一位阿拉伯作者说，此次大屠杀中可能有"12万穆斯林、基督徒、犹太人和信奉琐罗亚斯德教的波斯人"身亡，但这个数字是否可靠，不能确定。[11] 其中一部分人肯定是中国信徒，其他人或许是经由陆路抵达广州的，这些人中的大多数可能没有参与海上贸易。然而，在中国的土地上存在一个外国商业团体，在这个团体内，为数众多的波斯-阿拉伯人十分显眼突出，这样一个事实无可争辩。

他们是否乘坐自己的船只抵达中国，这一点更具争议性。13世纪的马可·波罗和14世纪的伊本·白图泰均未阐明此事。那时，中国船队经常前往马来半岛、苏门答腊岛、斯里兰卡和马拉巴尔海岸。来自中国和远东地区的商人在这些中转港口与阿拉伯和西方的商人交易货物，因此阿拉伯船只不需要驶入中国海域，中国船只也不需要驶入阿拉伯海。同样，想要到中国做生意的阿拉伯商人只需要在中转时搭乘上一艘中国船只或印度船只即可。

据马苏第所述，这种中转方式在10世纪中叶十分常见，但他表示，"早些年，这种情况并不普遍"。"中国船只曾抵达阿曼、尸罗夫等地，以及波斯、巴林、乌剌国、巴士拉海岸，这些地方的船只也会前往中国。"[12] "中国船只"确实曾出没于波斯湾，"波斯船只"也曾出没于中国海岸。但是，除了"Po-sse"到底是否表示"波斯"这个问题（至少有一位权威学者认为，这个令人困扰的词指的是远航的马来人或印度尼西亚人），"中国船只"似乎也并非一定表示来自中国的船只。就像后来荷兰与英国的船只仅仅因涉足印度贸易，有时被称为"印度商船"一样，"中国船只"也有可能表示任何抵达中国或运输中国商品的船只，无论它们为谁所有或为谁所操控。西班牙人也顺势凑了个热闹，将每年从墨西哥出发前往马尼拉的大帆船称为"中国圆底船"（naos de China）。如果将这种命名方式应用于"波斯船"（Po-sse ships），那么671年义净前往苏门答腊岛时乘坐的船可能就是一艘参与"波斯"贸易（不管是何种贸易）的中国帆船。

船舶的国籍并不总是与船员的国籍保持一致，甚至可能不取决于造船之地。中国、印度和东方的其他大多数国家都拥有一个决定性的造船优势：有丰富的木材。更确切地说，这些国家都拥有柚木。柚木承重力大、耐用度高、易加工、防虫蚀，是每家造船厂都偏爱的木材。然而，阿拉伯和波斯湾的海港土地贫瘠，且多为沙漠，当地根本没有任何可用木材。波斯湾口的乌剌国（罗马时期名为"Apologou"）和波斯湾靠波斯一侧中部的尸罗夫均建有大型造船厂，但它们的位置着实糟糕，因为周围没有森林。事实上，在这样的造船厂里，所有木板和圆材在被固定于船体之前，已经完成了它们的第一次航行。这些造船厂甚至需要进口用于缝合木材的椰壳纤维绳，这种绳索通常来自马尔代夫群岛。木材来自印度西海岸，少数来自非洲东部。对于从印度前往波斯湾的船只来说，除了胡椒，木材很可能也是基本的压舱物。

在10世纪布祖格船长讲述的航海故事中，他本人最喜欢的是那个"关于柚木圆材的故事"。一位商人在古吉拉特的辛坦港或赛义姆尔港——至于具体是哪一个港口，布祖格船长记不清了——

送别他的代理人，去往阿曼。那名商人给了代理人一长段柚木和一张购买清单，代理人需要将柚木卖掉，然后用售卖所得购买清单上的商品。这根柚木圆材很大，只能被放置在船中央，楔入船桥下方，"这样柚木段就不会被大风吹动滚走了"。船就这样起航了，两个月后，柚木段被海水冲回了印度海岸，也就是船起航的地方。商人心中非常清楚发生了什么："他确信，船只遇难了。"否则，这根柚木怎么可能从船上脱离出来？商人大哭起来，众人安抚他，休整过后，他重新投入了生意之中。

又过了两个月，有消息传来说，他的船回来了。这听起来像是一个残酷的玩笑。他跑向港口，那艘船确实是他的，他的代理人笑容满面地走下船，带回了所有需要的商品。没有丢失任何东西？代理人回答，"我们连一根牙签都没丢"。那柚木呢？代理人说，柚木段卖了30第纳尔。分项列出账目后，两人互相道贺。商人非常高兴。

我们通过柚木本身提供的无可辩驳的证据来还原整件事情的真相。代理人惭愧地说，船已经抵达阿曼，但暴风雨突然来临，将海滩上的货物都冲散了。所有货物都找回来了，除了那根柚木，它应该是被海水冲走了。布祖格船长总结道："海浪将柚木卷入海中，又还给了它的主人。"人们似乎可以听到他激动地拍着大腿说："这是我听过的此类传闻中最有趣的故事之一了。"[13]

毋庸置疑，被海浪冲回来的圆材还是原本那根柚木，因为商人"在它表面做了记号"，可能是用烙铁打下的标记，这种做法在当时很常见。许多地方都会大量进口这种未切锯且做过标记的柚木，尤其是柚木树干，据说巴格达的宫殿就是用这种柚木建成的。鉴于印度和中国在造船业的领先地位，以及大量波斯-阿拉伯人曾出现在广州和赛义姆尔等港口（据马苏第所述，有一万阿拉伯人最终定居于赛义姆尔），在外国海岸建造或购买船只的选择一定极具诱惑，无法抗拒。一位权威学者倾向于使用"印度-阿拉伯"这个词，因为从事长途贸易运输的阿拉伯人的船只即使不是印度制造的，也会按照印度船只来设计。[14] 但许多船只确实是在印度建造的，这一点似乎是肯定的，正如后来许多葡萄牙船只，甚至最终连英国与荷兰的"印度商船"也是在那里建造的。

面对这么多相互矛盾的证据，我们只能说，到10世纪，远东地区与阿拉伯世界之间的香料、丝绸、瓷器、织物及其他多种商品的贸易已经颇具规模。多国承运人和商人参与其中，其中，大多数人在主要停靠地拥有代理人：从巴士拉、乌剌国、尸罗夫、阿曼、亚丁到信德、古吉拉特、马拉巴尔的多个港口，以及孟加拉湾另一侧的港口，再到巴邻旁、卡拉（位于马来半岛）、占婆（位于越南海岸）、海防和广州。货物可以在上述任意一个港口转运，这也是惯常的做法。阿拉伯人的船只会定期航行至非洲东部，或许也会航行至东南亚，有时还会驶向中国海岸。印度船只肯定曾抵达阿拉伯、非洲和中国。10世纪早期，中国船只开始零星地出现在阿拉伯海，进入11世纪后，这种情况就更多了。

关于这个有争议性的话题，最后几句话可能要留给布祖格船长了。在另一个他最喜爱的故事中，他介绍了一位9世纪的"尤利西斯"——阿巴拉船长。人们在南海发现阿巴拉，当时他带着一只皮制水袋，独自一人在一艘小船上随着波浪起伏不定。那是在越南沿海，那个时代最出色的水手似乎都非常愿意待在那里，尽管他坚信台风即将来临。按照布祖格的标准，它算得上一部长篇故事了，讲述了如何艰难营救阿巴拉并最终克服所有困难的过程。而作为回报，被救出的阿巴拉成了救星，指导救他的人如何安全度过暴风雨。但关于从阿拉伯前往远东地区的航海，更具教育意义的是布祖格介绍故事主角的那一段话：

　　　　阿巴拉船长是土生土长的基尔曼（位于波斯）人，是沙漠地区的一名牧羊人。之后，他成了一名渔夫，接着成了前往印度的一艘船上的水手。后来他登上了一艘中国船只，再之后他成了一名船长，航行去往各地。他曾七次抵达中国。

　　　　只有敢于冒险的人，才敢尝试这样的航行，并且没有人在完成这样的航行后，不感到痛苦。如果能活着到达中国，就已经是一个奇迹了。除了他，我从未听说过，曾有人成功抵达中国并毫发无损地安全返航……他身上发生了许多精彩的故事，这只是其中一个。[15]

7

游历世界

有许多味道浓郁的香料，

丁香和甘草，

生姜和天堂谷，

白桂皮和片姜黄，

人们离开餐桌即可品尝

许多令人愉悦的香料。

——《玫瑰传奇》(*Roman de la Rose*，乔叟英译本)，

默恩的让，约1230年

经历了印度洋的艰难险阻，运往中世纪拜占庭和欧洲的香料还需穿越另一个充满不确定因素的区域。这个地区从安纳托利亚东部延伸至埃及，由阿拔斯王朝的核心地带美索不达米亚／伊拉克，加上黎凡特地区构成。11世纪中叶，塞尔柱突厥人洗劫了伊拉克地区，13世纪中叶，蒙古人入侵伊拉克，14世纪末，蒙古人再次入侵；与此同时，黎凡特地区和尼罗河三角洲无休止地受到不断壮大的伊斯兰势力和十字军东征的基督教势力的夹击。中世纪的近东地区，如同更近时代的中东地区，总是战火连绵。

从波斯湾的海湾……溯底格里斯河而上至巴格达，香料得

以逐渐接近这个局势动荡的地区。从巴格达出发，有几条路线可供选择。船只可以继续向上游航行，经萨马拉（伊本·胡尔达兹比赫就是在此地搜集有关东方的信息）抵达摩苏尔，然后在安纳托利亚山区的某处悄然越过上述两大宗教的分界线。从那里去往黑海最东端的基督教海港特拉布宗，需要经历一段崎岖的下坡路，之后可通过意大利城邦威尼斯和热那亚的商船队去往君士坦丁堡。

或者可以从巴格达转为陆路运输，沿着古老的沙漠商队路线前进，穿越叙利亚沙漠，抵达地中海的某一港口，通常是阿亚斯（安条克以北）、提尔、阿卡或亚历山大港。他们何时会从伊斯兰世界进入基督教世界，取决于黎凡特当时的局势。当穆斯林控制黎凡特时，他们要等到穿越爱琴海时才会进入基督教世界，但当耶路撒冷王国的基督徒统治黎凡特时，商队可能会在大马士革附近或向南延伸的沙漠边缘的任何一处转入。当然，在敌对双方的冲突激烈时，商队可能根本无法穿越这一地区。无论选择哪种路线，去往意大利、法国或拜占庭的那段航程均由威尼斯或热那亚船只负责，尤其是前者，那时它想要控制地中海地区的海上贸易，成为欧洲的香料贸易中心。

不过，近东并非唯一有宗教冲突的地区。中世纪早期，这两大强权势力沿着一条更长的信仰裂纹线彼此虎视眈眈，这条裂纹线延绵有2000英里（约3000千米）长，与过于简单化的措辞相反，它的情况非常复杂，延伸趋势更偏向东西向，而非南北向。粗略地说，它沿着黑海海岸蜿蜒而行，直达黎凡特，再穿过整个地中海地区。伊斯兰教的浪潮吞没了非洲北部的沿海地区，并通过罗得岛、西西里岛和西班牙等欧洲端点将整个势力范围连接起来；基督教世界则牢牢地掌控着欧洲的其余地区。

由于主要的信仰分界线呈东西走向，严格来说，穆斯林并不是处于东方，而基督教徒也不是处于西方。在十字军东征之前，阿拉伯人将所有基督徒称为"鲁米"（Rumi，这个词从"Rum"演变而来，而"Rum"指君士坦丁堡，意为罗马人的伟大城市）。另一方面，"西方"（al-maghrib，源自阿拉伯语，中世纪时阿拉伯人远征北非，抵达大西洋，以为到了世界的最西端，因而称当地为"马格里布"，泛指今埃及以西的北非地区）由北非和西班牙等当时穆斯林的控制地区组成。与西方的穆斯林一样，大量东方的基督徒也既参与战争，又涉足贸易。在那个时代，对于两位伟大的世界游历者而言，穆斯林代表的应该是西方，基督徒代表的应该是东方。

伊本·白图泰是一名来自摩洛哥非斯的法官，以自己是马格里布人为豪，他有时会像大西洋沿岸的摩洛哥近邻葡萄牙的任何一名悲壮的显贵一样，抨击东方的异教徒。另一方面，马可·波罗虽然是一名基督教徒，但其居住地属于近东地区。他的家族出自亚得里亚海（呈西北-东南走向）沿岸的威尼斯，家族生意主要集中在拜占庭的君士坦丁堡。他的父亲与叔叔就是在那里开始了与元代中国的贸易往来。马可·波罗在青少年时期就参与家族生意，在丝绸之路上容留骆驼商队的客栈里完成了学业，直到中年才重返家乡。如果当时威尼斯人没有认出他，那么他也可能很难认出威尼斯了。

地中海和黑海水域，将伊斯兰世界与基督教世界的构造板块分隔开来，尽管发生过海战，但在一定程度上吸收了它们之间的摩擦。只有在地中海的端点地区，才会发生直接接触。一端的伊比利亚半岛与另一端的安纳托利亚和黎凡特差不多，长期以来一直受到轻微地震和动荡局势的威胁。拥有优越的地理条件，且受长期以来的传统认可的贸易路线，可能会突然出现裂隙，由此产生的不合理要求、绕行和暂时的中断等情况，招致了人们强烈的不满。自然而然地，基督教欧洲的商人和消费者会将这种破坏与勒索行为归咎于伊斯兰世界的商人与供应者。所以，在欧洲人看来，即使是一名寻求和平的伊斯兰教徒，也不会被视为世界香料贸易的中间人或促进者，而是一名行敲诈勒索勾当的垄断者，操控着这项合法的商业。

尽管如此，东西方之间的贸易仍在大规模扩张。到了11世纪，商人们足智多谋，想方设法将香料从波斯湾和红海运往地中海，之后再运往意大利、西班牙和欧洲北部，数量之大是自罗马帝国全盛时期以来未曾见过的。近期，学者从开罗一座犹太会堂的储藏室所藏文书中发现了一些相关的零散资料，研究表明，犹太人对地中海的经济发展做出了杰出的贡献，这些资料也详细阐明了10—11世纪香料的重要性。研究提到，"一行500匹骆驼的商队从古勒祖姆（苏伊士）将东方的香料运至开罗"。[1] 与商队一同到达的还有返程的一年一度的朝圣队伍，尽管这种情况被认为是特例，而且明显不是经常性的，但它还是否定了在十字军东征之前，红海航线已经中断或贸易处于停滞状态的说法。

欧洲商人涌入亚历山大港和开罗购买香料。其中，威尼斯商人最为显眼，他们已建立起完善的跨欧洲贸易网络。10世纪，沿波河流域运输货物的威尼斯商船需要向帕维亚缴纳关税："胡椒……肉桂……高良姜……和姜"各1磅（约500克）。胡椒曾是最为常见的一种香料，很快就进入了英格兰的经济生活。埃塞尔雷德国王（卒于1016年）出台法令，规定"来自东部土地的商人"（很可能是指同业公会的商人）的船只在圣诞节或复活节抵达伦敦时必须上缴10磅（约4.5千克）胡椒，以偿付部分税收，可能是因为他们正好赶上了非正常工作时间。1180年，伦敦的"胡椒商人"自发成立了同业公会，它是伦敦最早的同业公会之一。

欧洲人日渐增长的香料需求，甚至引起了最遥远之地的观察者的关注。有位作家注意到"莱茵河河畔法兰克土地上的一座城市"，可能是指美因茨。他写道："虽然此地处于远西地带，但只能在远东地区找到的香料——胡椒、姜、丁香、甘松、木香、高良姜——竟出现在这里，数量之大着实令人震惊。"[2]

这位作家名为扎卡里亚·卡兹维尼，波斯人，是一名宇宙学家，著有《世界奇异物与珍品志》（*Book of the World's Marvellous Creatures and Curiosities*）一书。书中着重列举了印度尼西亚群岛的神奇生物，包括会爬树的鱼、食人巨人、吃大象的海蛇、一种亮到无法直视的鸟状"事物"和头戴王冠却几乎赤身裸体的女王，她坐在宝座上，"四千少女伴随左右，她们也全身赤裸"。[3]那里也有莱茵河河畔的法兰克人觊觎的所有香料。但是卡兹维尼没有指出，那些最为稀有的香料究竟起源于何处，以及它们是如何到达美因茨的。

卡兹维尼的著述写于13世纪中叶，那时东方的十字军由于与埃及的马穆鲁克交战未果，正逐步后撤。耶路撒冷王国已经延续了一个多世纪，在其间的大多数时间里都维持和平状态。贸易往来，甚至军事联盟跨越了那条宗教分界线，而跨文化交往的网络使得局势变得更为复杂。编年史家沙特尔的富尔彻在第一次十字军东征后坦白道："我们从西方人变成了东方人，罗马人或法兰克人现在变成了加利利人或巴勒斯坦人，曾经住在兰斯或沙特尔的人发现自己成了提尔或安条克的居民。"黎巴嫩的封地、叙利亚的仆人，以及亚美尼亚，甚至是萨拉森的新娘，将十字军士的家变成了黎凡特巴别塔。在此地，所有人都能共享富尔彻所说的"最多样化的习语"。[4]

而在地中海的另一端，科尔多瓦哈里发国最终被挤出了伊比利亚半岛。不同于黎凡特地区，十字军在西班牙一直占据优势。基督教势力的前进步伐虽然一开始缓慢，但后来不断加快，最终形成了海上势头，它将穿越直布罗陀海峡到达摩尔人所在的非洲地区，然后沿着非洲海岸，跨越大西洋到达美洲，绕过好望角抵达印度。与十字军士的长袍类似，葡萄牙帆船的主帆和西班牙帆船的桅顶上也飘扬着印有血红色十字的旗帜。葡萄牙的王公们为了向东方的敌人开战，可以去掉在北非打败摩尔人而缴获来的马刺，临时为船只装上桅杆。为"加入十字军"的骑士提供的所有祝福和奖赏，也适用于海上征服者，无论他们的基督教热忱掺杂了多少对香料的渴望。欧洲扩张时代的曙光在十字军东征的地中海破晓而出；探险家也从近东的挫折中走了出来，扬帆出海，去往远东。1492年见证了这种联系：就在哥伦布看到伊斯帕尼奥拉岛（后来成为"新西班牙"）时，格拉纳达王国——"旧西班牙"土地上的最后一个穆斯林据点，也向基督徒屈服了。

卡兹维尼注意到美因茨对香料的需求，正如他所说，十字军东征造成的动乱不仅没有遏制香料贸易，反而促进了它的发展。在伊比利亚半岛，就像在近东一样，长期以来的熟稔促使双方对彼此产生了某种程度的尊重。一些十字军士学习阿拉伯语；双方适度地交流了文化形式与技术；炎热气候下共有的生存需求，促使他们在当地形成了一些一致的标准。在拜占庭和耶路撒冷，就像在西班牙和葡萄牙一样，东方人和西方人（或者是北方人和南方人）经常隔着餐桌分坐两边，这和战场上的情形类似。粗鲁的骑士养成了辛辣的饮食口味，东西方的医师交换了药草与药物，虚张声势的神职人员借鉴了东方祭礼中使用的芳香制物。12 世纪，叙利亚作家乌萨马·伊本·蒙基德著有半自传性质的《沉思之书》（*Kitab al-It'iban*）。一次，他的同事在安条克的一户法兰克人家吃饭，主人向他保证，他家严禁食用猪肉，而且所有的厨师都是埃及穆斯林。基督徒主人解释道："我只吃他们准备的食物。"[5]

人们的味觉受到诱惑，对香料的需求随之增加。就像过去那些从亚历山大大帝和庞培的战役中归来的东方勇士一样，返乡的十字军士记忆犹新的不只有难以言说的战争的残酷，还有对异域嗜好的沉溺。晒黑的扈从和经历战争而留下满身伤疤的领主回到家园与爱人身边，带回来的不是通常诸如圣骨盒和用于祈祷的小物件之类的纪念品，而是一袋丁香和一小把肉桂，这些物品对于家里的女主人来说总是错不了的，当然也少不了一小瓶催情药，献给他们最想念的女主人。战争是强烈的催化剂，战争过后，充满男子气概的欲望继续渴求着记忆里东方那股辛辣的味道，而中世纪传奇故事中的英雄们则迷恋令人心醉的沉香和甘松的香气。

有需求就有供应。穿行威尼斯和其他意大利城邦的香料运输，令基督教世界眼红不已，以至于人们对操控贸易条件的行为的不满，既针对威尼斯人，也针对穆斯林。无论罪魁祸首是谁，这些抱怨都是由盛宴引发的，而不是饥荒。到1300年，西欧经济复苏，城市化进程加快，香料成为欧洲交易最广泛的商品之一。通过驳船与双桅渔船（航行于北海沿岸海港间的一种轮船），马车与麻袋，从加泰罗尼亚至加勒多尼亚，香料孕育出了大量贸易中心，促进了城市间的交往，以及集市城镇季节性集市的举办。

在意大利，香料贸易的繁荣还激发了商业与核算方法的创新，这些创新渐增，被誉为欧洲的"商业革命"。14世纪20年代，这场革命中最具影响力的倡导者之一弗朗切斯科·迪巴尔杜奇·佩戈洛蒂借助香料贸易，编写出了最详尽的香料清单。在欧洲香料路线的另一端，罗杰·珀斯利爵士过度放纵，挥霍无度，1380年，因未支付杂货商的账单，被告上民事诉讼法庭。账单共计6英镑，包括"胡椒、藏红花、姜、丁香……肉桂粉、没药和（说起来有点奇怪的）帆布"一年的消费量。[6] 在14世纪结束之前，香料贸易的繁荣带来了许多新奇的植物，它们促使杰弗里·乔叟萌生灵感，在《坎特伯雷故事集》（*The Canterbury Tales*）中写下了托巴斯先生在茂林中骑马疾驰的场景。

> 地上冒出大小花草，
>
> 有甘草和郁金，
>
> 许多丁香和用来泡酒的肉豆蔻核仁，
>
> 新老不一，
>
> 也有可收藏的。[7]

一些极其稀少的香料，如郁金（姜黄属植物）和丁香，第一次出现于英国文学作品。那时人们还不知道肉豆蔻核仁产自班达群岛，但文中提到了肉豆蔻核仁，人们会将肉豆蔻核仁浸泡在英国陈酿麦芽啤酒中。在基督教世界边远之地的厨房里，香料确实已经占据了一席之地。

但对于乔叟这一代人来说，香料的原产地仍是一个谜。欧洲人不太了解伊斯兰的地理著作，因而他们试图在古典作家的作品——如果他们真的看了的话——中寻找答案。古典著作容易获取，还为人们进行推测性探寻提供了权威。14世纪中叶，约翰·德·曼德维尔骑士编造了有关自己旅行的著述（*Voiage and Travaile*）。他可能并不是"圣阿尔班斯镇的一名骑士"，只是将自己在近东地区作为一名十字军士时获悉的旅行路线和虚伪细节炮制一番，编写出了一部游记。他在书中添加了希罗多德时期的一些奇闻轶事，抛出了老普林尼写过的一些有趣史实，并将这些信息整合加工，用大量幼稚的编造出来的故事为其增添趣味。

据曼德维尔所述，越过亚丁，坐落着许多岛屿，他认为每座岛屿都值得用一小段来描述一下，因为那些岛上住着可怕的畸形人或有其他生物学特性的人，比如人身狗头、人身鸟头或没有头（他们的眼睛长在肩膀上，像车辆的前灯一样）。有座岛上的人上嘴唇极其下垂松弛，晚上睡觉时他们会将自己包裹在上嘴唇里。在另一座岛上，由于天气炎热，男性生殖器垂到膝盖处，他们需要一条超大尺寸的下体护身，起到固定和护托作用，上面抹有特殊油膏。[8]

在所有这些荒谬之言中，有一处例外，它对于"爪哇国"的描述富有趣味。爪哇有七位国王、七座岛屿，人口众多，国力强盛，这是因为：

> 那里种植了多种香料，比其他任何地区都丰富多产，如姜、丁香、肉桂、郁金、肉豆蔻核仁和干皮。
>
> 肉豆蔻核仁由干皮包裹，就像榛子的果仁外包裹着一层

外皮一样，肉豆蔻核仁与干皮的构造也是如此。[9]

不知道曼德维尔是从哪里得知肉豆蔻核仁与干皮的构造关系的，他的描述几乎完全正确。如果他的原稿就是这样描述的，那么真是非常难得了，那个时代尚未有其他作家能像他一样如此接近真相。但显然，他从来没有见过肉豆蔻树，而且爪哇也没有肉豆蔻。即使他曾到过爪哇，他也不知道其实肉豆蔻核仁并不像榛子的果仁，而是像桃类水果那样的种核。虽然此处对于肉豆蔻核仁的描述较为可靠，但这并不能证明他所写的其他内容都是真实的，因此就当作后来有人插补过他的原稿吧。曼德维尔会同意这样做的。鉴于"人性的弱点"，他的文本中可能会有错漏之处，因此"领主、骑士和其他值得敬仰的人"受到积极鼓励，去"重新阅读与更正他的文本"；为此，正如作者一贯所言，"感谢上帝"。[10]

曼德维尔的旅行时间（1322—1356年）与伊本·白图泰（1325—1354年）的恰巧基本重合，前者不可能知道自己的穆斯林敌人写的是什么内容，但他可能曾读过马可·波罗的游记（约1270—1295年）。曼德维尔书中关于爪哇、印度南部的内容，以及最后几章关于中国"伟大可汗"的内容，与马可·波罗的作品存在许多相似之处；而他的实际措辞则与威尼斯附近的一名方济各会会士鄂多立克的更加相像，后者曾在14世纪20年代到达印度和中国。事实上，鄂多立克著述的优秀编者认为，只要具备坚强的毅力，就能追溯到曼德维尔书中几乎所有的内容是从哪里"偷来"的，在这种事实面前，"骑士……近乎是赤裸裸的"。[11]

13世纪末和14世纪初，西方游记作品激增，既有虚构的，也有实录的，这是由十字军东征带来的衍生现象。基督教徒被围困在黎凡特地区，长期以来一直都在寻找可能的盟友，他们最终锁定了两个盟友，这两个盟友中的任何一个都可能会让后方的穆斯林敌人措手不及。其中一个是祭司王约翰的基督教王国。祭司王约翰让人捉摸不透，他似乎与埃塞俄比亚的基督教派或聂斯脱利派都有所来往，他的"阿比西尼亚"有时被认为位于非洲的最深处，有时又被认为位于亚洲最遥远之地。16世纪，葡萄牙人仍未找到祭司王约翰的基督教王国。

13世纪，势头更为强劲的当属驰骋东方大地的蒙古游牧民族了。1250年，他们几乎已经占领了中国的大部分地区，以及从长江至伏尔加河的内陆亚洲。他们对波兰、罗斯地区和维也纳造成威胁，不时袭扰德里的第一位穆斯林统治者。1258年，他们推翻了巴格达的阿拔斯王朝。从教皇的视角来看，更有利的是，他们尚未认可《古兰经》，因而必然易于受到《圣经》的影响。

不断有书信往来，一批又一批的基督教传教士和使者踏上丝绸之路，尝试与成吉思汗的后代结为盟友。法国国王圣路易（路易九世）派出一名使者，使者带回了成吉思汗的孙子蒙哥汗赠予的礼物——一片石棉。石棉可防火，这在法国引发了一阵轰动。蒙哥汗送出这片石棉，也可能是要传递一种信息：试图用基督教的火焰点燃东方，是不可接受的。蒙古人既无法改变信仰，又不会轻易受到影响，那么他们对于基督教徒来说并无大用，更不可能实现后者虔诚的爱邻人和"享受喜乐，追求和平，世界和谐"的宗教理想了。

基督教徒很难反对这种回绝，因为一个和平统一（如果不是欢乐的话）的世界或多或少早就由蒙古人强加给亚洲内陆了。如果圣路易派来的这样的使者可以顺利抵达中国，这要归功于蒙古和平，历史将为之欢呼。商人们会迅速跟上使者和传教士的脚步。丝绸之路在蒙古治世下迎来了最后的黄金时代。据后世一位穆斯林作者所说，那时的丝绸之路非常安全，一个人"头顶金盘，从日出之地走到日落之地，可能都不会遭遇任何袭击，哪怕是最微小程度的"。[12] 佩戈洛蒂甚至为走陆路到中国旅行的人写了一份"粗略的指南"。他写道，可以留胡子，最好带一位女伴，如果她会说"库曼语"（一种突厥语方言）就更好了；硬币需要在杭州路兑换成中国当时通行的纸币；按照佩戈洛蒂推荐的行程，从黎凡特出发，抵达北京，大概需要270天。如果一位商人带着一名翻译、两名仆人，以及价值2.5万弗罗林的商品，那么他单次行程至少需要60至80银锭，而且前提是"他能将所有事情都安排妥当"。[13]

波罗家族和方济各会会士鄂多立克都是选择通过内陆的丝绸之路前往中国。漫游前往印度的伊本·白图泰也是如此。然而，这条路线并不总是他们的首选路线。从马可·波罗的旅行记录来看，他似乎原本打算取道香料之路向东航行；同样，伊本·白图泰在第一次尝试去往印度时，原本也打算乘船前往。他们两位最终都没有选择海路，不是因为海路不可行，只是因为他们临阵退缩了。

波罗家族——尼科洛、兄弟马费奥，尼科洛的儿子马可——从当时黎凡特的基督教港口阿卡出发，途经安纳托利亚、特拉布宗、大不里士、摩苏尔、巴格达、巴士拉和波斯湾口的霍尔木兹等地，航线非常曲折绕远。他们的整个旅行都疑点重重，显然，这一段弯弯绕绕的行程也不例外。但他们似乎确实抵达了霍尔木兹岛，因为马可对那里的描述较为可信。之所以顺着波斯湾航行了这么远的距离，唯一可能的原因是他们想跨越印度洋。

霍尔木兹取代了尸罗夫（由于地震，部分地区被摧毁），成为进出波斯湾的商品与乘客的主要装载港。从霍尔木兹出发，两至三周可抵达古吉拉特的坎贝港，伴着冬季的东北风，再花费两至三周即可抵达奎隆，人们可以在那里换乘中国帆船前往中国。佩戈洛蒂的陆上路线需要270天，要穿越亚洲中部的沙漠地带，还得有成群的骆驼和驴驮着沉重的货物，而海上路线要不了这么多天，而且费用肯定更低。

然而，波罗家族看了一眼霍尔木兹港，又看了一眼港口周边的环境，还是选择了掉头。他们大概向北行驶，途经克尔曼、呼罗珊、奥克苏斯河和戈壁。他们可能没能在合适的时间抵达印度洋，错过了最佳的起程时间，但马可没有这样记载。相反，关于13世纪末印度-阿拉伯的船舶，他提供了一些具有高度批判性的观察信息，这可能是他为何从霍尔木兹掉头的最贴切解释。

> 他们的船只很糟糕，有许多失踪了，因为他们的船不是用铁制的紧固件固定的，而只是用印度的椰子外壳制成的麻绳缝合在一起……这种绳子还算牢固，也不会被海水侵蚀，但抵挡不住暴风雨。船体表面没有用沥青处理，而是抹了一层鱼油。船上只有一根桅杆、一张帆和一个船舵，没有甲板，货物运上船之后只会给它们加一层遮盖。这层遮盖物由兽皮制成，盖完之后他们会将马匹赶到上面，运去印度贩卖……所以，乘坐这种船只航行非常危险，印度洋上的暴风雨非常猛烈，许多船只都遇难了。[14]

半个世纪后，伊本·白图泰似乎得出了大致相同的结论。

1332年他完成麦加朝圣后，前往红海的吉达港，希望能够搭船去往印度。他解释道："它不是受命为我而来；我也找不到同行的人。"他拿不定主意，转而朝相反的方向驶往埃及。如果那艘船能看起来更牢靠一点，或许他就会登上那艘船了。"但是我不喜欢它，一想到要乘坐那艘船，我就很不开心。"这是一个幸运的决定，或者说是"至高无上的真主的旨意"。因为在布祖格船长的故事中，那艘船沉入大海了，70名朝圣者全部溺水身亡，少数几个乘坐救生船逃脱的商人命运也好不到哪里去。听到这个消息后，伊本·白图泰决定进一步缩减自己的航程。他以最短的路径穿越了红海，长途跋涉去往尼罗河。[15] 在他之前的叙述中，也许更可信的是，他承认从未进行过长途航行，并且对乘坐任何类型的船只都感到紧张，尤其是船上载有骆驼时。[16]

幸运的是，他克服了这种恐惧症。尽管一开始这两位伟大的中世纪世界旅行者均对香料路线不感兴趣，但是随着时间的推移，他们越来越了解它们。在接下来的几个世纪里，无论是航海先驱还是剽窃者，都从他们的叙述中汲取了大量的灵感和信息。马可·波罗的游记成了必读材料。哥伦布和达·伽马一样，会将自己看到的每一寸土地与威尼斯人马可·波罗的描述做对比。

马可·波罗在著作中主要描述了远东地区的香料路线。他宣称，元朝皇帝忽必烈曾交付自己以重任，在此期间，他曾向南航行至爪哇，向西航行至印度，然后返回中国，或许也不止出海过一次。之后，波罗家族的三位航海家共同前往波斯。伊本·白图泰在印度统治者时有时无的赞助下出海探索，他的路线大致与马可·波罗相同，只不过他是从相反的方向开始航行的。他向东航行至爪哇，向北航行至中国，然后返回印度。之后继续向西行驶，穿过阿拉伯海，抵达阿曼的佐法尔，成功完成了印度洋上的香料航程。至此，旧世界最出名的两位陆上路线拥护者开始转向海路，而最终促使他们愿意承担海路风险的原因是，他们意识到，这些航程中最具雄心的部分都是由中国船只开拓完成，并且船上没有骆驼。

马可·波罗在福州或泉州看到了自己将要乘坐的第一艘中国远洋船，自那之后，他对远洋船只的疑虑逐渐消失了。

> 你们必须知道，这些船是用杉木制成的。它们只有一层甲板，每条船都包含五六十间舱室，商人们每人一间，舒适地住在自己的舱室里。这艘船只有一个船舵，四根桅杆；有时还会多备两根桅杆，这两根桅杆可自由装卸……
>
> 每艘大船都需要至少 200 名海员，有的船需要 300 名。这些船确实很大，因为每艘船都可以装载 5000 筐或 6000 筐胡椒。[17]

伊本·白图泰看到中国船只后，也深受触动。德里苏丹穆罕默德·图格鲁克虽然知识渊博，但精神变态，他的所作所为令同时代人不解，也令历史学家不解。他曾派遣伊本·白图泰前往中国。伊本·白图泰负责掌管献给可汗的珍宝——6 顶帐篷、100 名奴隶、100 名舞女、连阿拉丁都难以想象的金壶和银壶，以及一堆上等织物，他从坎贝出发，沿着印度西海岸航行，为自己的好运而感到庆幸。他在马拉巴尔海港第一次看到了中国船只。那时，中国船只正在奎隆装运胡椒。中国船只共有三种尺寸，其中最大的甚至大于马可·波罗时代的船只。甲板上排列着各种各样的商品，上空飘扬着船帆等事物，"数量不等，从三张到十二张都有"。

> 一艘船运载了1000人，其中600人是水手，400人是
> 士兵，包括弓箭手、盾牌手、弩手（投掷石油燃烧弹的士
> 兵）……船上建有四层甲板，可以为商人提供舱室、套间和
> 客厅；每个套间包含几个房间和一间厕所；使用者可以上锁，
> 还可以带上女奴和妻子随行。通常情况下，套间内的人并不
> 为船上的其他人所了解，直到抵达某个城镇，他们才会有机
> 会相识……一些中国人拥有大量船只，他们的代理人会乘坐这
> 些船只去往国外。世界上没有人比中国人更加富有。[18]

在帝国政府的鼓励下，这些海上巨物显然能在东方的贸易路
线上大有可为。当时，果阿以北还未见有中国帆船的踪迹，尽管
中国史料不久之后将记载，中国帆船沿着东部海岸驶往非洲。伊
本·白图泰不经意间似乎成为唯一预料到中国人将在不久之后控
制整条香料路线的观察者。

与波罗一样，他对这些中国船只的建造方式留下了尤为深刻
的印象。船体是空心壁的，四周加固，加包层，并被分成若干个
水密隔舱，如果出现裂口，可以迅速修复，不危及整条船只的安
全。木材不再以绳子捆绑缝合，而是用长铁钉固定，有的钉子甚
至有"3肘尺（约6.5码/6米）长"。船桨"像桅杆一样大"，由对
立的划桨队伍共同拉动的绳索来控制。最重要的是，船上有足够
的救生筏和补给船，有些用绳子拖着，有些悬挂在船边。对于没
有航海经验、不会游泳和担心海上航行的人来说，除了坚实的陆
地，最安全的就是中国船了。

波罗在记述日本时，介绍了他向南航行的情况。他没有说自己曾到过日本，但谈到这个问题时，他提到"东海"坐落着其他岛屿，实际上有7459座。根据这个数目推测，这些岛屿应该包括菲律宾、婆罗洲、苏拉威西岛，也可能包括摩鹿加群岛。这或许是欧洲文学作品中第一次提到香料群岛，虽然对其地理位置的描述并不准确。波罗说，他从穿梭于这些岛屿的人那里得知，"这些岛屿都出产像沉香木一样珍贵的香木，是的，品质也更好，还出产各种香料"。虽然这些岛屿位置偏远，难以到达，但中国船只"确实抵达过那里"。往返航程要耗费一整年的时间，参与其中的商人"获利颇丰"。[19] 上述描述符合出产丁香的摩鹿加群岛的情况，包括出产肉豆蔻核仁的班达群岛。

在所有这些香料中，波罗实际上只说出了沉香木和胡椒的名字；而鉴于二者与7459座岛屿中的任何一个都没有特别的关联，他应该是纯属猜测。但中国史料确实证实了这种鲜为人知的贸易的存在，并且在一定程度上证实了他坚持认为此种贸易包含"各种各样的香料"这一观点。赵汝适是泉州（福建省）市舶司提举（负责对外贸易之事），他撰写《诸蕃志》一书时，马可·波罗恰好在远航。他将肉豆蔻核仁和丁香都列为进口商品，并说它们来自爪哇岛。然而，他在别处暗示道，这两种香料实际上并不产于爪哇岛，而产于一些依赖爪哇的岛屿，尽管距爪哇岛非常遥远。他也知道，肉豆蔻核仁和干皮产自同一棵树，只是他错误地以为肉豆蔻干皮是花，而非核仁的假种皮。[20]

与赵汝适一样，波罗和伊本·白图泰也将那些最为稀有的香料与爪哇联系起来，但他们没有意识到，那些香料其实并非产自爪哇岛。波罗认为，爪哇是香料群岛中最出色的。它出产"黑胡椒、肉豆蔻核仁、甘松、高良姜、荜澄茄、丁香和所有其他种类的香料"。大量船只来此购买这些珍贵的商品，"这座岛的宝藏如此之多，简直难以言喻"。它也是世界上最大的岛屿，岛上住着一位伟大的国王，忽必烈没能征服爪哇，岛上所有的人都是"偶像崇拜者"，即印度教徒或佛教徒。书中对爪哇的描述大多数都是真实的，但没有任何迹象表明波罗熟悉爪哇，他甚至可能完全不了解爪哇。他从中国南部出发，沿越南海岸、马来亚海岸航行至马六甲海峡，这条线路完全绕开了爪哇岛。这不是波罗第一次由于混淆真实的见闻与道听途说而遭受指责。在真实的经历与想望的联想之间游走，是游记作家艺术的一部分。

伊本·白图泰比波罗更易于受骗，也更健谈，但整体上来说，他的作品比波罗的更加可信。他从苏门答腊岛出发抵达爪哇岛，他也认为，爪哇岛是世界上具有异国情调的香料的主要供应地，并且郑重承诺，只讲述"我们看到的、仔细检查和核实过的香料"。之后他犯下了一系列可笑的植物学错误，甚至连曼德维尔都会感到羞耻。他讲道，苏门答腊岛和婆罗洲热带雨林中的高大樟树"是一种芦苇"，只有在一个人，或在更开明的14世纪，一头幼象"在其根部被杀死"后，它才会产生管状树脂。另一方面，他还写了"古老而高大"的丁香树，采集丁香树的花蕾，通常不需要攀爬到树上。人们对丁香树的主要需求是木材，"从花蕾中落下来的"则"被我们国家的人称为丁香花"。至于丁香的果实，它不是别的，正是肉豆蔻核仁，"丁香树果仁内的花是假种皮"。他还补充道，"我曾亲眼见过这些"。

轻信、易上当受骗，可能还会让人一乐，但将谬误硬说成事实，就不那么讨人欢喜了。伊本·白图泰关于远东地区的叙述，似乎显得有些奇怪。在马拉巴尔海岸，他悲惨地失去了德里苏丹令其看管，原本赠予中国皇帝的礼物：他看管的奴隶、舞女和帐篷全部被装运到一艘中国船上，但那艘船失事了。摩洛哥人伊本·白图泰很明智，他决定隐瞒此事，不再返回德里。因为德里苏丹非常残忍，人们有时称他为"嗜血苏丹"，对于程度轻一些的不幸事故，他习惯于施行剥皮并填塞的刑罚，然后将煮熟的犯人内脏强行喂给他们的亲人吃。

因此，伊本·白图泰宁愿选择长期在马尔代夫岛上漂泊。在那里，他成为一名法官，有了不少艳遇，娶了四个老婆，其中一个还是公主。当他最终与王室姻亲闹翻时，这种田园牧歌般的生活结束了，随后他被流放至斯里兰卡。他尝试游说泰米尔纳德的统治者推翻马尔代夫王室，但以失败而告终，他最终背弃了印度南端。

似乎从这时开始，他就停止记录旅途见闻了，或是返回摩洛哥后，他厌倦了记笔记。他不再有条理地叙述自己的壮举，行动逻辑也变得更加模糊。沿着孟加拉湾一路北上，途经现今的孟加拉国，他只在阿萨姆山区遇到了一位苏菲派谢赫。接着在吉大港遇到了一艘中国船，他登上了这艘船，去往苏门答腊岛、爪哇岛和中国，但他没有解释这么做的原因。每个地方只用一个小章节来描述，引人入胜的漫谈被削减到不合理的程度。漂泊了四分之一个世纪后，这位旅行者似乎想家了。在这种情况下，他显然不会太在意植物科学的细微之处。

马可·波罗的航向正好与伊本·白图泰相反，他至少注意到了一个听起来似乎像马六甲海峡的地方，也提到那里有一座名为"麻里予儿"（Malaiur，意为群山之地）、美丽而高贵的城市。那里"有各式各样的香料","贸易往来如火如荼"。但是，任何像穆斯林，后来是葡萄牙人那样，将此地和即将成名的马六甲城联系在一起，视为东方香料贸易的转运口岸的倾向性观点，都应被坚决抵制。如波罗的编者所说，更有可能的是，"麻里予儿"对应的是义净所处时代的"末罗瑜"（Melayu），或称占碑（位于苏门答腊岛），占碑曾短暂接替巴邻旁，作为室利佛逝统治的中心。

室利佛逝长久以来的海上霸权终于告一段落。11世纪，泰米尔纳德的朱罗王朝派遣海上部队入侵了室利佛逝的领地。人们经常引用坦焦尔（又名坦贾武尔，位于泰米尔纳德）大庙里的碑文，那段碑文叙述了印度海外侵略的一个罕见例子，并列举了因此受到影响的地区。受到影响的大多数地区位于马来半岛，这些地区都因在"吉打王国"获得的"大量财宝"而出名，吉打在当时的地位也许就相当于托勒密所述的地峡边上的"塔科拉交易中心"。人们还辨认出碑文上的其他一些地名，比如尼科巴群岛和室利佛逝。室利佛逝"镶有宝石的大门"被拆下来，扩充朱罗王朝的财库。

可以说，这场战役也可能是为了从室利佛逝手中争夺马六甲海道的控制权，因此"镶有宝石的大门"甚至可能是对马六甲海峡的一种诗意的比喻。印度南部与东南亚和中国的海上交往日益频繁，而与此同时，曾经强盛的海上霸权室利佛逝则逐渐湮灭，为人们所遗忘。

苏门答腊岛北部的几座港口城市都曾参与争夺马六甲海峡的控制权，并崛起成为苏门答腊岛出产商品的国际转运口岸与销售市场。这几座港口城市可以与马可·波罗所说的"小爪哇"（苏门答腊岛）分裂成的"八个王国"对应。与"大爪哇"不同，他通过亲身观察，清楚地叙述了"小爪哇"一些岛屿的情况。比如，他注意到"巴思马"有独角兽和小猴人，根据他的描述，我们可立刻辨认出这两种动物。所谓的独角兽是指现今濒临灭绝的物种苏门答腊犀牛，第二种动物是指同样濒临灭绝的红毛猩猩（orang-utan，在马来语中意为森林之人）。"巴思马"可能是指巴赛（Pasei），被误写为此。巴赛是一个重要港口，距离今棉兰北部的"红毛猩猩养育中心"不是很远。

"八儿刺"（Ferlec）是波罗所述的苏门答腊岛上的另一个王国，我们更有把握这个地方位于何处。根据精妙的阿拉伯语词源学推测可知，此处大约指的是亚齐以东的一个地方，亚齐本身位于苏门答腊岛的东北端，注定要在欧洲争夺香料贸易控制权的过程中扮演重要角色。波罗说，整座岛上的土著人都崇敬"早上起床后第一眼看到的事物"。他们会吃自己喜欢的一切事物，包括彼此，"就像野兽一样以万物为生"。然而，例外的是，"你们必须知道，萨拉森商人频繁光顾这个王国，已经使当地人信奉穆罕默德的律法，当然我说的只是城镇居民"。[21]

马可·波罗是第一位提到印度尼西亚群岛有穆斯林，以及改宗伊斯兰教现象的人。马来史料证实了他的陈述，并提到13世纪中叶，亚齐的统治者开始信奉伊斯兰教，不久之后，其他统治者也相继追随他的脚步。1346年，当伊本·白图泰抵达与巴赛极其相似的一个"王国"，也可能是巴赛的一座主要城市时，那里的人也主要是伊斯兰教徒了。该地就是"苏门答剌"（Samudra），整座岛屿最终也以此来命名。"苏门答剌"的苏丹雇用哈乃斐学派的法学家，伊本·白图泰本人也赞同哈乃斐学派的观点，这个发现几乎使摩洛哥人伊本·白图泰恢复了友善态度。在这些学者的监督下，伊斯兰教义从阿拉伯语翻译成了马来语（或印度尼西亚语），这些语言吸收了阿拉伯语，成为在整个群岛传播伊斯兰教和马来文化的媒介。

马可·波罗和伊本·白图泰都没有注意到苏门答腊岛中央的米南加保地区，伊斯兰教从此地穿越马六甲海峡传播到马来半岛。1400年，一位可能是从室利佛逝逃亡出来的王子建立了一个马六甲定居点，他非常欢迎米南加保人迁移至此，并迅速接纳了伊斯兰教。1409年，该定居点里的人几乎全部信奉伊斯兰教。那时，它积极参与商业贸易，其名声已经传到中国。同年，中国使节郑和率领东方最强大的舰队到达那里，"竖立了一座石碑，使之升级为一座城市"。[22] 15世纪，东南亚最强大的伊斯兰国家将自身早期取得的成功，除了归因于与伊斯兰世界的交往，很大程度上也得益于与中国的联系，考虑到后来中国人的定居在马六甲城的近邻和继承者，即新加坡的发展过程中发挥的作用，这种结盟是适宜的。

波罗乘坐中国船从苏门答腊岛出发，途经尼科巴群岛，去往印度南部与斯里兰卡。他在科罗曼德尔和马拉巴尔海港的见闻充分证实，印度半岛上的诸多王国在向东和向西运输香料的过程中起到了至关重要的作用。来自亚丁和波斯湾的船只向东可以航行至加异勒港，它位于科摩林角和斯里兰卡之间的马纳尔湾；来自中国和东南亚的船只向西北方向航行，最远未超越马拉巴尔海港。因此，香料路线之两大航路就这样沿着印度半岛顶端200英里（约300千米）的海岸线，由港湾里分布的一系列锚地交织在一起。

据波罗说，中国船只的数量远远超过阿拉伯世界的船只，比例大概为10∶1，这是"一个非常值得关注的事实"。当地的香料在贸易中占据主导地位，尤其是黑胡椒，当然还包括姜、桂皮和苏木（从中可提取一种红色染料）。从西方进口的商品主要是马匹和金银财宝，从东方进口的商品主要是中国制品，尤其是丝绸和瓷器，还有更多的金银财宝。来自远东的香料会再输出至西方，阿拉伯的树胶脂，尤其是乳香，也会再输出至中国，但是波罗对此只字未提。

50年后，伊本·白图泰发现，印度半岛的贸易形势没有发生太大的改变。交易商品与参与交易的国家几乎和以前一样。贸易活动进一步向马拉巴尔北部海岸扩展，"卡利卡特"成为一个主要的贸易港口。他在此地见证了以蒲式耳称量胡椒的场景，为此他甚为震惊。除马拉巴尔的商人外，其他商人通常会像数珍珠一样一粒一粒地数胡椒粒，事实上，胡椒粒的价格几乎等同于珍珠。

唯一发生巨变的是印度半岛上的王国。有些王国的统治者不再称自己为"拉惹"（rajah，源于梵文，指代旧时的印度王公），而是苏丹；每个王国都有规模相当大的穆斯林社区。从古吉拉特到马拉巴尔，伊本·白图泰所到之处有不少谢赫、谢里夫和苏菲派信徒，足够满足他的好奇心，尽管他是伊斯兰教徒中最具探寻之心的人。波罗对每个印度王国的惯用描述几乎都是：那里的人是偶像崇拜者，他指的是印度教徒。在他对于印度南部的描述中，只找到了一处有关阿拉伯商人的记载，这些阿拉伯商人很可能是穆斯林。他在苏门答腊岛之后的航程中没有再提及"萨拉森人"，直到他带领读者绕过印度，在抵达今巴基斯坦的地区时，才再次谈到了萨拉森人。伊本·白图泰则穿行于一个完全不同的世界。那里的非穆斯林商人值得一提，他们在印度的地位就像那些不是苏丹的统治者一样。即使适当考虑到他的穆斯林视角，他笔下的印度半岛也着实经历了一场信仰巨变。

事实上，在马可·波罗返回威尼斯后不到一年，这场巨变就已经开始了。1296年，德里苏丹国的军队向南入侵了马哈拉施特拉，1299年，它的另一支军队入侵了古吉拉特。此后直到1311年，德干和印度最南部的王国经常会遭遇袭击与劫掠，被迫向德里或其附属国上缴贡赋。当地开始涌现苏丹国，从德干高原强大的巴赫曼尼王朝到相对来说弱小一些的苏丹国，比如果阿附近的霍纳沃尔。虽然很少有大规模的改宗现象，而且许多印度教王朝不是收买敌人就是投靠敌人，但无论统治者的信仰为何，穆斯林商人均能获得优待。（清真寺的）宣礼塔高于马拉巴尔海岸的椰树；庞大的阿拉伯和非洲穆斯林社区在古吉拉特建立起来；德里苏丹国的威望很快传出印度。伊本·白图泰作为穆罕默德·图格鲁克的受保护人，发现自己甚至在苏门答腊岛也备受尊敬。随着伊斯兰教在印度西海岸逐渐站稳脚跟，再向东南亚迈进一大步，实际上就能控制整条香料路线。当然，前提是没有其他竞争者来争夺那片海域。

8

由东向西

在耶稣降临后的第1300年，开罗的苏丹下令，印度的香料、药物和商品必须通过红海运输，如同之前一样；他们在红海阿拉伯海岸的吉达港口卸货，再将货物运送至麦加，运输人是前往麦加的朝圣者。这样一来，每位王公都能通过收取关税获得利润，提升国力与名望。

——安东尼奥·加尔瓦诺，《世界探险史》
（ *The Discoveries of the World* ），1563年 [1]

1911年，公共工程局的雇员在斯里兰卡港口城市加勒的"克里普斯路拐弯处"挖掘涵洞管道时，撞上了一块岩石。当时斯里兰卡还在英国的统治之下，发现岩石后，省级工程师H.F.托马林立马从自己的平房被叫了过去。事实上，这是一块经过加工并刻有碑文的石板。托马林测量后得知，石板长约5英尺（约1.5米），宽约2.5英尺（约0.76米），厚约5英寸（约13厘米），只有一面刻有碑文。石板顶部的两个角都修整得十分圆滑；上面浅浅地刻了两条相对的龙；龙的下方刻有装饰性的花纹，花纹雕饰内刻有文字。

石板上镌刻的文字异常得小，而且有几处磨损严重。这些文字几乎覆盖了整块石板，虽然当时没有人能立刻读懂这些文字，但它显然是由尺寸大小不一的三个部分构成的。与解读出古埃及象形文字的罗塞塔石碑一样，这块石板三个部分的文字也都不同。这个特征激起了碑铭研究者的兴趣，因为这意味着石板上文字记载的内容具有重要主题，而且他们将有更多机会去准确破解出石板上的文字含义。更耐人寻味的是，这三种语言中最长的那一部分使用的是可辨认的汉字。

就目前所知，加勒从未出现过大规模的华人社区。加勒可能都称不上是一座城市，只是一个小镇。这个小镇位于斯里兰卡的南部海岸，横跨一座具有明显防御潜能的岬角，这座岬角曾是一座岛屿。葡萄牙人在此地建造了一座中等规模的要塞；之后，荷兰人用巨大的堡垒和城墙取而代之，以便保卫他们的殖民城镇；接下来，英国人清理和疏通了连接的地峡，修建了一个板球场，现在这个板球场仍可用作比赛场地。这座岬角也是斯里兰卡少有的几处避风锚地之一。加勒港位于阿拉伯海和孟加拉湾之间，处于印度洋中部，控制着印度洋上的主要航道。因此，对于那些急于躲避保克海峡——位于斯里兰卡北部和印度半岛之间——暗礁的船只来说，加勒港自然而然地成了香料之路上的停靠地。

这块"三语"石碑逐渐闻名于世，在许多专家学者的帮助下，碑文很快就被成功地解读出来。而现在，这块石碑早已为人所遗忘，被存放在斯里兰卡科伦坡国家博物馆深处的房间里，那个房间里还堆放着斯里兰卡早期历史时期的其他石碑。这块石碑的神秘面纱已被揭开，虽然它价值不高，但也决不应该像垃圾一样被丢弃一旁。因为加勒港的"三语"石碑是独一无二的，它是唯一出土于中国之外，可以证明中国那次有史以来最具雄心的海上探险的考古证据。

　　除了汉语，石碑上的另外两种语言为泰米尔语和波斯语。至少从10世纪朱罗王朝入侵斯里兰卡时起，泰米尔语就开始在斯里兰卡广泛使用。科斯马斯·印第科普莱特斯注意到，6世纪，斯里兰卡已经有波斯人存在，而到伊本·白图泰来访时，斯里兰卡的国王已经熟练掌握波斯语了。摩洛哥旅行者伊本·白图泰在去往亚当峰朝圣时发现，朝圣小径因两旁分布着创造奇迹的谢赫们（来自伊斯法罕和卢里斯坦）的神龛，而被视为圣地。人们在石碑上选择用波斯语而非阿拉伯语镌刻，只是反映了，相比阿拉伯和红海地区，斯里兰卡与波斯湾的交往更为密切。

　　尽管石碑上的波斯文字最难辨认，但也足以证明其记载的内容与泰米尔语和汉语的内容一致，也就是说，这三种语言传递的信息基本相同。而且，所有专家都认为，石碑是在中国雕刻好之后才被运送到斯里兰卡的。因此，每种语言的落款都为同一个日期——永乐七年二月。永乐帝是中国明朝的皇帝，1402年登基，那么镌刻这块石碑的年份应为1409年，竖立石碑的年份可能为1410年。泰米尔语的开场白情绪最为饱满："万岁！伟大的至那王，众王之中至高无上的君主，久闻此地保护神的美名，借使节郑和与王景弘之手，向锡兰山的特纳瓦赖-纳耶纳尔布施供养。"[2] 此处的"至那"（Cina）显然指的是中国，"锡兰山"就是斯里兰卡，而"特纳瓦赖-纳耶纳尔"可能是当地对毗湿奴神的泰米尔语称呼。这三种碑文剩余的文字大多描述的是他们布施的供养的详细情况及其数量——金、银、丝绸、檀香、香油和油灯。每种语言版本虽然都具有良好的普世风格，但记载的受供养者不尽相同。泰米尔语记载的是特纳瓦赖-纳耶纳尔神，而汉语记载的是释迦牟尼，波斯语中的受供养者可能与"伊斯兰之光"有关，也可能是指先知穆罕默德本人，但此处磨损严重，实在有些难以辨认。

汉语版证明了古代中国与斯里兰卡存在往来关系，记录了布施者的身份，内容最具启发性。如果没有汉语版本，很难有人能猜到泰米尔语版的其中一个使节（Uvincuvin）其实是指王景弘，而另一个使节（Cinvo）实际上是指郑和。郑和被钦封为"三宝太监"，是明朝六下西洋的总兵正使，是民族英雄，探索了"大大小小三十多个国家"，叱咤"西洋"约20年。[3] 将他与亚历山大大帝和阿尔布开克——开启葡萄牙在东方统治的人——相比较，不言而喻，即如果这些大人物中任何一个的名字能在这块无直接联系的石碑上被辨认出，那么它可能就不会被丢弃在一间满是不相干的僧伽罗石碑——来自另一个千年——的房间里了。

这块"三语"石碑还有一些内容模棱两可，极具误导性。即使是对于碑文提供的确凿证据，我们也不能总是从表面价值来理解。郑和下西洋本身就体现出了历史的讽刺性，因为远东地区和远西地区不知不觉中几乎在同一时期将目光投向了印度洋的异域商品。1420年，郑和率领宝船队在第五次下西洋后成功返航，此次远航到访了东非沿岸的几个国家。此时，摩尔商人的船队已经开始向非洲西海岸推进，"航海者"亨利王子也派遣葡萄牙的首批远征船队探索西非海岸。同年，葡萄牙占领马德拉群岛，并在那里建设了一座前哨基地。一支舰队从太平洋沿岸而来，一支舰队则从大西洋沿岸而来，这两支舰队之间的激烈交锋似乎无法避免，如果单从舰队的实力来看，中国舰队必定会取得胜利。那么，接下来的东西方局势将会逆转，世界历史的进程也将从根本上得以重塑。

如果其中一方提前得知对方在不断靠近，那么结局似乎就如上所述，事实也应如此。事实上，西方的航路探索进展缓慢，东西方交流匮乏且带有民族偏见，这些因素导致两者之间插入了一道如非洲大陆本身一样黑暗的无知屏障。中国人发现，没有人可以在印度洋上与他们抗衡，去挑战他们的军事力量和先进技术，也没有人能够动摇他们对自身文化优势的坚定信念，于是他们很快退出了这场显然不值得争斗的事业。当葡萄牙人最终抵达东方时，他们发现，没有任何迹象表明他们的商业野心遇到了真正的对手，而且贸易世界也被异国船队带来的丰厚利润所迷惑，因此他们充分利用了这一优势。中国人的自满、西方人缓慢的探险进程和命运的捉弄，使得东方最终屈从于西方，而不是反过来。

中国打破传统的孤立主义，或许可以追溯到那些令伊本·白图泰印象深刻的远洋帆船，以及马可·波罗的赞助人皇帝忽必烈的倡议。伊本·白图泰记载道，中国的商船可容纳400名士兵，或许这个说法有些夸大。派出这些士兵不是为了影响贸易条件，而是为了抵御那些出没于中国海岸和马六甲海峡的海盗。以合法贸易的名义清理掠夺者，是任何保护国都应承担的任务，顺便还可以扰乱商业竞争对手。然而，贸易，尤其是与外国人的贸易，对中国人来说无足轻重，因而被排在较后面的位置，不需要采取任何紧急行动。在很大程度上，那时的中国可以自给自足。

忽必烈汗为蒙古族血统，不受这类思想的禁锢。在陆地上，他多次率军入侵东南亚，对日本和爪哇则从海上发动攻击，开创了海上作战支持海外征服和贸易的先例。但是，忽必烈对于日本和爪哇的远征事业最终以失败告终，此项先例没能被迅速效仿。1368年，在一位鼓舞人心的领袖率领下，明军攻陷了元大都，元朝灭亡。这位领袖就是明朝的开国皇帝朱元璋，永乐帝是明朝第三位皇帝。永乐帝重整旗鼓，在为"西洋"探险做准备的同时，北征蒙古部落，南收越南北部。

然而，尽管明朝远航的势头和手段强劲，但是动机仍然令人费解。大多数官方文件已遭损毁，所以我们只能从他们真实的远洋行动和少数纪念物来推测其动机。由此可推断，明朝积极出海探险，主要是为了巩固皇帝在臣民心中和更广阔世界的威望。虽然这个解释不是那么令人信服，但明朝的确非常重视皇家威望，它影响着帝国政策的方方面面。在这种情况下，明朝选择派遣浩浩荡荡、规模极其庞大的舰队，向当地的统治者昭告中国皇帝的美德，并要求他们向中国皇帝进献贡品，派遣使节，反过来，舰队也会代表中国皇帝，慷慨地赐予他们礼物和奖赏。除此之外，明朝还大张旗鼓地购买宝石、香料、芳香物、稀有动物和其他任何贵重或者新奇的商品；他们坚决镇压海盗、叛乱和违抗天命者；广泛搜集有关西洋的地理、物产、风俗、特点及其民族的信息。中国突然对外界产生兴趣，有人还提出了下面几种动机：建立一个海外帝国，与西方世界建立往来关系，或者寻访建文帝。这些动机似乎也都合乎道理，但从仅有的现存史料中无法找到相关证据。

郑和本人强调明朝美德的"改造力量"。中国福建省长乐港的一座寺庙中存放着郑和远洋航海的相关资料，他赞扬天朝对最遥远之地的野蛮人也怀有"仁慈"之心，并宣扬了一种令人振奋的理想主义。

明帝国统一海陆，所获功绩超越了之前的三个朝代，甚至超越汉朝与唐朝。地平线之外和世界尽头的国家都从属于明朝。西方最远之地和北方的最远边界，无论多么遥远，都可以计算出它们的距离和路线。[4]

至于明朝内部的舆论，郑和远洋航海的准备工作可能比其结果更令人印象深刻。1405—1407年，郑和率领船队第一次下西洋，船队共有317艘船，其中62艘为巨型"宝船"。从"三桅"宝船到"九桅"宝船不等，船长130英尺至230英尺（约40米至70米），是当时海上规模最大、最具特征的船只了。每艘船至少有50个舱室；主桅可能有100英尺（约30米）高。随行船队包括多桨战船和载重运输船，后者载有马匹、其他牲畜、储备品和淡水。这些船几乎都是在长江沿岸、南京附近的造船厂里建造而成。建码头，召集造船工和许多其他工匠，寻找合适的木材，将其砍伐和运输，一系列准备工作需要完成。并且还要完成特殊出口订单，尤其是瓷器，它的需求量很大，正好也可作为压舱物。如果明朝水师最终拥有超过250艘"宝船"，那么建船、设备安装和补给都需要投入巨大的人力和财力。对这项事业的质疑，可能从一开始就盖过了它在威望上的影响力。

第一次下西洋的317艘船上容纳了近2.8万人。第三次下西洋（1409—1411年）、第四次下西洋（1413—1415年）和第七次下西洋（1431—1433年）的人数大致与之相同。船上可能有一半是士兵，四分之一是水手、桨手和工匠（捻缝工、木工、修帆工），剩下的是官员、商人、文书、翻译和其他专业人员（账房、宝石鉴定师、制图师）。当然，远洋舰队还带了医生，人数之多几乎足以开设一家医院，但是他们的照料也没能遏制急剧增长的死亡率。

　　每一次远洋航行都建立在已获知识的基础上，并努力推进这些知识，如同一个精心计划的空间探索项目。他们有时会在陆地上搭营，大多数是在马六甲城；舰队可能会分开航行，这样他们可以在两年内抵达更加遥远的地区，每次远洋航行的时间基本上都不超过两年。主力舰队一般在1月从福建省长乐港起程前往越南沿海的占城，然后驶向爪哇东部的泗水。抵达泗水后，再前往满者伯夷的首都和宫廷就会变得极为方便。满者伯夷是继室利佛逝衰败后，印度尼西亚群岛上最强大的王国。满者伯夷的统治者信奉印度教，有许多外国人在他的国家定居，其中包括数千个华人家族，以及"从西方各国而来"、已经具有一定影响力的穆斯林商人。郑和的手下马欢说："土产苏木、金刚子、白檀香、肉豆蔻、荜芨、斑猫、镔铁、龟筒、玳瑁。"[5] 从他的叙述中可以看出，和往常一样，他无法辨别商品的销售地与产地，但至少他没有装作曾经看到过这些商品的生产过程。

　　马欢所著的《瀛涯胜览》一书程式化地提到，满者伯夷经常向"中央之国"进献贡品，"中央之国"即指中国，随后这本书还叙述了苏门答腊岛和旧港（即巴邻旁）。许多来自中国广东的逃亡者在此地安定下来，通过海盗掠夺行径谋得了不菲的收入。郑和第一次下西洋返程时，终结了他们的劫掠。郑和击溃了海盗船队，擒拿了他们的首领，之后将首领押送回中国处决。也许是为了进一步打击去往马六甲海峡水道上的海盗行为，并且阻挠泰国人从北部入侵，1419年，郑和将马六甲定居点提升为马六甲城，中国皇帝下诏册封马六甲城的首领为王，赏赐双台银印、冠带袍服。郑和在此地"还竖立了一座石碑"。这块石碑从未被找到。

马欢注意到，"其王于溪上建立木桥，上造桥亭二十余间，诸物买卖俱在其上"。葡萄牙人首次抵达此地时，对此种景象留下了深刻印象。

郑和第三次下西洋的路线与第一次一样，从马六甲城出发，继续前往北苏门答腊。这时，亚齐完全是一个苏丹国了，但尚未击败其邻国巴赛苏丹国。在苏门答腊岛上，巴赛的海港"其处乃西洋之总路"。外国船只"频繁来往于此，数量众多"。马欢赞扬了巴赛的外来商品种类繁多，并且第一次确认黑胡椒为当地的著名出口商品。苏门答腊岛的胡椒来自"靠山"的某个地方，不是摘自野生藤蔓，而是由那些"置园种之"的人种植而来。1磅胡椒的售卖价格相当于1英镑多（根据20世纪60年代马欢著述的英文版编辑所说），是马拉巴尔胡椒价格的10倍。[6] 这与其说是对它的质量的肯定，倒不如说是对于将中世纪的亚洲货币转换为20世纪中期通货膨胀严重的英镑，然后再用计量单位进行同样的转换是极其困难的一事的肯定。更耐人寻味的是，黑胡椒发展为苏门答腊的经济作物的时期，恰逢东南亚首批伊斯兰国家的崛起。将黑胡椒从印度马拉巴尔的小块土地带到苏门答腊岛的无名先驱看起来似乎受到了启发，黑胡椒迅速成为苏门答腊岛的主要出口商品，因而一并带来了他们的信仰。

1415年，郑和在第四次下西洋时通过击败和俘虏一名与巴赛苏丹国对立的申索人，巩固了与该苏丹国的友好关系。此人被处决。因此，巴赛苏丹非常感激郑和，"常贡方物于朝廷"。苏门答腊的伊斯兰统治者非常尊重郑和，因为郑和本人也是穆斯林。郑和自幼净身入宫成为一名太监（对于一个出身普通的人来说，净身成为太监是一个明智的职业选择），他自出生起就是一名穆斯林。他出生于中国云南边境，那里与东南亚国家接壤，中间的界线蜿蜒曲折。他可以说是一位伟人，相比于袒露胸膛、嚼食槟榔的印度教徒或佛教徒王公，他更同情说话直率、衣着得体的伊斯兰苏丹。他的探险船队总是从苏门答腊岛出发，前往斯里兰卡，因此斯里兰卡很可能不是一个特别偶然的登陆点。

加勒的"三语"石碑暗示的中国与斯里兰卡的友好关系，指的正是1406年郑和第一次抵达该岛之时。据科斯马斯记载，他可能在那时为永乐皇帝购买了红宝石。1410年，他带着"三语"石碑第三次下西洋，再次抵达斯里兰卡，却发现自己卷入了斯里兰卡的一场权力争斗。这不仅牵扯到信奉印度教的泰米尔人与佛教徒僧伽罗人之间的斗争，还牵涉王位争夺。如果说郑和原本以为斯里兰卡会认同石碑碑文流露出的亲善之情，他很快就会醒悟过来。斯里兰卡赶走了他的登陆部队，拒绝在此竖立石碑。

这块石碑有可能从未竖立在斯里兰卡的土地上。郑和继续向马拉巴尔海岸航行，打算在返程时再惩罚斯里兰卡；如果他离开时没有带走石碑，那么斯里兰卡人可能立马就将石碑丢进了沟渠，直到500年后托马林先生的挖掘工发现了它。对于郑和究竟有没有带走石碑，没有定论，关于郑和报复的细节，情况也是如此。1411年，在郑和返航途中，发生了一场类似于战争的冲突，既血腥又险恶。这是郑和舰队自下西洋以来参与的最为激烈的一次交战，虽然他们宣告获得了胜利，但随后恶徒没有被处决，而是得到了明帝国的赦免。[7]

每次从斯里兰卡出发，明朝的远洋舰队都会前往马拉巴尔的胡椒海港。奎隆此时衰落了，其印度教徒统治者掌管着"一个小国"，土产有限。科钦附近有一座优良海港，那里混杂居住着穆斯林、柴提亚族（Chettiars，富有的泰米尔商人，专门从事宝石与香料贸易）和克林族（马欢将之描述为中间人），它取代了奎隆，成了一个日趋重要的胡椒销售点。但即使是科钦，也不能与卡利卡特相抗衡。卡利卡特无疑是"西洋大国"，马欢在书中提到了这一点，而且是两次。郑和谨小慎微地与印度教徒统治者来往，向他们赠送中国皇帝赐予的奖赏，同意遵照所有交易商品确定价格的复杂程序，也竖立了一块石碑，象征万古不朽的友谊。这块石碑的命运不得而知。

前往泰国、马尔代夫和孟加拉的短途旅行是从马六甲城或苏门答腊岛出发的，但最冒险的探险之旅是从卡利卡特出发的。第四次下西洋的船队穿过阿拉伯海到达波斯湾口的霍尔木兹。第五次下西洋的部分船只继续沿着阿拉伯半岛的南部海岸行驶至穆卡拉和亚丁，然后沿非洲海岸南下前往摩加迪沙（索马里）和马林迪（靠近蒙巴萨）；达·伽马的那次伟大航行甚至都没能行驶这么多海里。第六次下西洋再现了这样的伟大功绩；第七次下西洋时，有一个由七人组成的代表团，他们乘坐印度船只前往吉达，参加一年一度在麦加举办的商品交易会。

这些成就已经非常突出，尤其是考虑到他们每次都是在如此短的时间内完成了远洋航行。他们还为后人前往更远的地方登陆提升了可能性。中文地名难以辨认，那些基于航海路线绘制的非写实地图不易解读，以及其中一些船还有可能被迫脱离如此规模的舰队，这些因素引发了一些大胆的猜测。尽管不太可能，但中国人发现了澳大利亚的说法听起来也大致合理。[8] 有人则认为郑和率领船队进行了一次环球航行，包括（澳大利亚也在内）新西兰、南极洲、太平洋、墨西哥、合恩角、新英格兰，并环绕格陵兰，航行至北极，这种猜想虽在一个充斥着稀奇假设的领域并不罕见，但明显不可信。要是本书在提到这些猜测时，只是称它们为"划时代的"言论，才是避重就轻，低估了它们的意义。[9]

由于官方记录和航海日志的缺失，人们的猜测才变得如此大胆。已知的事情出乎意料，未知的事情比比皆是，因而几乎所有的事情都有一定的猜测空间。但是，如果说郑和及其宦官同僚执行明代航海活动是未必有之事，那么或许可以从他们遭受阉割而显得柔弱的本性找到一个恰当的解释；这项事业一开始天真烂漫，不过跟它完全不合理的结局比起来，就逊色多了。好比加勒的"三语"石碑，郑和的远航壮举也成了无足轻重的历史事件，几百年后才被挖掘出来。由此可见，反对派一直未曾停歇过。远洋航行耗费大量财力，损失了无数条人命，为了弥补这些损耗，郑和船队运回了大量非必要的奢侈品（香料、宝石、玳瑁、珍珠），多种饱受舟车劳顿之苦的动物（长颈鹿、狮子、斑马、鸵鸟），以及一些看起来微不足道、付了船资的恳求者。只有明帝国的朝廷，才会对这些事物感到满意。

1424年，明成祖薨逝，此前，他被迫减少远洋活动；下一任皇帝（明仁宗）则宣布停止下西洋；在短暂的复兴，即第七次下西洋后，继任的皇帝（明英宗）全面终止下西洋，甚至通过下令销毁相关记载来清除记忆。到15世纪中叶，建造多于两根桅杆的船只则意味着触犯法令，南京的造船厂杂草丛生，那些以某种方式成功避开所有封锁的中国私营商船最远也就是行驶至马六甲城和马六甲海峡。军事受挫，财政缩减，意识形态倒退，令这场享有盛望的外交事业就此终结。伟大的航海探险结束了，连对它的记忆也无可救药地遭到了质疑。明朝再次退到了厚重的儒家思想的保护壳里。郑和的伟大事业只能在诗人和那些热爱传奇故事的人们心中唤起涟漪：

> 我们已经在浩瀚无边的海上航行了 10 万多里，见过巨浪如山般直冲云霄；我们曾看到远处笼罩在蓝色透明轻雾下的蛮族地域，无论是白天还是黑夜，高耸的船帆都像云彩一样展开，继续星形般的航程，我们的船只穿过汹涌的海浪，如同在大路上行驶。[10]

虽然明朝下西洋主要不是商业行为，但也是代表君主而发起的，着眼于保护与促进中国的贸易。之后，中国皇帝不再支持远洋航行，中国与其他国家的海上往来逐渐减少。中国未曾试图在海外建立任何一个永久定居点，未曾驱逐商业对手或提出其他要求，除了声称正式且无害的至高无上的地位。

而同一时代，其他介入海上贸易的国家可就没有那么和善了。他们来自香料路线的另一端——地中海地区。在整个中世纪，这些国家都会安排海军战舰护送商船队，特别是热那亚和威尼斯的商船，每年它们都会航行至埃及和黎凡特去获取香料。外交活动同样是为了保护商业利益，化解不满情绪。但对外贸易的理由从未在欧洲引发过争议，限制航运的举措也远没有永乐皇帝继位者的封锁禁令来得有效。

阿卡港是十字军在黎凡特的最后一个立足之地。1291 年，埃及的马穆鲁克骑兵从十字军手中将阿卡港夺走。因此，教皇再次呼吁，禁止基督教徒与伊斯兰世界的所有贸易往来。主要是禁止出口那些可能会被敌人用于战争的武器和原材料，比如木材、铁和大量金银，以及人力。但如果不出口这些商品，他们就没有足够的钱财进口香料和丝绸，所以这些贸易也被禁止了。最后，教皇禁止基督教徒前往伊斯兰国家，除非是去征战。

和制裁一样，这些禁令并不是很有效力。相比于中国，地中海世界在政治上更加四分五裂，在商业上更加相互依存；而且，教廷缺少中国政府的严厉执行力。基督教国家的政府，如意大利和伊比利亚半岛上的国家，口头上奉行禁令，实际上却不愿意限制其臣民的贸易事业，不愿意有损关税收入，也不愿意放弃已建立起来的重要贸易联系，拱手让给肆无忌惮的竞争对手。因此，人们想出了各种对策，例如虚假寄售和隐瞒目的地。在基督教和伊斯兰教分界处，诸如黑海、克里特岛和塞浦路斯等地的海港，成了躲避禁令的安全交易地，那里的商业欣欣向荣。像犹太人和亚美尼亚人这样准中立的中间人，在很大程度上促进了基督教国家和伊斯兰国家之间的交易。

在实践中，即使是教皇的决定，也是软弱无力的。征收罚金，出售豁免权、赦免权和许可证，比坚持将违令者驱逐出教会更加有利可图。教会承担不起疏远诸如热那亚和威尼斯等共和国的后果，因为任何针对伊斯兰势力的进攻都要依赖这些共和国的舰队。事实上，教会本身也是东方商品的主要消费者，需求程度不亚于意大利地区的宫廷，丝绸对于十字褡来说，就像焚香对于香炉，是必不可少的。

然而，教皇施加的压力，加上马穆鲁克在黎凡特地区征收的高额关税，导致香料路线发生了短暂的偏移。14世纪，通过波斯湾从印度进口的商品不再穿越巴格达运至黎凡特，而是绕过马穆鲁克设置的关卡，向北经波斯和阿塞拜疆运至高加索和黑海。15

世纪，香料路线发生了相似的偏移。当时，奥斯曼土耳其人侵占了黎凡特，并夺取了君士坦丁堡。意大利城邦的商人沿着上述那条北向的香料路线反方向出发，与波斯建立了直接的贸易联系。波斯生产上等丝绸，威尼斯和热那亚的一些商人会从那里出发，通过海路或陆路前往印度和中国。

约1420—1444年，即比伊本·白图泰所在的时代晚了一个世纪，探险家尼科洛·德·孔蒂沿马可·波罗的海上航线前往南亚和东南亚。德·孔蒂和波罗一样，也是威尼斯人，也像波罗一样口述自己的旅行见闻，但内容远不能令人满意。但他似乎对香料特别感兴趣。他头头是道地讲述了姜的特性，第一次令人信服地描述了斯里兰卡肉桂的生产过程，并且在爪哇岛——如果他真的去过的话，他搜集了有关香料群岛的信息，信息虽然简短，但非常具有吸引力。那时，香料群岛还鲜为人知。"从这些岛屿（苏门答腊岛和爪哇岛）出发15天后，在它们东边找到了另外两座岛屿。一座叫作桑代，出产肉豆蔻核仁和干皮；另一座叫作班达，是唯一一种植丁香的岛屿，丁香从此岛出口至爪哇岛。"[11]

尽管德·孔蒂明显混淆了一些信息，但是他准确区分了这两座岛屿（之后被证实为群岛），一座出产肉豆蔻核仁和干皮，另一座出产丁香。此外，其中一座岛屿的名称也几乎正确。这是班达群岛第一次出现在世界旅行文学作品中，没想到它竟然隐藏在德·孔蒂少有人知的旅行见闻中。

在之后的半个多世纪里，人们对摩鹿加群岛的了解没有任何进展。但在1502年，另一位意大利人也从波斯出发到达印度，然后继续向东行进，穿过缅甸和苏门答腊岛，直到真正驶入火山群岛，即班达群岛和摩鹿加群岛，才开始返程。这位探险家是洛多维科·德·瓦尔泰马，出生于博洛尼亚，后皈依伊斯兰教。在达·伽马开启那次史诗般的航行之后几个月内，洛多维科·德·瓦尔泰马也开始了自己的陆路旅程。9年后，瓦尔泰马有关摩鹿加群岛的记述草稿将落入阿方索·阿尔布开克之手，那时后者正猛攻马六甲城，后来从此地控制了丁香和肉豆蔻贸易，圆满完成了葡萄牙海上帝国的创建。香料群岛的厄运即将到来。香料群岛位于已知世界的边缘地带，千年以来一直作为神秘实体存在，而到1400年，它维持与世隔绝的时间仅剩下100年了。

只有少量的名贵香料，比如肉豆蔻核仁和丁香，可以从波斯湾经由波斯和阿塞拜疆，通过极其迂回的北部路线，绕过马穆鲁克的领地运至黑海。但从佛罗伦萨一名日记作者的观察可以看出，这条路线在14世纪颇受欢迎。塔那港（非印度同名海港）是克里米亚半岛濒临亚速海一边的偏远海港，靠近顿河畔罗斯托夫，1343年落入鞑靼人手中。据佛罗伦萨那位日记作者所述，那时意大利的香料价格暴涨了50%到100%。[12] 在一个危机频仍、短途旅行不间断的时代里，香料贸易变幻莫测。

14世纪早期，为避开伊拉克（美索不达米亚）和黎凡特，人们绕行至红海，红海地区的贸易明显复苏。与古典时期一样，开罗和亚历山大港重新成为地中海地区的主要香料市场，这两地的商品从阿伊扎布和古赛尔经尼罗河运输而来。来自红海的香料途经吉达、麦加和陆上商队路线运抵大马士革和贝鲁特，弥补了黎凡特海港无法从波斯湾获得充足商品的不足。尽管仍处于穆斯林的控制下，但是诸如阿卡港之类的黎凡特海港，与意大利城邦之间的贸易得以复苏，对此教皇可能曾施予某种形式的特许，也可能没有。

红海航线的复兴为近东的香料贸易带来了一种新的组织现象。13—15世纪，也门亚丁的转运口岸和地中海市场之间的贸易，即使不是被垄断，也是为一个叫作"卡里姆"（karim）的神秘实体所控制。卡里姆显然是组织方面的一种创新，因为从开罗那家犹太会堂发现的10—12世纪文献几乎没有提到它。但卡里姆究竟是什么实体，还很不明确。历史学家拒绝接受卡里姆只是一家银行、一家运输垄断公司、一家贸易公司，甚至是一个松散的行会这样的说法。卡里姆成员不全是穆斯林；可能来自任何地方，从事任何商品贸易，总部可能位于遥远的印度或摩洛哥。伊本·白图泰将印度珍珠商与卡里姆成员相比，也就是说卡里姆成员专门经营某种商品贸易。

毫无疑问，卡里姆成员参与的主要是香料贸易，主轴位于红海地区，主要特征是积聚了大量财富。也许最讲得通的一种解释是，卡里姆最初是一个保护组织，借以更好地抵御海盗、沙漠劫匪和其他强取豪夺者，那些从事红海贸易的人采用了定期往来车队和大篷车的制度。换句话说，像中国和地中海国家为商人提供的庇护一样，卡里姆提供的正是这种支援。风险管理和联合运输使之分化为银行业、运输业、仓储业和销售业。到了14世纪末，卡里姆成员完全控制了伊斯兰领地的香料贸易。

与大多数同业联盟一样，卡里姆给香料贸易带来了稳定性，但在当时这一点不受赏识，它的强硬态度还令人深恶痛绝。卡里姆集中体现了伊斯兰教对于供应的垄断，因此招致了地中海基督教控制地区商人的谴责，无论他们属于哪个国家。15世纪初，热那亚在黎凡特的贸易方面，比威尼斯略具优势；威尼斯人的贸易运输路线一定会经过威尼斯本土，但热那亚人与之不同，他们经常乐于充当长途运输者的角色，穿梭于外国港口之间，不一定经过热那亚本土输送商品。约1400年，吨位高达500吨的柯克船（以风帆为主动力的散货船）开始从亚历山大港和黎凡特直接前往佛兰德斯的斯鲁伊斯（靠近布鲁日）和英格兰南部海岸的南安普敦。远东的香料、近东的纺织品和地中海商品是主要的出港货物，而毛织品、毛皮和矿石（德意志的铜，康沃尔的锡）是主要的进港货物。但热那亚人与卡里姆成员和穆斯林打交道时，不如威尼斯人那么随和与耐心。1386年，威尼斯人击退热那亚人，之后热那亚人又深陷内部危机，因而在亚得里亚海地区逐渐失势。

15世纪，威尼斯进入了它的黄金时代，无可争议地成为西方最繁忙的商业中心。那些在威尼斯的广场和宫殿外立面或圣马可大教堂的轮廓线上发现了东方的装饰图案、伊斯兰圆顶，甚至佛教建筑物拱门的人没有看错。与巴尔米拉和佩特拉一样，威尼斯将一切都归功于它在东方贸易——这个词几乎是香料贸易的代名词——中的卓越地位，威尼斯人本身也自豪地宣扬这一点。

威尼斯的黄金时代历经漫长的等待终于到来了。此地原本只是一个近海避难所，收留了诸多在罗马帝国末期逃避整个意大利地区混乱局势的人。后来构成威尼斯城的岛屿，地势低洼，几乎没有任何天然优势。就像贫瘠的霍尔木兹和布满沼泽的马六甲城一样，发展航海业是居民的唯一出路，不管是进行海上掠夺还是从事海上贸易。10世纪，威尼斯成为肩负重任的城邦和重要的商业力量。多亏了十字军东征需要大量海运和海军力量，威尼斯才得以将触角稳步延伸到整个地中海和黑海地区。

报酬尤为高的是与亚历山大港的贸易。从那里不仅可以运载来香料和其他东方商品，还可以输送大宗谷物，它们曾供养罗马帝国。与柯克船相比，威尼斯商船体积更小、速度更快，14世纪末率先抵达泰晤士河和斯海尔德河。那时，威尼斯共和国的商行已经控制了欧洲西部的陆上贸易，在每一座有名望的城市基本上都能见到"威尼斯商人"。货物由驮队载着翻越阿尔卑斯山，之后更多的是走水路而不是陆路，继续向北运输，到达纽伦堡、奥格斯堡、巴黎、吕贝克和其他更远的城市。

凭借着超群的能力，威尼斯人经受住了历史的考验，克服了贸易之路上的重重阻碍。在法国各地，百年战争的战火已经燃烧了100多年（1337—1453年）。黑死病（1347—1350年）使欧洲各地的生活停滞不前，城市人口大量减少。一场小型的十字军东征（1365年）洗劫了亚历山大港，而马穆鲁克的报复目标必然是商人群体。私掠者和海盗——大多数来自加泰罗尼亚，不断袭扰地中海南部的基督教徒和穆斯林船运，这招致了更多猛烈的报复。更有甚者，1426年，马穆鲁克王朝新任苏丹巴尔斯拜终于发现了国家作为贸易主体的价值，加强管控埃及经济，并声称胡椒贸易由王室专营。

和以往一样，在所有去往西方的香料船运中，胡椒的价值占比高达80%，远远高于大宗货物的价值。由于巴尔斯拜的干预，卡里姆成员作为红海地区香料之王的漫长统治时代结束了；红海、埃及和黎凡特的贸易因为统治者的一时兴起，而完全落在了贪得无厌的独裁者手中。基督教商人只能从苏丹的代理人那里购买商品，而且必须以苏丹规定的数量和价格来购买。这场危机虽然只持续了十多年，但有力地说明了这一非常有利可图的贸易的极度脆弱性。基督教世界再一次想方设法绕行马穆鲁克的统治地区。这时，黑海和波斯并不比近东地区更友好，因而人们将目光转向非洲。

1454年，即苏丹巴尔斯拜去世后16年，一位叫作阿尔维斯·卡达莫斯托的威尼斯年轻人加入了一艘从威尼斯去往佛兰德斯的香料商船，船队此行共有3艘船。虽然卡达莫斯托是船上一支小规模弓箭手队的军官，但他对航海事务很感兴趣；而且，他还有个贫穷的父亲要养活，用他自己的话说，他既是旅行，也是"为了赚钱"。这支船队沿亚得里亚海向南航行，然后西行穿过直布罗陀海峡。

进入大西洋后不久，逆风迫使他们靠岸。他们停靠在葡萄牙西南部阿尔加维海岸一处高耸的迎风海角附近。卡达莫斯托得知，这座海角叫作圣文森特角，周边有一个乡村庄园，管理者是葡萄牙统治家族的王子——"唐·恩里克王子"。这位王子听说威尼斯人滞留于此，派出代表团接待他们。这支代表团的首领不仅是葡萄牙王子的手下，也是威尼斯驻葡萄牙大使；代表团还带来了"马德拉群岛的蔗糖、龙血树脂（可作为染料的一种树脂）和其他领地、岛屿出产的商品"。在接下来的交流中，卡达莫斯托与其说是一名参与者，倒不如说是一名偷听者：

> 他（威尼斯大使）说，他的领主（"恩里克"王子）鼓励人们去新发现的岛上定居，在此之前，这些岛屿荒无人烟（他提到蔗糖、龙血树脂，其他商品和有用器皿，作为证明），但这相对于领主的另一番成就来说不算什么。在过去的一段时间里，他的领主推动人们去往之前从未有人探索过的海域，发现了居住有许多奇怪民族的土地，在那里奇事比比皆是。去过那些地方的人已经从当地民众手中挣了不少的钱，1索尔多变成了6索尔多或10索尔多……如果我们国家的人

想要去那里，领主会很乐意接待他们，并给予他们很多恩惠，因为他相信在那些地方，他们可以找到香料和其他有价值的商品，他知道，威尼斯人在这些事务上比其他任何国家的人都更熟练。[13]

相对于其他同僚来说，这个消息给卡达莫斯托留下的印象深得多。他拜访了王子，然后回到船队，后者也信守诺言。他下定决心，"趁自己还年轻，可以经受所有苦难，我想要看一看我们的国家从未见过的世界和事物，也希望从中获得荣誉与财富"。他卖掉了自己在这艘船上的利润份额，购买了前往新目的地的必需品，然后向众人道别。这支威尼斯船队继续沿北部航线前往佛兰德斯；6个月后，卡达莫斯托朝相反方向驶往非洲。

恩里克王子或称亨利王子，是葡萄牙国王若昂一世最小的儿子，也是当时的统治者阿方索五世的叔叔。1415年，在摩尔人被驱逐出阿尔加维，整个葡萄牙复归基督教世界约一个多世纪之后，亨利王子参加了葡萄牙攻占摩洛哥城市休达的行动。这是伊比利亚的基督徒第一次进军摩尔人的马格里布，因而被誉为一次重大的胜利。葡萄牙成功地维护了自身独立于对手卡斯蒂利亚和阿拉贡，对穆斯林敌人采取行动的权利。葡萄牙人在北非沿海建立了一个基督教桥头堡；那里有大量黄金和奴隶等待着胜利者去掠夺，这激发了人们的贪婪胃口；特别是亨利王子，他详细询问后得知这笔财富来自撒哈拉以南地区。

1419年，亨利王子退居阿尔加维的萨格里什，将他的资源、巨大的影响力和余生全部献给了非洲西海岸的航海探索事业。他的探险队从所有可以获得的资料中搜集信息，其中肯定包括托勒

密和马可·波罗的著作，也许还包括德·孔蒂的著述和非凡的
"加泰罗尼亚地图"，后者由 13 世纪一位居住在马略卡岛的犹太
人制作，这位制图师对阿拉伯的相关著述有一定的了解；他们
也咨询来自意大利、西班牙或北非的访客，并邀请访客作为顾
问或水手参与他们的探险。他们使用的航海图类似于地中海地
区常用的波特兰海图，依据罗盘定位和距离推算航位，在每一次
新的远航结束后会将探索的新海域补充进海图。他们也会分享经
常出海的水手在天文、仪器和航海方面的知识和技巧。他们驾
驶的船只多为卡拉维尔帆船，这种帆船吸收了阿拉伯船只的特
点，船体细长，悬挂大三角帆。相比于传统的桨帆船和柯克船，
卡拉维尔帆船更适合冒险，卡达莫斯托说它是"所有帆船中最
好的"。

　　然而，里斯本无法与南京相提并论，更不用提阿尔加维的海
港拉各斯及其造船厂了。郑和每艘"宝船"的排水量约为 2000
吨，而卡达莫斯托的第一艘卡拉维尔帆船的排水量只有 100 吨。
郑和的舰队还有明帝国政府——一个拥有两亿人口的亚洲国
家——的支持，而葡萄牙是欧洲最小、最贫穷的王国之一，总人
口不过 100 万人左右，其船队只能得到它的支持。而且，中国还
受益于对去往印度航线的熟稔，以及数百年来印度人、阿拉伯人
与东非的往来关系。葡萄牙人对加那利群岛有一定了解，就像托
勒密一样，可能对马德拉群岛和亚速尔群岛也有一定的了解；热
那亚船队和西班牙船队曾到访过这三个岛群，并且在加那利群岛
建立了定居点。但葡萄牙人对稍微再远一点的海域就一无所知了，
比如距离直布罗陀只有 800 英里（约 1300 千米），现今称为西撒
哈拉地区以南的非洲海岸。

乐观主义者认为，非洲是一块由尼罗河支流包围起来的浅海大陆；大河穿过非洲大陆流入大西洋，所以像卡达莫斯托这样的探险家对这些大河非常感兴趣，他们坚持将西非称为"下埃塞俄比亚"，这样做是希望多于期待。悲观主义者支持托勒密的观点，认为印度洋四周都是陆地，因此可能根本无法实现环绕非洲的航行。所有参与探险的人都认为非洲的气候炎热难耐，非洲人不友好，那里的海域浩瀚无边，风向和洋流难以预测，因而只有极其谨慎，才有可能存活下来。

因此，即使没有其他干扰——时而导致其航海事业停滞，上述这些因素也会使非洲的探索进展非常缓慢。1455年，卡达莫斯托"带着极大的希望，以上帝之名起航"。他最远航行至卡萨芒斯，此地位于冈比亚和几内亚比绍之间，是塞内加尔土地较为肥沃的地区。这意味着他们用了25年的时间推进了约2000英里（3000千米），而非洲西部海岸线的总长约为1万英里（1.6万千米）。不过，令人振奋的是，沿着海岸线航行时，正午的太阳正好在正前方，甚至稍微偏右一些。他们已经绕过了非洲大陆西侧巨大的凸起部分。

在此期间，一系列事情阻碍着葡萄牙人推进非洲的探索进程。他们与西班牙王国无休止地争论马德拉群岛和加那利群岛的归属；几次溯塞内加尔河和冈比亚河而上，试图行驶至埃塞俄比亚，以弄清楚这些河流是否汇入尼罗河；定期重新部署人力和船只，以防御穆斯林军队夺回休达。还有黄金和奴隶的问题。黄金和奴隶是跨撒哈拉贸易的主要货物，尽管此时控制在穆斯林手中，但如果能将这种贸易转移到海上，则会为基督教世界带来更大的荣耀。

亨利王子没有明朝皇帝那么丰富的资源，整个探险计划都需要自筹资金。据卡达莫斯托记载，探险的参与者可以和王子签约，如果是由王子为探险者提供船只，那么返程后，王子将收取一半利润；或者，探险者也可以自己准备船只，那么王子只需提供许可证，返程后王子将收取四分之一的利润。年轻的卡达莫斯托手头拮据，因而选择了前者。无论探险者选择哪种方式，都有责任带回一定数量的货物。他带回了西班牙马匹、佛兰德斯毛织品和摩尔丝织品。

对于整个探险事业来说，贸易，以及对所有参与者的保护是至关重要的。当然，传播基督教，驱逐、镇压和奴役穆斯林、其他异教徒也非常重要。好几封教皇诏书都按照葡萄牙人的意愿来制定，大意如上所述；1455年，卡达莫斯托起程，其中一封（罗马教皇）就是在他离开前几周颁布的。这份诏书承认了葡萄牙人在探索非洲和征服穆斯林等方面取得的成就，赞扬了葡萄牙人征服非洲异教徒，使之皈依基督教的功绩，并敦促他们进一步环行非洲，与那些"据说会奉耶稣基督之名"（指的是流传已久的神秘的祭司王约翰）的印度人建立往来关系。它庄严授予了亨利王子和葡萄牙王室在所有已经抵达地区的航海、贸易和渔业垄断权，包括所有在到达印度之前等待他们去发现的地区。诏书还授予了葡萄牙与穆斯林进行交易的许可，但只能在必要的时候使用，且不可以出口战争用料；授予了葡萄牙各种教会特权；并告诫其他所有国家不可侵犯葡萄牙的垄断地位，也不得以任何形式阻碍其实现。

这份诏书被称为"葡萄牙帝国主义特许状"。[14] 在基督教世界看来，该诏书授予了葡萄牙神圣的特权，凌驾于其他所有在非洲和亚洲有利益国家的权利之上。该诏书挫败了威尼斯人、热那亚人和西班牙人的扩张计划；全面禁止与穆斯林的往来；完全忽视了非洲和亚洲的所有当地民众。卡达莫斯托和他的伙伴拥有处理事务的全部权力，他们从萨格里什扬帆起航。

9

基督教徒与香料

我们并不是一伙江洋大盗，

偷袭一路经过的弱小城市，

为贪婪地掠夺他人的财富，

用火与剑屠戮无辜的平民。

受一位尊贵的国王的派遣，

我们从骄傲的欧罗巴出发，

远航万里去寻找一片沃土，

那辽阔富饶而遥远的印度。①

——路易斯·德·卡蒙斯，《卢济塔尼亚人之歌》

（ *Os Lusiadas* ）¹

探索非洲似乎与香料之路的故事没有太大关系。自斯特拉波和老普林尼的时代以来，从未有人将非洲视为香料的原产地；15世纪50年代授予葡萄牙垄断权的教皇诏书中也未提及香料；除了说到亨利王子会用香料作为部分奖赏，卡达莫斯托没有再提及香

---

① 《卢济塔尼亚人之歌》，路易斯·德·卡蒙斯著，张维民译，四川文艺出版社，2020年1月。——编者注

料。当时，环行非洲尚且是一个令人生疑的提议，更不用说前往香料之地了。教皇诏书中提到了"印度人"，探险者要在其中寻找祭司王约翰的基督徒，他们可能是指非洲的埃塞俄比亚人，也可能是在亚洲的任何一个人。再过四分之一个世纪，印度洋才日益突显出其重要性，葡萄牙人才将香料贸易列入他们的扩张计划，成为他们的现实目标。然而，就像开胃菜一样，香料，实际上是胡椒——所有烹饪调味品中交易最广泛的——就藏身在西非转角。

卡达莫斯托没能找到这种香料。但他在 1455 年和 1456 年的两次航海日志中传达了非洲景象带来的极其惊喜之情，这两次航行是达·伽马时代之前葡萄牙进行的几十次非洲探险航行中少有的有连贯航海记录的。卡达莫斯托曾安全返回家乡威尼斯，也许那时他松了一口气，感觉从保密的束缚中解脱出来，因为葡萄牙人拒绝向竞争对手透露他们发现的任何有价值的信息。当然，他开明地看待非洲的自然历史及其民众，不像十字军那样，但这无助于地理知识的快速发展。在两年的时间里，他只记录了一次让非洲人皈依基督教的尝试（以失败告终）；除了发现佛得角群岛（这是有争议的），没有其他新的发现；最远抵达几内亚比绍。

他将大部分时间花在了探索塞内加尔河和冈比亚河上。在塞内加尔河流域，一位叫作"布多迈尔"的首领招待了他。尽管这位首领是穆斯林，二者却相谈甚欢。这名首领在每一个村庄都有一位妻子，甚至在还没见到卡达莫斯托之前，就给他安排了"一位年轻漂亮的女黑人"。"他把她给我，伺候我的起居。"她只有 12 岁，但当时在那里 12 岁已经可以结婚，而 23 岁的卡达莫斯托算是很老了，几乎可以当祖父，"我接受了她，并把她送到船上"。[2]

当时，卡达莫斯托船上有7匹被阉割过的公马，他以每匹43达克特的价格购得，他卖掉了这7匹马，买了100名奴隶。这笔交易还算划算，因为当时1匹马可以换得14名年龄、性别都合意的奴隶。将这些奴隶运回里斯本，在自由市场售卖，每个人可以卖得10至20达克特。据估计，15世纪下半叶，葡萄牙获得了"约15万"非洲奴隶。[3] 大多数奴隶是购买的，不像15世纪上半叶，大多数都是直接抢夺而来。正常交易比强取豪夺好，因为这样大大降低了商品，即奴隶受伤的风险，这令诸如布多迈尔等当地首领感到满意。基督教徒的良知非但没有受到困扰，他们反而为15万灵魂脱离了苦难，得到了救赎而欢欣鼓舞。所有这些奴隶将接受基督教的洗礼，若昂·德·巴洛斯可以骄傲地在报告中写道："人类被运送至此（里斯本），更多的是为了救赎，而非奴役。"[4]

塞内加尔北部毗邻毛里塔尼亚，卡达莫斯托从沙漠边上的塞内加尔河出发，和一位热那亚同伴一起向南航行，这位热那亚同伴也效命于亨利王子。他们前往冈比亚河，希望能发现黄金，因为据说那里富含黄金。威尼斯人卡达莫斯托在经过一座岬角时兴奋地说道："我从未见过比这更美丽的海岸。"现今，达喀尔的林荫大道穿过这座岬角，凉风习习。这座岬角被命名为佛得角；"高大的绿色行道树"一直延伸至海岸线。刚刚进入冈比亚河，大象就赫然出现在眼前。人一走近，它们就会缓步走开，但在此之前，卡达莫斯托已观察得足够多了，可以澄清动物学记录。

我必须解释一下，大象是有膝盖的，它们走路时膝盖会弯曲。我特意说明这件事，是因为之前到访这个地区的人说

> 大象不能躺下，只能站着睡觉。这是一个巨大的谎言……它们的鼻子长在下颌（上颌？），可以随意变长或缩短。它们通过鼻子吸取食物和水，然后放入嘴中，它们的嘴长在胸部……就像一个很长的鼻子。[5]

河口宽达一英里多的冈比亚河，很快就变窄了。他们第一次到达冈比亚河时，当地人向他们发射密集的毒箭。1456年再次抵达时，探险者的处境好多了，他们顺风迅速驶离河口数英亩纵横交错的红树林，一口气向上游航行了60英里（约100千米）。他们获得了一些奴隶和黄金，但数量不多。卡达莫斯托在那里第一次遇到了鳄鱼，也就是他所谓的"河马"（pesse cavallo）。令人费解的是，他的英语译者将这两个意大利语单词翻译为"river-horse"，而英语中更常用"hippopotamus"表示河马。卡达莫斯托写道："它跟母牛差不多大，四肢短小，裂足，它的头像马头，有两根如同野猪那样的大长牙。"[6] 这番精确的描述令人钦佩，但不知何故，反而令曼德维尔笔下的怪人和怪兽显得更加可信。科学可以证实荒谬之事，也可以否定荒谬之事；对于所有人来说，现代自称无所不知的人除外，中世纪讲故事的人和文艺复兴时期的经验论者之间的差别不大。印刷技术的发展使得曼德维尔的作品拥有了更广泛的读者，波罗之名也变得广为人知，但最广为流传的是他作品中的夸张故事，而非真实观察。伊本·白图泰和德·孔蒂则鲜有人耳闻。

卡达莫斯托继续写道，河马从水中出来时，"像四足动物一样到处走动"；河马"从来没有出现在我们基督徒航行经过的其他任何地方（只有在尼罗河里意外遇到）"。对于一个认为冈比亚河可能就是尼罗河或是尼罗河支流的人来说，这种例外情况非常值得一提。总之，荒谬离奇的河马看起来是一个极好的兆头；冈比亚河上游可能是真正的尼罗河的发源地，那里聚集着数量丰富的河马，还可能是"上"埃塞俄比亚、祭司王约翰的基督教王国、伊斯兰世界未设防的一侧，从那里短途跋涉就能通向红海和印度洋。

但冈比亚河不适合卡拉维尔帆船航行，卡达莫斯托和热那亚同伴只好返回海岸。他们向南行驶至一座红色的悬崖（Cape Rosso），这座红崖现在是塞内加尔的卡萨芒斯和几内亚比绍之间的边界。他们白天航行，晚上抛锚停船，由于翻译没有一个能听懂当地语言，他们上岸之后几乎没有任何收获，最终返回了热巴河口。从现今比绍市所处的位置出发，"无论航行到哪里，我们都是向基督教世界前行，如果能使上帝感到满意，上帝就会怜悯我们，保佑我们安全抵达港口"。

卡达莫斯托再也没有向南航行，但是他在葡萄牙又待了六年之久。1460年，亨利王子去世时，他在葡萄牙；在胡椒的报道得到证实之前或之后不久，他仍在葡萄牙。第一个消息来自迪奥戈·戈麦斯。戈麦斯在塞内加尔河沿岸交易时，获得了"一夸脱天堂谷，我对此感到非常高兴"。[7] 约1462年，在探索塞拉利昂海岸的过程中，佩德罗·德·辛特拉可能是第一个真正抵达这个胡椒生产国的人。

文字资料几乎没有透露什么信息，对胡椒就像对葡萄牙的整个探索过程一样守口如瓶，但地图提供了一条线索。不同寻常的是，西非朝南的海岸开始以其可交易的商品来划分；毕竟，与通常决定新土地命名的当地习俗、历史和地理等因素相比，这些商品更能引起葡萄牙探险家的注意。所以，大致从几内亚比绍开始，海岸由西向东依次被命名为"谷物海岸""黄金海岸"和"象牙海岸"。紧随其后的是"奴隶海岸",尽管这个词几乎可以合理地适用于——也确实是——以上所有地区。

象牙海岸现今叫作科特迪瓦,此名在法语里的意思就是"象牙海岸";黄金海岸如今成了加纳,但是用"谷物海岸"表示经济落后、谷物匮乏的国家,比如塞拉利昂和利比里亚,似乎非常不恰当。事实上,这里说的不是谷物,而是指有时会从撒哈拉和北非进口至欧洲的一种草本植物,威尼斯人和热那亚人称之为"天堂谷",在拉丁语中写作"*amomum meliguetta*",在西班牙语和英语中写作"malaguetta"或"melegueta"。这种植物的蒴果中会结出"带尾巴的"谷种,谷种的味道类似胡椒,可作为调味品。它的名字中带有"天堂"二字,足以说明它的稀有与珍贵,从事天堂谷贸易获利颇丰。1470年,葡萄牙王室宣布对天堂谷和宝石、"独角兽"(或犀牛角)具有垄断权。一些天堂谷被运往意大利,一些被运往佛兰德斯的香料市场。

然而,天堂谷的热潮突然就终结了。巴洛斯说,印度的黑胡椒"更受追捧"。[8] 1450—1475年,黑胡椒价格便宜,货量充足。威尼斯与黎凡特和埃及之间的贸易显著复苏。巴尔斯拜苏丹离世,他对埃及经济的管控也随之结束;随着奥斯曼帝国的征服,包括君士坦丁堡之围造成的恐慌逐渐平息,威尼斯与亚历山大港之间的贸易逐渐得以恢复。到15世纪80年代,每篮胡椒在威尼斯的售价从15世纪30年代的120达克特降到了70达克特。天堂谷在供应量、价格或刺激程度上都无法与胡椒相竞争。到15世纪末,天堂谷只能被称为"几内亚谷物"了,成了偶尔进口的压舱物。当达·伽马带回第一批马拉巴尔胡椒后,天堂谷彻底变成了可有可无的商品。16世纪，只有布列塔尼的无执照营业者还在从事天堂谷贸易。

为了加速推进非洲海岸的探索进程，1469年，葡萄牙王室想出了一个主意——依据进展颁发特许状。费尔南·戈麦斯与葡萄牙王室签订协议，他将每年探索100里格海岸线，为获得这项专有特权，他需每年缴纳一定的费用。这项政策施行了六年，在此期间，葡萄牙沿黄金海岸和象牙海岸的探索推进至现今的尼日利亚、喀麦隆和刚果。这些地方的海岸线再次转向南方，这一点想必使葡萄牙人感到惊愕。但刚果河由于仍有可能汇入尼罗河，对于他们来说算是一种补偿；以戈麦斯手下一个指挥官的名字命名的费尔南多波岛，位于非洲极其炎热的地区，也使他们重新燃起希望。

随后，葡萄牙人再次在北非与摩尔人对抗，并且卷入了卡斯蒂利亚王国的纠纷，以致葡萄牙在非洲的探索事业停滞了七年。1479年，《阿尔卡索瓦斯条约》解决了葡萄牙与西班牙的争端，为之后西葡两国签订《托尔德西里亚斯条约》瓜分殖民世界奠定了基础。探索热潮再次来袭。1481—1482年，葡萄牙在黄金海岸的埃尔米纳建立了一座设防商行和前沿基地。埃尔米纳出产金末，因此这样得名（mina或者mine，意为矿藏）；巴尔托洛梅乌·迪亚士和克里斯托弗·哥伦布随同一批探险家前往埃尔米纳寻找黄金，在那次航行中获得了宝贵的航海经验。

据说哥伦布与卡达莫斯托一样，出生于热那亚，他在前往北海的途中受困于葡萄牙。哥伦布的目的地原本是伦敦，当他选择在里斯本获得晋升和财富的机会时，英国遭受巨大损失，葡萄牙则受益匪浅。哥伦布人脉广、学识渊博且意志坚定。1483年，他从黄金海岸返回葡萄牙，立即开始游说葡萄牙人支持他前往印度。唯一的新奇之处在于，他打算向西航行去往印度。

这个想法并不新鲜。托勒密估算的地球周长比实际小，并且他与波罗都夸大了中国和日本之间的距离，这些因素使得哥伦布以为自己可以航行至日本。他以为环绕日本的海洋仍是大西洋；向西航行，但不要像葡萄牙人那么偏南，他一定可以抵达那座传说中的岛屿。如果错过了日本，他还有很大的机会在"东方的秦海"看见波罗所说的7459座岛中的另一座；从那里继续前行，应该就可以看到中国、爪哇岛或印度。对于这条路线，哥伦布非常自信，事实上，也许多少会有一点怀疑；但葡萄牙坚持一心探索非洲路线，拒绝支持他。

1488年，哥伦布再次尝试获得葡萄牙的支持，但葡萄牙更加决绝地拒绝了他。那时，由于巴尔托洛梅乌·迪亚士的远航，葡萄牙协同安排的一系列非洲探险航行正发展至高潮阶段。迪亚士是葡萄牙人，当时已经是一位著名的航海家了。1487年，他率领三艘船，沿现今纳米比亚的海岸航行，之后被一场暴风吹到了大海深处。他的船队熬过最糟糕的时刻，试图返回非洲海岸，却怎么也找不到海岸了。非洲大陆好像就此消失了。他们向北航行，终于看到了陆地，但那里的景象与他们期望的并不一样。那里的气候更加寒冷；他们听不懂，也不会说当地语言；海岸线不再是向南偏东，而是明显变成了向东偏北延伸。迪亚士正处于莫塞尔湾附近，即后来的开普敦和伊丽莎白港之间的中间海域。继续向前行驶一小段，海岸线依然朝向北方，这一趋势得到了证实；在过去一周的海浪起伏中，迪亚士的船队不知不觉从大西洋的某一处进入了印度洋。

葡萄牙用了数十年的时间竭力寻找非洲最南端的海岬，最终却毫无所觉地绕过了它。迪亚士返航回国，为了弥补没有发现最南端海岬的遗憾，他特地停留了一段时间，以期有所新发现，最后发现了桌湾。1488年，迪亚士带着这个好消息抵达里斯本。虽然这项新成就的重要性明显受到了赞扬，但史料中似乎没有记载为此次航行举办的任何欢庆活动。他们再往前航行一段距离，就能发现印度满是商机的海岸，所谓的基督徒和丰富的香料，这些几乎唾手可得。航路已经开辟，舞台也搭建起来，但葡萄牙还需耗费另一个10年，精心准备，才能迎来自己的盛大入场。在此期间，继塞内加尔河和冈比亚河之后，葡萄牙人排除了刚果（扎伊尔）河汇入尼罗河的可能性；在被葡萄牙国王若昂二世拒绝后，克里斯托弗·哥伦布终于赢得了卡斯蒂利亚女王伊莎贝拉的支持。

在葡萄牙的远航探险过程中，这段漫长的停滞期，以及之前的数次中断，再加上航行次数无法确定，文字记录粗略，激起了人们对那些未记录的航行的猜测，就像郑和的远洋航行那样。与中国人一样，葡萄牙人也会在所到之地留下标记，以示纪念。他们会在附近的树上刻下自己的名字和到达日期，后来则是竖立石碑或石柱。德·巴洛斯提到了赤道以南的一座无人小岛，在那里一棵树的树皮上刻有葡萄牙文，时间可以追溯至1438年；根据他给出的位置，这座小岛应该是阿森松岛。安东尼奥·加尔瓦诺也提到了这个故事，并补充说，"人们发现了一些自大洪水时代以来尚未知晓的地方、国家和岛屿"。[9] 1500年，卡布拉尔发现了巴西，这本身就是向东航行时发生的偶然事件。所以，15世纪的葡萄牙航海家知道的事情比记载的要多，这并非不可能。在1492年哥伦布向西航行之前，他们很可能偶然发现了南美海岸的某个地区。哥伦布本人可能已经意识到了这一点，并因此受到鼓舞。

为什么葡萄牙人在利用迪亚士发现的环好望角路线方面的步伐如此缓慢，原因还不得而知。环好望角路线开辟后又过了很长时间，才被寄予厚望。1487年，也就是迪亚士起程的那一年，若昂二世派出两名人员从陆路向东探索。他们此行的目的是为了获取最新情报，包括了解印度的贸易状况和试探祭司王约翰的基督徒性情。其中一名人员在出发后不久就去世了；另一名人员（佩罗·德·科维良）从霍尔木兹抵达印度，之后返回开罗。在开罗期间，他向葡萄牙写信，信中确认了卡利卡特具有香料货源，印度和索法拉之间的"几内亚海"适合航行。他所说的索法拉是非洲沿海的一个地方，位于现今的莫桑比克。

这本应是一个振奋人心的消息。事实上，索法拉距离迪亚士的返程之地不到500英里（约800千米）。但我们不知道当时索法拉的纬度是否已经确定，德·科维良的信件和好消息是否曾送达里斯本。德·科维良认为自己的信件已经送达里斯本，于是转而前往埃塞俄比亚去完成他的任务。他在埃塞俄比亚发现了一位国王和许多基督徒。他以为，这位国王就是祭司王约翰。当地人以为，他是失散已久的姐妹教会的特使，热情欢迎他的到来。不过，从后来的报告可见，这些人随后将他扣留在当地。更有可能的是，他们引诱他留了下来，因为他后来结了婚，在一座地势绵延起伏的埃塞俄比亚庄园定居下来，生养了许多孩子，在那里幸福地生活了30年。

也许若昂二世一直在等待科维良的信，因此才推迟了下一次航行的时间；也许他在等待有关祭司王约翰的消息，当然可能根本没有人向他发送这个消息。在漫长的等待中——如果他真的在等待的话——他的身体每况愈下。经历了长时间的病痛后，1495年，若昂二世逝世，他糟糕的身体状况可能进一步导致了探险计划的延迟。

至于其他可能导致探险计划推迟的原因，也许可以从哥伦布代表卡斯蒂利亚女王伊莎贝拉进行的远航所引发的复杂问题中找到答案。1492—1493年，他进行了第一次航行，返程后，他非常确信自己发现的大陆从属于日本。因此，大家一致以为，中国和香料群岛一定也位于不远处；如果是这样，绕行非洲最南端海岬航线的经济可行性立马受到了质疑。如果向西孤独地航行数周就能打开基督教徒在东方贸易的大门，迪亚士环行非洲的路线看起来着实有些浪费时间。此外，如果向西航行，或许还可以避免与伊斯兰世界争夺香料路线的控制权。如果哥伦布能开辟出这条跨大西洋的新航线，那么印度的出口商品运输和地中海地区的进口商品运输，均会选择这条更为经济的路线，而伊斯兰在印度洋的贸易注定会陷入困境。这一系列考虑，以及对葡萄牙远航计划巨大开销的担忧，可能严重影响了向葡萄牙新任国王曼努埃尔提建议的委员会的决定；据说，该委员会也反对达·伽马出海探险，"大多数人认为，他不可能发现印度"。[10]

而国王则有充分的理由相信，他们可以发现印度。碰巧，哥伦布航行的船只在返程时遭遇了暴风雨，过后竟然漂到了里斯本。这一巧合，以及哥伦布带回的令人震惊的消息，导致葡萄牙人立即宣布，印度是他们的领地。他们这样做是基于《阿尔卡索瓦斯条约》，该条约规定，"加那利群岛以南至几内亚"的领土全部归葡萄牙王室所有，无论是已经发现的领土，还是尚未发现的领土。作为回报，加那利群岛归卡斯蒂利亚所属。但是，这份条约没能预见向西航行的其他发现，这是可以理解的；哥伦布带回来的加勒比"印度人"，显然不是"几内亚的"非洲人；卡斯蒂利亚王国的女王伊莎贝拉及其丈夫，即阿拉贡王国的国王斐迪南，竭力反对葡萄牙在此事中获取的任何利益。随后，双方进行了许多激烈的外交活动，直到西班牙向罗马教皇求助。教皇是此类事务公认的仲裁人。教皇是《阿尔卡索瓦斯条约》的担保人，显然也是解释这份条约的人；而当时在任的教皇恰好是西班牙人。因此，卡斯蒂利亚对于哥伦布发现的领土主张在一系列教皇诏书中得到了支持。

然而，葡萄牙对此不满，威胁要发起敌对行动，捍卫自己的主张，西葡两国仍需进一步达成一致意见。1494年，双方签订了《托尔德西里亚斯条约》，才避免交战，达成和解。《托尔德西里亚斯条约》将世界一分为二，双方各控制一半世界，包括所属世界中的土地、海洋、可交易的商品和可皈依基督教的人。这就好比用一把锋利的刀将一个苹果切成两半。这一刀沿佛得角群岛以西370里格的子午线垂直切下，分界线以东的所有领土、贸易和宗教主权归葡萄牙所有，分界线以西的所有主权归卡斯蒂利亚所有（卡斯蒂利亚王国已与阿拉贡王国、莱昂王国合并，实际上即为西班牙）。将这条分界线定位在大西洋中部，应该是为了使两国所在的地界之间是清澈的海域，尽量避免纷争，但当南美洲跨越了这条线时，它未能做到这一点，因此将后来巴西的一大部分留在了葡萄牙一侧。当时，葡萄牙人是否意识到了这一点，就不得而知了。1506年，又一份教皇诏书最终承认了《托尔德西里亚斯条约》的划分。

《托尔德西里亚斯条约》解决了西葡两国的争端，两国重新开始探索世界。为绕行好望角，葡萄牙建造大型船只，砍伐木材，安装龙骨，小心谨慎，做好充分准备。另一方面，哥伦布已经再次扬帆远航，他此次航行的目标是全面搜寻加勒比的丝绸和香料，以证明那里是亚洲无可争辩的一部分。

但他没能带回丝绸，只带回了无法辨认的香料，西班牙探险航行的热情大幅下降。但葡萄牙受到鼓舞，加速推进探险远航的准备工作。印度不可能一直不被发现，他们寻找印度的信念比任何时候都更加坚定。1497 年 7 月 8 日，国王曼努埃尔在塔古斯河河口送别达·伽马舰队。此前，在附近的贝伦圣母院，众人参加了一场弥撒，并举行了守夜祈祷仪式。在那里，即将去往海外探险的基督教英雄们在蜡烛、烛台的簇拥下，在阵阵祷告声中列队走向他们的船只。"一大群人涌了过来……走向船只。不只有神父和修士，还有熙熙攘攘的人群含泪大声向上帝祷告，希望这场危险的航行可以取得成功，希望他们所有人可以完成任务，安全返航。"[11]

四艘船起锚，扬帆起航，慢慢驶离河岸，国王注目远望着大海的方向，"直到他们消失在视线中，他才乘船离开"。15 世纪，这样的场景一再上演，16 世纪，这样的场景更是不计其数，不乏悲壮之处。几乎可以肯定，国王没有出席 1497 年的那场送别，这一点其实也不算什么。现在回想起来，那个场合非常重要，人们有理由操纵其中的细节。出席这种场合更多的是源于信仰，满怀希望的人高声唱起赞美歌，悲观的人双手合十向上帝祷告。曼努埃尔统治时期的主教兼历史学家奥索里奥则比较现实，"那么多人一起恸哭，看起来像是在举行一场葬礼"。

一周后，达·伽马的船队停靠加那利群岛；当月月底，他们抵达佛得角群岛；他们的船只因浓雾而分离，之后在万里无云的蓝天下得以重聚成船队。"我们多次鸣炮，吹响号角，表达喜悦之情。"这是进入南大西洋的漫长航程之前的最后一个登陆点，他们带上了肉、木头和水，并"对帆桁进行了亟须的维修"。

8月3日，他们驶离了佛得角群岛，直到11月4日才再次看到陆地。这段长达93天的航行，成了史料记载中时间最长的一次远洋航行（哥伦布从加那利群岛行驶至巴哈马群岛，仅有36天没有看见陆地），从航海的视角来看，也是整个探险过程中取得的最卓越的成就。达·伽马舰队没有沿着绵延不断的非洲海岸航行，而是向西环绕大西洋的赤道无风带航行了一大圈，近乎快要到达特里斯坦-达库尼亚群岛，然后凭借从西边吹来的信风和南部海域的洋流前往非洲南部。无论是巧合还是有意为之，他们开辟的好望角航线最大程度地利用了海风，有效规避了昼夜航行中的重重阻碍。自那之后，它将成为所有远航的标准路线。

在这段航程的末尾，他们驶入了一片地势低洼、宽阔但杳无人烟的海湾。据记载，他们的船只"靠在一起"，"我们换上盛装，鸣炮向船长致敬，并用旗帜装饰船只"。[12]

与《厄立特里亚海航行记》一样，达·伽马史诗般远航的唯一一份第一手资料没有任何文学修饰，也没有署名。尽管学术界尽了最大努力，但令人恼火的是，仍没能获悉这份资料的作者是谁。距离当代更近一些的著名作家，包括葡萄牙民族诗人路易斯·德·卡蒙斯，会对此做出出色的弥补。他们令人眼花缭乱的叙述，介绍了一些值得注意的事件，并且补充了许多细节。虽然这些细节不一定是凭空捏造的，但还是出现了不一致的情况，而且对于迄今为止这场最为冒险的航行细节，各方显然缺乏任何共识。一位美国学者说，人们对于此次航行的疑问主要围绕"航行是何时开始计划的，为何达·伽马被选为指挥官，船只是何时建造的，每艘船只的名称是什么，是什么类型的船，船员有多少，航程中有多少人死去"，除此之外，还有其他很多问题。[13]

达·伽马被认为具有杰出的航海技能，因为只有具备这样素质的人，才会被选为舰队指挥官。事实上，他仰仗更有经验的航海家的帮助，其中包括一名曾与迪亚士同行的航海家。作为三兄弟中最小的一个，达·伽马出身平凡，之前一直依附于王室。在他被任命为舰队指挥官之前，人们对他知之甚少。达·伽马率领四艘船出海探险。有说是三艘，大概是没有将那艘不起眼的补给船计入在内。其中一艘为卡拉维尔帆船，由尼科洛·科埃略统领；另两艘为卡拉克帆船，由达·伽马和他的兄弟保罗统领，它们的船型更大，挂横帆（后桅也可能挂有大三角帆），专门为此次航行建造。卡拉克帆船的吨位约为100吨至200吨，由于无法确定此次远航的时长，人们认为有必要运载充足的补给物资和船员（四艘船上大约共有118人至260人），这样一来，用来载货的空间有限。他们的船只全副武装。船上的"大炮"是迫击炮，而不是弩炮，可发射石头和铁制的葡萄弹、炮弹。舰队的匿名记录员记载了他们在莫塞尔湾的一个小岛上进行的"娱乐活动"。"如熊一般大小的"海豹和海象从它们栖身的石头上被炸飞；行进中的企鹅像保龄球一样被击倒，"我们想杀多少就杀多少"。[14]

航行许久之后，他们终于在非洲南部海岸的圣赫勒拿湾登陆，那里位于好望角以北150英里（约250千米）。他们在那里停留了一个星期，有充足的时间修补船只，装载木材和淡水，以及对抗当地居民。此次航行的第一次冲突发生在非洲的一个海滩上，达·伽马本人也是被飞来的长矛打伤的几人之一；相关记录没有显示，有多少非洲人被葡萄弹击中。1497年11月22日，他们第三次尝试绕行好望角。莫塞尔湾的人友好地接待了他们。那艘补给船看起来没有太大价值了，他们在那里销毁了补给船，购买了牲畜，还杀死了大量野生动物。

圣诞节来临，他们来到了一片海岸，并将之正式命名为"纳塔尔"。没过多久，他们停靠洛伦索马克斯（马普托），宣布该地区为"好人之地"（Land of Good People）。之后，他们到达"好兆头之河"（River of Good Omens）。那里的人胆子非常大，一些商人以一种从未见过的冷淡态度检查了他们的货物。其中一名商人似乎声称，他之前就见过跟他们的船一样大的船只。很明显，他们正在接近更加文明的地区。他们彻底整修了船只，在那里停留了一个月，逐渐从坏血病中恢复过来。与厄加勒斯洋流相争太过危险，以至于后来许多航海家选择从马达加斯加以东的海域航行。达·伽马也选择了这条路线，由此错过了佩罗·德·科维良提到的索法拉港，之后他们在一座近海岛屿登陆。抵达更加文明的地区是他们推进航程的标志，他们无须再命名这些区域，因为它们已经有名字了。

莫桑比克的景象远远超过了他们的预期。当地人驾船来迎接他们；当地首领穿戴的不是阴茎护套或兽皮，而是上等亚麻或棉布长袍。基督教徒遇到傲慢的苏丹，耳边传来流利的阿拉伯语，身处"摩尔人"之中时，很难露出喜悦之情。而这一次，达·伽马等人却异常欣喜。

他们是商人，与白皮肤的摩尔人有贸易往来。当时港口停留了四艘摩尔船，船上满载黄金、白银、丁香、胡椒、姜和银戒指……这个国家的人需要这些东西。他们说，所有这些东西……在我们即将要去的地方极其丰富，宝石、珍珠和香料都很多，根本无须购买，可以用篮子收集……海岸边有许多城市……祭司王约翰的王国离此地不远了……这些消息，以及听来的其他许多消息，都使我们非常开心。我们喜极而泣，向上帝祷告，希望上帝赐予我们健康的身体，这样我们也许可以活着看到那些梦寐以求的东西。[15]

达·伽马等人也感到了一丝不安，因为当地人对各种帽子、水盆和珊瑚制品不屑一顾，而他们原准备用这些东西取悦印度洋权贵。而且，他们还听说前方的海岸布满暗礁。达·伽马准备的礼物不适合此地，这种疏忽源于基督教徒的自负、葡萄牙的经济拮据和西非贸易的朴素传统，这些将使他们长期处于危险之中，差一点导致致命的灾难，但是航海经验的不足可以通过当地领航员的指引来弥补。本来会有两个领航员来协助他们，但只来了一个，为了追回另一个人，达·伽马再次开火放炮，由此打响了一场持久战。当地人这才发现，达·伽马一行并不是来自伊斯兰偏远西部前哨的穆斯林兄弟，而是来自令人憎恶的基督教国家、不请自来的异教徒；不能指望这些人与他们友好相处。果然，达·伽马用一系列"炮击"证实了他们的猜测；达·伽马率领船队猛轰当地船只和城镇。"我们连续轰炸了三个小时，看到两个人被射死，"匿名记录员写道，"感到疲倦时，我们就回到船上去吃饭。"

达·伽马终于暴露了本性。他们抵达的下一个地点被命名为

"挨鞭者之岛"，之所以如此命名，是为了纪念他们的穆斯林领航员。被纪念的领航员不是最开始协助他们的那一位；他们随意折磨最先那位领航员，逼迫他找到莫桑比克的黄金，最后他"被大炮射死，以示惩戒"。[16] 之后，他们又找来两位领航员，其中一位故意说这座岛屿是大陆，因此"在此地遭受了一顿狠狠的鞭打"。

下一个停靠点是蒙巴萨，在那里领航员引发了不少麻烦。葡萄牙人执着于寻找祭司王约翰，并与之联手的想法，他们天真地以为所有非穆斯林都是基督徒，当然除了野蛮人。这是一种错觉，但即使近距离接触了印度宗教的多样性之后，他们也没能消除这种错觉。这致使他们在看到领航员的报告后，以为蒙巴萨存在一个相当大的异教徒团体——实际上是印度教徒商人——以此作为他们信奉同一宗教的证据。所以，交换人质后，他们非常自信地前往港口。

在入港口附近，旗舰发生了一场小型碰撞事故，他们不得不停下来。此时，出乎他们意料的是，船上的穆斯林人质竟然成功逃脱了。他们怀疑有人叛变，这一点最终得到了痛苦的证实。"将滚烫的油浇在他们的皮肤上"，两个没能成功逃脱的穆斯林在他们的逼问下松口了，说蒙巴萨想要报他们炮轰莫桑比克之仇。他们继续"严刑逼供"，但是没能套出其他消息，反而导致这两人自杀了，其中一个可怜的告密者跳下了船，他烧焦的双手还紧紧绑在一起，"另一个在清晨也跳入了海中"。他们可以击退蒙巴萨的报复性袭击，但这座城市离得太远，超出了有效射程，这令他们感到失望。1498年，在耶稣受难日，他们起航远去，没有人受伤，但也没有了领航员。"我主不会让这些狗东西的伎俩得逞的。"

复活节那天，他们到达了邻近的马林迪，那里被粉刷成白色的棕榈树环绕。为庆祝耶稣复活，他们劫持了一船当天结束旅程的无辜游客充当中间人，然后换回一名领航员。其实，他们没有必要这样做。马林迪与蒙巴萨是宿敌，因此前者欢迎任何可能成为他们盟友的人。马林迪的国王知道葡萄牙人的意图后，热情地派船迎接他们，船上载有六只羊和"大量丁香、小茴香、姜、肉豆蔻核仁和胡椒"。国王甚至亲自走出弥漫着辛辣气味的都城去接见他们，双方都派出人员进行了互访，出于感谢，葡萄牙人释放了人质。马林迪没有表现出蒙巴萨和莫桑比克那样的宗教狂热。马林迪的"基督教徒"尽管是印度人，事实上，几乎可以确定这些印度人信奉印度教，但他们对一幅圣母和圣婴像表现出了极大的敬意，这赢得了葡萄牙人的信任。更合葡萄牙人心意的是，一些印度人在仪式上鸣枪致敬时大声呼喊，前者以为后者喊的是"基督，基督"（Christ，Christ），但他们喊的很可能是"发射，发射"（Fire，Fire），这听起来更可信。

庆贺活动持续了九天，这时海上吹来了轻柔的风，期待的涨潮也来了，葡萄牙的探险队踏上了最后一段横跨印度洋的航程。瓦斯科·达·伽马没有在非洲如愿获得自己想要的东西。他行事残暴，甚至称得上魔鬼行径，连他的兄弟保罗都觉得非常难堪，这也形成了一个不祥的先例。葡萄牙人缺少其印度洋竞争对手的财富与资源，只能借助武力争夺贸易与利益。但至少马林迪已成为他们的盟友，此后可以作为他们的安全避风港。最终，他们还在马林迪找到了一名值得信任的领航员。

随船航行的记录员将这名领航员描述成"基督教徒"，所以他很有可能是印度教徒。同时代的其他资料认定他是古吉拉特穆斯林，但没有资料说他是阿拉伯人。因此，认为这位领航员是艾哈迈德·伊本·马吉德的传统观点似乎并不可信。艾哈迈德·伊本·马吉德是阿拉伯最伟大的航海家，也是《关于航海首要原则和规则的有用知识手册》（*Book of Profitable Things Concerning the First Principles and Rules of Navigation*）一书的作者。伊本·马吉德确实是那个时代的人，但他应该不会受雇于人，任人使唤。这样一位杰出的航海家应该也不会在东非港口游荡，等待救援船的出现。提出这个错误观点的人是另一位阿拉伯作家，而他显然与伊本·马吉德有过节。他谴责伊本·马吉德将异教徒带入归属于伊斯兰世界保护的印度洋，谴责他被异教徒的烈酒所诱惑，犯下滔天大罪。用伊本·马吉德著作英译本译者的话说，这肯定是"出于恶意的诽谤"，完全配不上后来人们给予这一观点的广泛信任。[17]

不管这位领航员是谁，他肯定深谙伊本·马吉德著述中涉及的阿拉伯航海技术和天文知识，并背信弃义，向葡萄牙人传授了这些知识。根据他的指引，达·伽马舰队"从马林迪直接驶向外海"，从而避免了在非洲海岸发生海难的危险，并确保在最恶劣的季风来临之前，先行抵达马拉巴尔海岸的港口。这段跨洋航行只用了三个星期；他们看到的第一块印度大陆是西高止山脉，位于卡利卡特以北仅20英里（约30千米）的地方。5月20日，他们停靠卡波卡特，距离卡利卡特只有10英里（约15千米）。至此，他们从里斯本出发，已经航行了316天。

由于不确定他们是否受欢迎，达·伽马派了"我们的一个囚犯"上岸。（他们带着重罪犯和异端分子前行，正是用来应对这种可能发生危险的情况，他们可以任意处置这些人。）这名男子虽然是有记录以来第一个没有途经中东地区而踏上印度土地的欧洲人，但令人遗憾的是，他姓甚名谁仍然不得而知。达·伽马命令他前往两名突尼斯商人的住所，这两名突尼斯商人正好居住于此，并通晓西班牙语和意大利语。他从商人处得到的第一句问候是："愿魔鬼将你带走！是谁把你带到这里的？"然后，他们问他大老远到达此地是为了什么，他告诉他们，他是来此寻找基督教徒和香料的。[18]

这句话准确概括了葡萄牙人此行的目的，达·伽马估计也想不出更好的说法了。在接下来的几周里，这名男子多次往返于舰队和城市之间，收集了足够多的有关基督教徒和香料的消息。于是，葡萄牙人毫不犹豫地走进一间他们以为是教堂的地方做祷告，在一座女神像前双膝跪地。事实上，他们走进的是一座印度教寺庙，那位女神有可能是天花女神马里安曼。"墙上还画有许多其他圣人，有些戴着王冠，"记录员写道，"他们形态各异，嘴里露出一英寸长的牙齿，长着四五只胳膊。"

至于卡利卡特的国王，或称扎莫林（卡利卡特统治者的头衔为"Samudri-raja"，意为统治大海和山川的人，它的阿拉伯语是扎莫林），葡萄牙人也认为他是"基督教徒"，尽管他是最不正统的。但遗憾的是，扎莫林并无贸易掌控权，卡利卡特的贸易全部控制在穆斯林商人手中。那个匿名记录员写道，这些商人"严重误会了我们"。

> 他们告诉国王，我们是窃贼，一旦我们抵达他的国家，麦加、坎贝、霍尔木兹和其他地方的船就不会再来拜访他。他们甚至还说，他跟我们交易不会获得任何利益，因为我们没有什么可以进献的，只会直接将东西拿走，他的国家也会因此被摧毁。[19]

　　葡萄牙确实拿不出什么像样的礼物，这是上述所有过于尖刻的预测背后的原因。一开始，双方均以礼相待。葡萄牙的舰船破烂不堪，为了显得不那么寒酸，达·伽马的兄弟编造了一个故事：他们原本跟随葡萄牙大型舰队航行，舰队载有大量珍贵的礼物，但他们不幸在途中掉队了。他们把葡萄牙形容得天花乱坠，使扎莫林以为葡萄牙是最强大的基督教王国。但一天天过去，没有出现更多的船只来跟他们会合，达·伽马只能拿出一些穷酸的红帽子和铜盆，双方的关系逐渐冷却。

　　扎莫林期待的本是乘坐高大船只而来的白皮肤外国人，因为有充分的证据表明，他们从未忘怀郑和船队的慷慨。居住在里斯本的佛罗伦萨商人吉罗拉莫·塞尔尼吉曾与达·伽马舰队的第一批返程海员交谈过，他说卡利卡特仍缅怀那些白皮肤、没有胡子的"基督教徒"，那些人在大约80年前抵达马拉巴尔海岸，而且每两年就会来一次。他们的船队有"20或25艘大型船只"，每艘船都有4根桅杆。他们会用"极为上等的布料和黄铜器皿"交换香料。卡利卡特的人并不清楚他们从何而来。"如果他们是德意志人，"塞尔尼吉猜测道，"在我看来，我们应该或多或少地注意到他们；也许他们是俄国人，如果俄国在那里有港口的话。"[20] 与郑和一样，达·伽马也非常重视竖立纪念柱。在卡利卡特竖立一根纪念柱是他起航回家前的最后一个任务。似乎可以确定，扎莫林将达·伽马和他的手下视为另一支载有珍宝的异国船队的先兆。他对达·伽马一行十分冷淡，更多是因为葡萄牙舰队寒酸的礼物和贸易资金的缺乏令他感到失望。

　　但葡萄牙人并不明白这个道理。他们被宗教偏见蒙蔽了双眼，将这一切都归咎于穆斯林，认为每一次挫败都是源于"摩尔人"诡计多端、背信弃义。是穆斯林贬损他们的礼物，曲解他们的意图，挑拨他们与扎莫林的关系，阻碍他们的进展。卡利卡特或"上印度"（与"下印度"相对应，即祭司王约翰的"上埃塞俄比亚"），确实是"东西方消费的所有香料"的来源地，航行记录员写道。其中包括"许多姜、胡椒和肉桂"，尽管质量最佳的肉桂来自斯里兰卡。丁香也"从一座叫作马六甲（Malequa）的岛屿运送到这座城市"。但当时，所有的香料贸易均由"麦加船只"控制，只经过红海和伊斯兰领地。只有与穆斯林垄断者正面交锋，葡萄牙人才有可能将香料路线转变为环好望角的运输路线。

"基督教徒与香料"互为补充；基督教世界通过夺取香料贸易来保障他们的利益，而夺取香料贸易的最佳方式是高举十字军东征的血红十字旗。回顾葡萄牙人征战印度洋的历史，香料不仅充当了经济诱因，还象征着他们的宗教职责。

10

胡椒海港与咖喱修士

谁不知道（你们葡萄牙帝国的领地）从非洲延绵至中国，
覆盖了整个非洲和亚洲……拥有数不清的岛屿，它们国富
力强，统领众多人口？……谁敢质疑你们的舰船不是世界之
最……在未得到你们的准许之前，没有人敢在你们的领地航
行。世界最远端的摩尔人和中心地带的摩尔人一样惧怕你们。

——多默·皮列士，《东方志》，1512—1515年[1]

1499年夏末，当瓦斯科·达·伽马返回葡萄牙时，他的成就
已经世人皆知。统领小吨位卡拉维尔帆船的尼科洛·科埃略已于
7月10日抵达里斯本，还有一艘船未跟随舰队一同行动，它带着
达·伽马返航的消息先行一步，却被暴风雨困在了亚速尔群岛。
他们抵达印度的消息引发了轰动，但传到曼努埃尔国王耳中的细
节不全是那么振奋人心。

就寻求强大的新盟友而言，这次远征在很大程度上是失败的。
祭司王约翰是否存在，还让人捉摸不透，印度大多数人皈依"基
督"的消息也随之引起质疑，尽管达·伽马本人对此没有疑问。
远征队只与非洲东部海岸的马林迪和马拉巴尔海岸的坎纳诺尔建
立起友好关系。相比达·伽马的高压外交手段，与各自对手的竞

争才是促使他们与葡萄牙结盟的关键性因素：马林迪与蒙巴萨，坎纳诺尔与卡利卡特。此后，可以预料到的是，他们将以惊恐不安，而绝不会是热情来迎接葡萄牙人。印度洋各港口城市之间缺乏政治上的凝聚力，甚至没有任何勾结，这一点值得注意。虽然它使得渗透变得相对容易，但廉价和不受挑战的垄断并不是一个好兆头。

直接的商业红利也令人失望。由于缺乏足够的资金或充足的船舱空间，舰队只能装运回少量的胡椒、肉桂、丁香和姜。这些货物足以奖励参与此次航行的人，并刺激金融市场继续支持后续的航海事业，但不足以抵消这次航行的费用。他们可能就是因为这一点才在印度康坎海岸外的安贾迪普岛装运了大量肉桂叶，最后那些被证实根本不是肉桂叶。（哥伦布在加勒比地区也遭受过愚弄，购买了一堆外观和气味很像香料的东西。）更糟糕的是，返航的人力成本急剧增加。

9月，在冬季有利的东北季风来临之前，达·伽马就从卡利卡特起程返航。同时，他急于摆脱当地穆斯林统治者的掌控，于是决定加速前进，自己的功绩也能尽早获得认可。但是季风并没有如约而至。就像吉卜林诗歌集里的"墓志铭"一样，"这里躺着一个傻瓜，他曾试图使东方忙碌起来"，行事仓促导致航行速度受阻，他们为此付出了沉重的代价。由于多次停航，他们不得不选择向北行驶。本来只需三周即可到达非洲海岸，他们却用了将近三个月的时间。储存的水和食物都不宜食用，坏血病又夺走了30个人的性命。这次损失的人数甚至与整个航程到此时为止损失的一样多。航海记录员写道，每艘船最后"只剩下七八个人"还待在自己的岗位上，当他们在非洲摩加迪沙附近登陆时，"即使是这些人的身体，也每况愈下"。有些人因为牙龈肿大无法进食，有些人因为四肢肿胀无法站立，他们的四肢就像菜园里的西葫芦一样毫无用处。[2]

虽然好心的马林迪国王向他们提供了一些上等柑橘，但是对那些病弱的人来说已为时过晚。离开马林迪两天后，达·伽马不得不将兄弟保罗的卡拉克帆船拖上岸烧毁。那时，记录员还在船上，他解释道，"只剩下我们几个人，实在没有能力驾驶三艘船"。之后，保罗也不幸患上了坏血病，那名记录员似乎也是如此。艰难地绕过好望角后，他还勉强叙述了穿越几内亚湾的经历，但写到比绍附近时，记录戛然而止。

保罗登上了兄弟达·伽马的旗舰，多坚持了数周。一场暴风雨将旗舰和科埃略的船分开了，前者被吹至亚速尔群岛，保罗得以在坚实的陆地上咽下了最后一口气，过后被体面地掩埋于此。返航时那么多人丢了性命，加上两年前从里斯本出发的人，至少折损了一半，这可能会给达·伽马的最终归来蒙上一层阴影。事实上，瓦斯科·达·伽马没有过多地沉浸于对故人的哀悼，而是专注于获取他认为自己应得的财富。

而曼努埃尔国王早已沉浸在此次远航的成功与喜悦之中，并积极筹备下一次远航。1499年7月，在一封写给斐迪南和伊莎贝拉的信中，他的得意之情溢于言表。

> 远航的主要动机一直是……为了上帝，也为了我们自己的利益。上帝对此感到满意，在他的仁慈下，（远航者）的进程才得以加快……（现在）我们知道他们确实抵达和发现了印度及其邻国……他们在海上航行，发现了许多大城市……

　　和大量从事香料与宝石贸易的商人……

　　　　我们知道，你们听到这个消息后会非常开心与满意，所
　　以我们将这个消息告诉你们……另外，我们也希望在上帝的
　　帮助下，能将这些为摩尔人带去财富的贸易……由于我们的
　　管控，转移到我们的国民手中和船只之上，从今以后，我们
　　这一带所有的基督教徒都能获得这些香料了。[3]

　　一个月过后，在一封写给罗马的信中，曼努埃尔不仅自诩为
“葡萄牙和阿尔加维的国王”，还自称是“几内亚之主，以及对埃
塞俄比亚、阿拉伯、波斯和印度的征服、航海与贸易之主宰”。这
些长而拗口的头衔无须证实。统治者倾向于使用“征服”二字，
而不单单称之为探索，这已经成了公认的政策。他所说的“使徒
的恩赐”，已经使他充分享有“我们发现的所有地区的主权和支配
权”。然而，考虑到这次远航使他享有如此广阔的土地主权，赋予
了他各种各样新的职责，他认为，“（教皇）可能需要以一个全新
的表述来显示自己对这种创举和功绩的满意之情”。[4]

　　历经数年的缓慢推进，葡萄牙终于加快了远航探险的步伐。
在16世纪的头25年里，远征的新发现甚至多于此前75年的总和。
在这段时期，葡萄牙多次战胜东方的摩尔海盗，胜利次数多于过
去四个世纪地中海地区的十字军东征。1498年之前，葡萄牙王室
在东方尚不为人所知，而到1520年，葡萄牙王室可谓真正主宰了
“阿拉伯、波斯和印度的航海与贸易”，更不用说那些更远的富有
香料的目的地了。

　　达·伽马的舰队在卡利卡特附近停留了约三个月，他的手下
清点了一下，“大约有1500艘摩尔船来此地寻找香料”。有些船只

非常大，吨位可达800吨，有些船只则比较小；但他们认为，所有这些船只都非常"脆弱"，因为它们仍然是用椰子壳纤维绳，而不是钉子来固定的。更值得注意的一点是，吉罗拉莫·塞尔尼吉的线人提到，"他们没有武器，也没有配备大炮"。[5] 显然，香料贸易本身是取之不尽的，但其防御能力非常薄弱。葡萄牙人在摩洛哥大获全胜，被称为无情的斗士，他们唯一缺少的就是资金。但如果1英担（约50千克）胡椒能在动荡的威尼斯市场上卖出60达克特至90达克特，在卡利卡特的滨海区却只需要3达克特就可以买到，那么绝对不会缺乏投资人。欧洲的银行排着队来投资；德意志最好的铸造厂运来了大炮和蜡烛；佛罗伦萨、热那亚投资人和海员，以及法国和佛兰德斯的香料买主纷纷来此；罗马给予的道德制裁和外交支持也非常关键，吓跑了其他基督徒竞争者。

1500年3月，在达·伽马返航仅6个月后，另一支舰队在塔古斯河扬帆起航。这一支舰队有13艘船，载有约1200人。曼努埃尔国王肯定列席了此次送别。他任命佩德罗·阿尔瓦雷斯·卡布拉尔为统帅，好望角征服者迪亚士和上次出海的科埃略作为其副将。3月通常是往返航行开始的最佳月份，他们顺着有利的风向早早出发，沿着达·伽马的航线向南前行，这次航行被称为"远征印度之旅"。他们比达·伽马抵达了非洲以西更远之地，出航不到6周就偶然发现了第一片新大陆。他们派了一艘船将这个好消息带回里斯本，从那时起，葡萄牙与这片新大陆有了更多的直接往来。

他们将这个地方叫作"真十字架之地"（Land of the True Cross），而后改为"圣十字架之地"（Land of the Holy Cross），但更流行的一种称谓是"鹦鹉国"。此地就跟非洲西部一样，不讲情面、讲究实际的贸易最终占了上风：作为"盛产巴西苏木（Brazilwood）的国家"，它最终也以其盛产之物而得名（巴西，Brazil）。"Brazil"指的不是巴西果，而是巴西苏木，它是一种可提取红色染料的木材，原产地为印度南部，现今巴伊亚（位于里约热内卢以北约700英里，即1100千米之地）盛产这种木材。巴西苏木迅速成为这个地区最具价值的商品，属于最早一批取代亚洲"香料"地位的美洲"香料"。那里的人体格十分健壮，肤色微红，穿着羽毛制成的奇特服饰。但更名为"巴西"一事颇具争议，虔诚的基督教徒认为，这是一种渎神行为。比如，若昂·德·巴洛斯就认为这是一种魔鬼行径，因为只有堕落天使路西法才会"卖力使'圣十字架之地'这个名称被弃用，改过之后的名称就好似在说可提取染料的木材比十字架之木更重要。十字架上染的可是耶稣的圣血，它带着救赎之色，在所有的圣事中充分激发出人们的情感"。[6]

全能的上帝似乎预料到了会遭此侵犯，于是提前让他们尝到了苦头。南大西洋的一场飓风将卡布拉尔的舰队吹散，四艘船沉入大海，危及整个航程。巴尔托洛梅乌·迪亚士在飓风中失踪，据推测，他应该在距离自己发现的新大陆不远处溺水身亡。他的兄弟迪奥戈·迪亚士率领另一艘船，似乎面临同样的命运。他们被吹到非常远的地方，完全偏离了既定航线，以至于他的下一次登陆地竟然是马达加斯加岛。迪奥戈·迪亚士不仅发现了马达加斯加岛，还发现了溯非洲东部海岸而上、更加适航的外海通道。之后，他凭感觉继续航行，没有任何固定航线。抵达摩加迪沙附近的非洲大陆后，他环行古老的"香料之角"，即瓜达富伊角至柏培拉。从那里，他终于确定了祭司王约翰统治的神秘的埃塞俄比亚位置。他没有进入红海，但在1508年，一支葡萄牙远征队沿红海海岸抵达了埃塞俄比亚高地。这支远征队再也没能返回葡萄牙，后面的遭遇也十分坎坷。1540年，埃塞俄比亚人非但没有向葡萄牙提供任何帮助，反而请求他们帮忙击退索马里穆斯林。

卡布拉尔舰队的船只数量减少了三分之一，于是他在莫桑比克重整舰队，之后在基尔瓦和马林迪短暂停留（但避开了蒙巴萨），1500年9月停靠卡利卡特。卡利卡特的扎莫林在强压之下，终于接受了卡布拉尔开出的更适合的条件，同意葡萄牙在此建立商站——一家"商行"或贸易机构。然而，葡萄牙人与当地穆斯林商人的关系依旧呈现紧张态势。在葡萄牙人随意劫持了一艘或几艘穆斯林船只后，穆斯林在葡萄牙商站愤而屠杀了40多人，并将商站的财产据为己有。卡布拉尔也展开了报复行动，随后的相互报复行动逐步升级为战争，他烧毁了几艘穆斯林船只，并确保所有船员都在船上被一并烧死，之后连续两天炮轰卡利卡特。这导致了更多的伤亡，扎莫林被彻底激怒，最终选择完全拥护穆斯林子民的事业，人们再也没有听说过他可能信奉"基督教"的传言。

卡利卡特大屠杀事件没有就此终结。但是，卡布拉尔还有更重要的事情等待完成。他向南行至科钦，科钦的统治者听说了卡利卡特事件，非常欢迎葡萄牙在此建立商站或与之联盟。只要能安抚这些咄咄逼人的外来者，同时又能提升自己的地位与实力，无论什么事，他都能欣然接受。在科钦和坎纳诺尔，卡布拉尔装运了大量香料。他还与印度唯一真正的"基督教信众"，即叙利亚教会的教徒，建立起往来关系，教会中的一些人最初信奉圣多马派。一位信奉此教派的传教士跟随舰队返回葡萄牙，从而结束了印度教诸神是基督教圣徒的误解。

在返航途中，其中一艘船访问了索法拉港，津巴布韦的黄金由此运往非洲东海岸，只有这件事值得关注。那时，金银仍是购买香料的首选支付方式。葡萄牙人之后持续关注索法拉港及其贸易。1501年6月底，卡布拉尔的舰队陆续返回里斯本。虽然一半以上的船只在途中遇难，但剩余的四五艘船在大西洋上缓慢航行，留下了阵阵令人兴奋的芳香。卡布拉尔运回了100吨胡椒，以及大量肉桂和姜，是首批未经阿拉伯人之手运达欧洲的香料。葡萄牙举国欢庆，游行的欢呼声响彻山间与海岸，庆祝活动持续了数周之久。

但地中海东部地区立马感受到了此事带来的不利影响，尤其是威尼斯。威尼斯船队每年都会前往贝鲁特，贝鲁特现为地中海东部地区的主要港市之一。1502年，威尼斯人像往常一样前往贝鲁特，但"只带回4包胡椒""前往亚历山大港的船队带回的胡椒也寥寥无几"。这是因为卡布拉尔和之前达·伽马的第二次远征索取了太多胡椒，使得胡椒的价格攀至顶峰。里亚尔托每1英担黑胡椒的价格甚至达到了100达克特，自马穆鲁克王朝的苏丹巴尔斯拜的黑暗时代之后还从未听说过如此高昂的价格。[7]威尼斯的日记作者和银行家吉罗拉莫·普列里预见到了这座城市将要毁灭，认为葡萄牙引起的这个新挑战比共和国与奥斯曼帝国土耳其人之间的战争更为可怕。他预计卡布拉尔所得货物能获得近百倍的收益，认为之前曾在威尼斯购买过香料的人，如"匈牙利人、德意志人、佛兰德人、法国人和阿尔卑斯山脉另一侧的人"，都会将他们的生意和财富带到里斯本。[8]

葡萄牙人控制香料贸易的决心不言而喻。卡布拉尔的强硬手段，加上葡萄牙国王狂热的基督教信仰，致使他们在印度洋采取对抗政策，这无疑极具挑衅意味。虽然群臣对此疑虑不安，但曼努埃尔国王决心将此政策贯彻到底。任何国家要在距离本国1万英里（约1.6万千米）的地方采取军事行动，确立贸易霸权或者建立一个有望自行维持的帝国都十分不易，更何况是伊比利亚半岛上的一个小国，即使是狂妄自大的欧洲人，也觉得很难实施这一想法。如何保障物流后勤就是一个大问题，就像推测的一样，需要冒极大的风险。在没有任何既定蓝图的情况下，不断的尝试与失误似乎起到了重要作用。纯粹的好运气、航海专业知识、先进的大炮、十字军东征式的勇气，以及连美洲的西班牙征服者都比不上的残暴程度等因素，也起到了同样的作用。当然，这一切付出换来了巨大的回报。

在卡布拉尔返航前，另一支舰队就已经从里斯本出发，这是葡萄牙组织的去往印度的系列远征中的第三拨。这支舰队的规模较小，值得赞颂的新功绩也比较小。出航途中发现了阿森松岛；圣赫勒拿岛则是在返航途中发现的。此时，葡萄牙正筹备第四支远征队，规模甚至大于卡布拉尔的舰队，并且全副武装。第四次远征是为了带回更多的香料，发现更多的新大陆，建造新的商站，并在东方永久部署一支舰队来保护这些商站。当然，最重要的是，为卡利卡特大屠杀报仇。

1502年2月，15艘船率先起航，另外5艘船紧随其后。其中，大多数船只是卡拉克帆船，船舱容量可能大于达·伽马第一次远征印度时的船，后发展成为具有多层甲板的大型武装商船和闻名于世的盖伦船。船上装备的大炮包括固定式大炮、可移动的小炮和回旋炮。船头和船尾都矗立有细工浮雕的堡垒，从中可以向敌船投射炮弹、沸腾的油、燃烧的弓箭和葡萄弹。

卡布拉尔虽已被任命为指挥官，但在最后一刻被达·伽马顶替。关于顶替的原因，人们的说法各异，没有一种能完全令人信服。但所有说法都认为，达·伽马之所以更受欢迎，是因为他生性好战、无所顾忌，这些都更适合发动战争。"他是一个非常傲慢的人，"加斯帕尔·科雷亚说，"随时会生气，性情急躁，令人畏惧，但也受人尊敬，知识渊博，可游刃有余地处理所有事情。"[9] 达·伽马已经荣获"阁下"和海军统帅的头衔，这时又被封为海军上将。

他们按照计划顺利出海，只有一艘船在好望角附近海域失踪；在索法拉，非洲商人在葡萄牙人于莫桑比克购买的每捆廉价而俗气的织物旁郑重放置一小堆黄金以作支付。为了促进这种贸易的发展，莫桑比克最终被说服，同意葡萄牙在此建立一个小型商站。而位于现今坦桑尼亚南部小岛上的港市基尔瓦就没有那么热心助人了。直到葡萄牙人洗劫了基尔瓦，那里身份显赫的人被脱光衣服扔在船上烤，基尔瓦的统治者才同意向葡萄牙缴纳巨额贡品。

接着，出现了另一个更复杂的问题。达·伽马的回忆录作者之中最为健谈的科雷亚说，"城里有一些女人非常漂亮"。据说，基尔瓦的女人非常憎恨当地的深闺制度，所以向葡萄牙人表明，她们想成为基督教徒，跟随舰队离开此地。达·伽马虽然很同情她们，但是否决了这个提议，因为她们可能并不是真正想成为基督教徒，而且与她们同行，可能会引发很多麻烦。达·伽马强调，在海上，维持纪律比拯救灵魂更加重要。

但在解释这件事情时，加斯帕尔·科雷亚无意中说漏了嘴。事实上，有200多名基尔瓦女人登上了他们的船。在洗劫基尔瓦时，性饥渴的水手将她们从壁炉边或家中带走，几乎诱拐了城里所有看得过去的女人。如果这时她们不愿意回家，肯定是因为被异教徒玷污了，她们一定会被丈夫或爱人抛弃，甚至更糟。达·伽马要求基尔瓦保证不会对葡萄牙人进行打击报复，否则他会在返程时将该城夷为平地。之后，他带着"约40名"无监护者乘船离开了基尔瓦，其中大多数人最终将被带回里斯本。但由于自此之后他没有回过基尔瓦，相关记载又缺失，那些留在基尔瓦城里的人之后的命运就无从得知了。[10]

之后他们抵达马林迪，当地的国王像往常那样，对于"他的伟大朋友瓦斯科·达·伽马"表示欢迎。他们互换了礼物，葡萄牙舰队向马林迪购买了食物及其他必需品，但后者只允许舰队的采购员上岸。双方均以礼相待，因为马林迪是里斯本在非洲东海岸唯一可靠的盟友。8月18日，达·伽马舰队离开马林迪，虽然一阵狂风将他们吹散了，但他们均安全抵达了印度海港达博尔——位于现今孟买以南。

据科雷亚所述，卡拉维尔帆船在那里"装上了大三角帆，架起了大炮"。更具机动性的卡拉维尔帆船非常适合近海作战，它们也很快证明了这一点。霍纳沃尔是果阿附近的一个小苏丹国，位于河口处，看起来非常适合攻打。霍纳沃尔的河流可以通航，其防御力不值一提。将其船只击沉后，葡萄牙人"放火，将那里的大城镇，连同城里的一切都烧毁了"。此举不是为了报复卡利卡特，也不是为了促进葡萄牙的贸易，只是因为舰队的翻译非常不靠谱，他一时兴起，将"霍纳沃尔"及其统治者称为"盗贼"。后来，事实证明，这名统治者是一位非常坚定的爱国者和有价值的盟友，他将带领葡萄牙人进入邻近的果阿。

他们到达的下一个地方是巴特卡尔（位于芒格洛尔以北）。巴特卡尔唯一犯下的过错似乎就是没有足够快地举白旗投降。在葡萄牙人的第一轮进攻过后，巴特卡尔报之以大量石块，过后一位老人代表他的"国王"前来激烈谴责达·伽马一行。达·伽马泰然自若，"坐在一把椅子上，椅子上装饰有深红色的天鹅绒，底下还铺有一块地毯"。科雷亚写道，达·伽马让这名老人亲吻他的脚，接着以无限的耐心屈尊向老人讲述建立欧式统治霸权的逻辑与方法。达·伽马说："我来此的目的不是造成伤亡，但当我察觉到战斗时，我就必须要战斗。"（他察觉到的"战斗"，应该是指被投射石头。）

> 这是葡萄牙国王的舰队，他是我的君主，是海洋的统治者，是世界的统治者，也是这片海岸的统治者。我们途经的所有河流与港口都必须臣服于他，并进献贡品以支持他的舰队继续远航。这象征着服从，只有他们服从，港口才能顺畅通行，才能安全地从事贸易运输，但不能从事胡椒贸易，不能允许土耳其人（也就是穆斯林）进入港口，也不能去往卡利卡特港，如若有人违反上述三点中的任何一点，我们都将烧毁他的船只，包括船上的所有人。[11]

葡萄牙人给了巴特卡尔两种选择：一是每年向葡萄牙进献贡品，二是每年都被烧为灰烬。科雷亚说，他们选择了前者，还进贡了1500担大米，随后达·伽马赐予了巴特卡尔"许可证"（cartaz）。这是一张安全通行证，尽管不一定每年发行一次，但它成为葡萄牙尽力管控印度洋贸易的常用手段。不允许没有通行证的船只在海上航行，不准没有许可证的港口对外开放。通常以某种形式缴纳贡品后，葡萄牙人才会向其发放许可证。当然，葡萄牙始终不允许获得许可证的国家与穆斯林敌人进行交易，在未经授权的情况下，禁止从事任何胡椒或其他香料贸易。这至少是一条规则，虽然后来出现了许多明显的例外。

达·伽马率领舰队继续加紧向南航行，一路不可阻挡，即将抵达卡利卡特。卡利卡特是马拉巴尔港市中最强大的城市，可以想象那里的人肯定会奋勇抵抗，但上帝似乎有意帮助葡萄牙人，卡利卡特的一艘大型船只正中达·伽马舰队的下怀。这艘船的主人是卡利卡特的一名商人，非常不友好，当时他的兄弟正指挥着这艘船在海上航行，却遭到了达·伽马舰队中的卡拉维尔帆船的拦截。开罗的苏丹庇护这艘商船，也可能部分持有这艘商船。船上载满了为购买香料用的金银财宝，以及染了指甲花红染料的朝圣者，有男有女，他们从麦加的吉达港登船返回家乡。达·伽马嗜血成性，只有他才会在海上想出此种令人憎恶的残忍手段，来宣扬所谓的基督教正义。

这名卡利卡特船长被安全护送到葡萄牙人的旗舰上，他被告知，葡萄牙人只需对方以"礼物"的形式上缴"少量货物"。于是，船长派人向葡萄牙人交付了礼物。达·伽马的船员登上卡利卡特商船，挑选了他们想要的一些物品。最后，达·伽马一声令下，"将能拿的全部拿走……直至船上没什么东西了"。洗劫行动持续了一整天，直到船上只剩下乘客和船员。科雷亚说船上有800人，巴洛斯说有260人。"然后，他（达·伽马）命令手下放火烧船。"

这时，即将被烧死的卡利卡特船员表示反对，科雷亚认为，

"这是权宜之计";他们提出,将提供足够的免费香料,装满葡萄牙的所有船只,以换回船员的性命。达·伽马的船员认为这笔交易很划算,他们也倾向于放了这些摩尔人,既然还未交战,他们就已经投降,俘虏有权重获自由。根据任何骑士准则——现在来说就是国际法则,他们要求活下去的权利应该得到尊重。但达·伽马不同意。他说,他们提供的香料只是一种贿赂,荣誉不是通过贪求敌人的财产,而是通过杀死敌人来实现的。他声称,"饶恕敌人的人终究会死在敌人的手中",这是《圣经》中的教义变体。他还以"我们在这个国家靠武力一无所获,只能通过友好的方式"这一更奇怪的理由宣称,如果他不根除那些敌人,可能会危及之后的葡萄牙到访者,上帝会追究他的责任。

他告诉摩尔人船长:"你会被活活烧死。"此时,摩尔人最好的选择只有反抗。他们拿出先前藏起来的武器,奋死抵抗。曾有那么一刻,他们一度成功登上并几乎控制了达·伽马舰队的一艘船,但终究无济于事。穆斯林船只抵挡不过达·伽马舰船的联合炮轰,最终沉入大海。幸存者"在水中挣扎",最后"被来回穿梭的小船上的人用长矛刺死"。巴洛斯说,260个人中只剩下20个小孩和一个驼背的领航员幸免于难;科雷亚则说,800人全部被杀死了,无一幸免。[12]

之后,他们前往坎纳诺尔,在那里没有发生这种伤亡事件。姜是坎纳诺尔的主要出口商品,达·伽马怀疑自己在坎纳诺尔买姜时被索要了过高的价格。坎纳诺尔的统治者已年过七旬,一开始他矢口否认这件事,但当葡萄牙人威胁要收回他的海上通行证,并以对待卡利卡特的方式攻打坎纳诺尔时,他立马停止抵抗。他被告知,葡萄牙的盟友不应倚仗葡萄牙的恩惠胡乱要价。相反地,葡萄牙人除了垄断购买所有的香料，同时还要收取固定的关税。

就这样，达·伽马仿佛复仇天使，降临到卡利卡特，他眼神凶狠炽烈，心肠狠毒，与其早期肖像画里的形象一致。科雷亚说，"这位海军上将一抵达卡利卡特，就勃然大怒"，因为"港口已经清理一空，他没有任何可以对之发泄的对象。摩尔人知道他要来，都逃走了，并提前将他们的船和沿海舰艇隐匿在河中"。一名伪装成修士的使者举着一面绑在杆子上的白旗前来投降，也没能安抚他的怒气。科雷亚认为这个人是婆罗门，主教奥索里奥则认为他是阿拉伯人，巴洛斯也提到了几位使者。与举白旗投降一样，这名使者伪装成修士，只是认为这样可以确保自己的安全，但关于他的实际任务，学者们尚未达成一致意见。

将上述三种说法结合起来看，扎莫林令使者传递的第一个提议似乎是，既然达·伽马一行杀死的人和掠夺的财产远多于葡萄牙商站的损失，里斯本和卡利卡特就应该结束恩怨，重新开始来往。听到这里，"愤愤不平的海军上将变得更加愤怒了"。扎莫林的第二个提议是，他可以交出当时参与放火焚烧商站的那些人，结果可想而知，情况也好不到哪里去。我们又一次被告知，海军上将"被彻底激怒了"。作为最后一根稻草，扎莫林表示，被移交的人愿意缴纳巨额保费，以保全性命。但是，"他已失去时机，海军上将没有理会他"。达·伽马命令舰队沿海岸线依次就位，"一整天，从早到晚，炮轰卡利卡特，造成了巨大的破坏"。

还有更可怕的事情接踵而至。当达·伽马部署部分舰船留在卡利卡特继续讨伐扎莫林时，由2艘大型船和22艘小型护航船组成的舰队出现在视野中。据科雷亚说，这些船来自科罗曼德尔海岸，在那里装运了大米、酥油和棉织品。船上有印度教徒，也有穆斯林，不知道他们是以为战争结束了，还是完全没有意识到此地正在打仗，就这样闯了进来。这支舰队对于葡萄牙人来说简直是囊中之物，达·伽马下令包围并搜查他们。6艘驶向坎纳诺尔的船被放行，剩余的船只上缴了葡萄牙人要求的足量货物。贪欲被满足后，好戏才正式开始。

首先，达·伽马采取射弩攻势。为了方便岸上的人观看，他们将俘虏的脚绑在桅杆和桁端上，作为人肉标靶。弓箭手放箭射击，直到被绑着的人千疮百孔、不再动弹，弓箭手玩累了才作罢。船上、索具上挂满了被乱箭射死的尸体，它们被拖拽到岸上，以教化观看的人。

接着，海军上将命令（他的手下）砍掉（剩下的）所有船员的手、鼻子和耳朵，将那些（砍下的肢体）全都扔到一艘小船上，并砍下那个"修士"的耳朵、鼻子和手，将他也扔到那艘船上。达·伽马命令手下将一片献给卡利卡特国王的棕榈叶围成一圈系在他的脖子上，告诉国王，这是用"修士"带给他的咖喱做成的。残害完所有这些印度人后，达·伽马下令将他们的脚绑在一起。因为没有手，他们无法解开绳子，为了防止他们用牙齿解开绳子，他又命令手下用棍棒敲碎他们的牙齿，并强制他们咽下去。[13]

随后，这些经修剪后残缺不全但仍不断扭动的躯体被堆在另一条小船上，船帆扬起，驶向岸边，之后小船被点燃。

葡萄牙人的叙述中充斥着更多的暴行，有些甚至更令人反感。就像他们说的，这是一个残酷的时代，尤其是涉及宗教问题时。

能在被剖割前就死去，甚至是一种仁慈，无数人被取出内脏，折磨至死。西班牙人、荷兰人和英国人的残忍程度不亚于葡萄牙人，他们都喜欢随意切割人的肢体和器官，做活体解剖实验，并将酷刑视为司法程序的一部分，认为这是理所当然的。他们之所以如此残忍，大概是因为欧洲人长期生活在对辽阔东方的致命恐惧之中，对敌人施行的严厉惩戒势必成为他们的一种震慑方式。主教奥索里奥可能除外，致颂词者和编年史撰写者记录这些行为时则毫无不自在之意。从他们的文字中可以看出，他们认同，甚至欣赏这些作恶者的行径，觉得这些行为体现出了外科手术方面的独创性。胆小怕事不是欧洲人的行事特点。

但是，东方人可能很少见识过这样的行径。波罗和珀德农的鄂多立克的著述很少谈论这些事情。给他们留下深刻印象的是东方社会的规模、宏伟和财富，而不是其残暴行为。虽然布祖格船长讲述的有趣而略嫌粗俗的故事没有涉及任何海盗的放肆行为，《一千零一夜》中也没有人们在地牢饱受痛苦与折磨的情节，但有可能是因为这些行径太过常见，不值一提。蒙古人取得的胜利和伊斯兰教获得的一些战绩，其中肯定也少不了大规模的屠杀。然而，对"嗜血的"德里苏丹穆罕默德·图格鲁克施加的惩罚感到战栗的人认为，情况并非如此，德里苏丹穆罕默德·图格鲁克是伊本·白图泰的赞助人。德里苏丹的过度行为似乎被当成一个特例，在无冒犯之意的贸易背景下更是闻所未闻。

卡利卡特的扎莫林发誓要报仇雪恨。他开始集结所有可用的船只，准备展开报复行动。达·伽马对此不屑一顾，率领大部分舰船出发前往科钦。此时是11月，海上正刮着东北风，有一批货物很紧急。据说，由卡布拉尔建立的科钦商站与当地王公来往密切，他们已为达·伽马准备好大量胡椒。在接下来的 10 年里，科钦将是葡萄牙在东方的主要贸易基地。12 艘卡拉克帆船将前往葡萄牙，在它们装货时，从科钦的邻居那里传来了振奋人心的消息：奎隆的"女王"也有待售的胡椒，并欢迎葡萄牙人前往奎隆；以基督徒为主的大型海港克朗加诺尔也希望获得葡萄牙的恩惠和友谊。事实上，虽然科钦港更为繁荣，但它的胡椒很多都来源于上述地区。这些地区距离种植胡椒的山丘更近，人们可通过喀拉拉的内陆潟湖和水路网络将胡椒运至科钦。

在与奎隆和科钦达成协议后，达·伽马赢得了马拉巴尔南部胡椒产量的潜在垄断权。那里几乎是最重要的胡椒种植地区。他们接受了葡萄牙人的贸易条件，此举与那些抵抗扎莫林的敌对行动一样有效，可能严重削弱了卡利卡特的主导地位。为了惩罚科钦，继而使它重新臣服于自己，扎莫林仓促组建舰队，向南驶去。他以为，那时达·伽马的舰队已经驶入阿拉伯海，即使还未驶入，也肯定会因船只负载过重而难以灵活应战。

然而，他没有考虑到留下来巡逻海岸的卡拉维尔帆船，也没有考虑到卡拉克帆船上的大炮并不受负载量的影响。葡萄牙人与其保持距离，巧妙地避开强行登船者，不断用大炮轰炸敌人。结果，扎莫林的临时舰队损伤惨重，许多船只沉入大海，其他船则被烧毁，包括船上所有的船员。奥索里奥记载的死亡人数为 300人，而科雷亚的描述听起来像是有 3000 人之多。葡萄牙人离开时，沿海岸向北航行，再次炮轰卡利卡特。这是数年来卡利卡特第三次体验葡萄牙人精湛的射击技能了。之后，达·伽马在坎纳诺尔装载了姜，12 月底起程返航。起程时间较晚，意味着可借风而行。"没过几天"，他就抵达了马林迪，1503 年 9 月 1 日，安全返回里斯本。葡萄牙为舰队举办了庆典，国王当众授予达·伽马更多头衔和奖励。整整10船香料，也可能是12船，加上数次交战获得的战利品和几位国王的贡品，可以说这是到此时为止最成功的一次远航了。

印度洋海港城市之间既有的竞争和似乎长久以来都极为混乱的关系，再次让葡萄牙有了可乘之机。葡萄牙人在此建立商站，派出常驻舰队巡航印度海域，这使得国王曼努埃尔成为胡椒贸易的最大受益者，并享有执掌西欧在亚洲的第一项殖民事业的特权。这片近海地区被称为葡属印度，1505年，迎来了第一位总督。每年约有20艘船抵达此地，新任总督弗朗西斯科·德·阿尔梅达到达此地时至少率领了22艘船。

前往印度的舰队不只是为了运输货物，也被用于防御。葡萄牙虽然拥有海上霸权，但它的存在对于东南亚大陆的权力结构还未产生太大影响。土地、生产能力和人力，构成了它在印度领地的统治基础。国力较强的苏丹国，包括德里，大多数都位于距离海岸数百英里处，部署有大量步兵、骑兵和炮兵，但它们很少考虑到海军。这片海域似乎在他们的战略版图上无关紧要，在经济上也处于边缘地位。参与海上贸易的一般都是个体；保护海上贸易的一般是当地的权威人士。出口香料虽然有利可图，但对于半岛上的王国来说，进口骑兵用马更为重要，这些马匹多来自波斯湾。

博洛尼亚的洛多维科·德·瓦尔泰马是一名带有几分神秘感的旅行家，他在印度旅行时正值阿尔梅达担任总督，但他没有提及葡萄牙人（或如穆斯林同伴所称的"法兰克人"），直到抵达坎纳诺尔。他发现，那里的"法兰克"商站正升级为贸易堡垒，而当时的卡利卡特还没从战争的浩劫中恢复过来，因而其贸易量非常小。在那场战争中，"葡萄牙人的首领杀死了（而且是每天）很多人"。但这些事件似乎没有过多影响到西高止山脉林木茂密的山麓小丘之外的地方。德干高原上的比贾普尔和维查耶纳伽尔，前者是距离西高止山脉最近的大苏丹国的都城（有许多圆顶建筑），后者是最近的印度教王国轰动一时的大都市，两者几乎都未注意到葡萄牙人厚颜无耻的恶劣行径。据瓦尔泰马所说，对印度社会造成威胁的不是法兰克人的军事力量，而是"法兰克人带来的流行病"或者梅毒。如果卡利卡特的扎莫林总是乱发脾气，很有可能不仅是由于达·伽马施加的可怕惩罚，还"因为他染上了这种法兰克疾病，声音嘶哑"。[14]

因此，为了实施报复和寻求支持，扎莫林转而向他的贸易伙伴求助，他们散布于环绕阿拉伯海的印度–阿拉伯香料之路上，他没有求助于维查耶纳伽尔的统治者（他的最高君主）和竞争对手比贾普尔。古吉拉特苏丹立刻对他予以同情。古吉拉特拥有整个印度洋上最具进取心的商人和水手；古吉拉特的海港，以坎贝和第乌为代表，为印度北部的大多数地区输送从阿拉伯进口的纯种马和从马拉巴尔进口的黑胡椒。葡萄牙的管制，以及它对于卡利卡特的实际封锁，均影响了这两个港口的正常贸易。

通过波斯湾，尤其是红海至埃及的香料贸易，受到了更直接的威胁。葡萄牙变更了胡椒贸易路线，严重损害了马穆鲁克的经济利益。而达·伽马对待穆斯林的态度，尤其是对那艘吉达船只的所作所为，在伊斯兰世界掀起了巨大的冲击。埃及的马穆鲁克王朝作为圣城麦加和麦地那的守卫者，以及香料贸易的主要受益

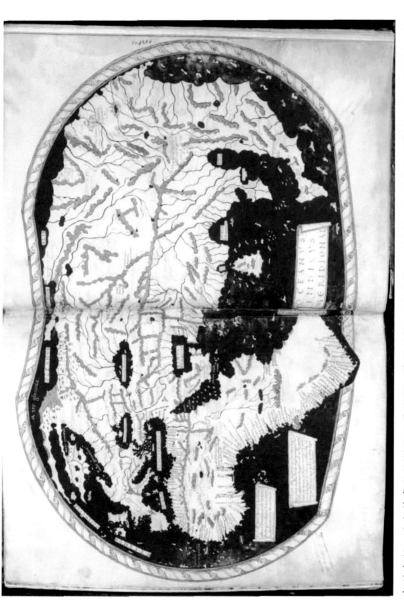

亨利库斯·马尔特鲁斯绘制的世界地图,佛罗伦萨,1489年。1488年,当巴尔托洛梅乌·迪亚士绕过好望角时,葡萄牙环行非洲、寻求一条通往东方的香料路线的努力终于有所回报。这一消息很快就被纳入欧洲其他贸易国制作的地图中(© The British Library)

由葡萄牙画家所绘的瓦斯科·达·伽马肖像画，约1600年。达·伽马的第一次远航（1497—1499年）开辟了通往印度的海上香料之路；他的第二次远航（1502—1503年）使东方人了解到了基督徒的信仰（Marine Museum, Lisbon/Dagli Orti/The Art Archive）

欧洲人渴求的胡椒是一种藤蔓植物，紧紧缠绕在周边任何一棵容易攀援的树上，并用长长的浆果串装饰它的宿主（Royal Asiatic Society, London/Bridgeman Art Library）

欧洲人想象的马拉巴尔奎隆港在胡椒收获季时的场景。此图出自15世纪的法语手稿（Livre des Merveilles, Bibliothèque nationale de France, Paris/Bridgeman Art Library）

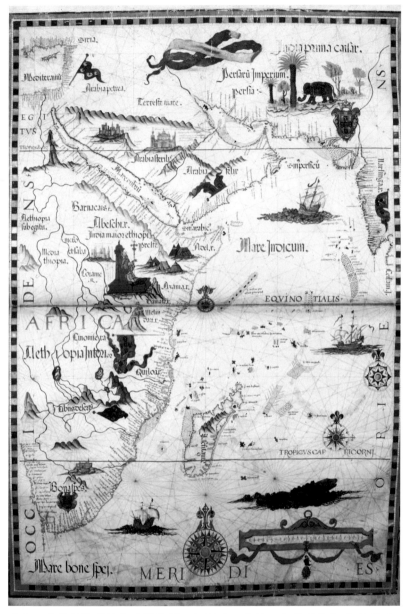

迪戈·奥梅姆绘制的印度洋地图，1558年。在达·伽马抵达印度60年后，祭司王约翰仍统治着埃塞俄比亚，这证明了葡萄牙人顽固的信念，即有大量基督徒在撒哈拉以南的非洲和亚洲定居（© The British Library）

上：印度总督阿方索·德·阿尔布开克的肖像画，由利夫罗·阿布雷乌所绘，约1558—1565年。通过攻占印度沿海的果阿、波斯湾入口的霍尔木兹，以及马来半岛南端附近的香料大转口港马六甲城，阿尔布开克稳固了葡萄牙在东方的领地（Pierpont Morgan Library/Bridgeman Art Library）

下：1511年，葡萄牙人征服了马六甲城。由佩德罗·巴雷托·雷森迪所绘（出自 *Livro do Estado da India Oriental*），约1646年（British Library/Bridgeman Art Library）

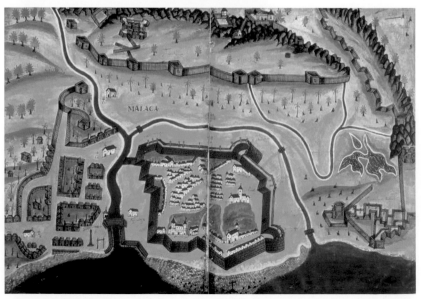

葡萄牙远航舰队的庆典，出自（Book I of the *Leitura Nova* by Além-Douro，约1513年）。攻占马六甲城被视为基督教世界取得的胜利，罗马和里斯本都为此庆祝（Arquivo Nacional da Torre do Tombo, Lisbon/Bridgeman Art Library）

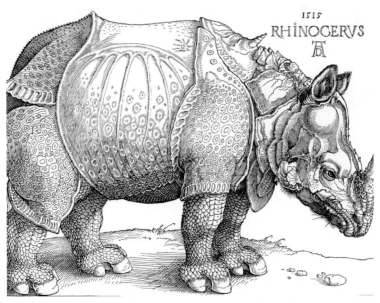

犀牛，丢勒的木版画，1515年。丢勒所画的犀牛是古吉拉特的统治者送给葡萄牙国王曼努埃尔一世的礼物。这头犀牛安全抵达里斯本，却在曼努埃尔将它送往教皇的途中遭遇海难而丧生（© The British Museum）

上：由热那亚制图师巴蒂斯塔·阿格内塞所绘的世界地图，约1545年。他绘制地图时纳入了麦哲伦-埃尔卡诺环球航行（1519—1522年）的发现。期间，麦哲伦确定了一条横跨太平洋前往香料群岛的航线，这条路线将促使弗朗西斯·德雷克爵士在1577—1580年重复此项壮举（John Carter Brown Library, Boston University, M.A./Bridgeman Art Library）

下：两个环球航行家和一个奴隶贩子：托马斯·卡文迪什、弗朗西斯·德雷克爵士和约翰·霍金斯爵士（从图右至图左），由一个不知名的画家所绘，17世纪。由于他们的远航，到16世纪末，荷兰人和英国人都在积极争夺葡萄牙对于香料路线的控制权（National Maritime Museum, London）

上：荷兰东印度公司在阿姆斯特丹的造船厂和仓库，由一名荷兰画家所绘，17世纪。荷兰东印度公司很快就使其英国同行相形见绌，因为它成功地将葡萄牙人赶出了生产香料的摩鹿加群岛（Netherlands Maritime Museum, Amsterdam）

中：扬·彼得松·科恩（1587—1629年），由雅各布·瓦邦所绘的油画，1625年。科恩被正式任命为荷兰东印度公司总督，在英国人眼中是"科恩国王"和"班达屠夫"（Westfries Museum, Hoorn）

下：荷兰人攻占塞兰岛上的洛基，1652年，由一个不知名的画家所绘，约1665年。洛基处于一场旷日持久的叛乱的中心，用以反对荷兰人垄断丁香生产（Österreichische Nationalbibliothek, Vienna）

美洲红辣椒征服了印度：在印度拉贾斯坦邦的本迪，一列妇女在晾晒着红辣椒的田间地头穿行。香料贸易重要性的减弱部分原因在于香料幼苗的移植，很大程度上是因为美洲当地香料（比如红辣椒）的引入，但或许最大的原因是其他刺激性物质（比如咖啡、茶叶和蔗糖）贸易的繁荣（© Lindsay Hebberd/CORBIS）

伦敦早期的咖啡馆，由一名英国画家所绘，1668年。后来，由于荷兰人在爪哇建立了商业种植园，咖啡的普及程度大大加深，不再成为社会身份差异的标志（British Museum/Eileen Tweedy/The Art Archive）

者，实在无法忽视葡萄牙人挑起的这些事端。威尼斯人的贸易也受到严重影响，在这种情况下，他们不再固守对于基督教的忠诚，与开罗苏丹达成共识，可能还帮助开罗采购了木材和大炮。在威尼斯人的煽动下，开罗苏丹开始组建红海舰队，号召伊斯兰世界守卫自己的海上利益。

虽然他们行动迟缓，但葡萄牙人表现出的宗教狂热和对于商业利益的贪婪加速促成了反葡萄牙统一战线，这是到此时为止他们一直都缺乏的。为了打压这股来自新区域的抵抗，葡萄牙人曾考虑进攻吉达，甚至麦加。（埃及苏丹以进攻耶路撒冷圣地作为回应，威胁葡萄牙人。）与此同时，葡萄牙人将作战范围向北扩展到阿拉伯、波斯和古吉拉特海岸。开辟新航线只是达成了他们一半的目标，阻断旧航线同样非常重要。就像那些在卡利卡特被扔上岸的残缺尸体一样，香料之路也必须切断近东地区的通路，去除所有的伊斯兰特征。

1506年，葡萄牙占领索科特拉岛。他们不是为了获得具有通便疗效的芦荟，因为葡萄牙显贵容易腹泻，对芦荟的需求量非常小，而是看重它靠近曼德海峡的战略位置。但二者之间的距离也没有那么近，所以他们没有办法封锁曼德海峡，卫戍部队很快就撤兵了。正如阿尔梅达的指示所说，葡萄牙人更好的选择，也是最初的目标，是控制被岩石环绕的亚丁港，"因为一旦控制了那里，我们就可以确保没有其他通路去往（埃及）苏丹的领地"。[15] 然而1506年，亚丁港的天然防御优势抵抗住了葡萄牙的进攻；1513年，亚丁建立了坚固的防御工事，20艘葡萄牙船只和2000余名进攻者也没能攻下亚丁。虽然之后仍有几支葡萄牙舰队勇闯红海，但是均没能掌控红海复杂的海况，也没能设立任何商站。伊斯兰圣地仍然圣洁无瑕，没有受到任何玷污。亚丁港仍然对穆斯林商人开放，这条重要且古老的香料之路从未真正被弃用，实际上，在16世纪还时不时有所复苏。

与亚丁港地位相当的是波斯湾口的霍尔木兹港，波罗家族曾在此地看到过印度船和阿拉伯船，并惊诧于这些船只的适航性。在阿尔梅达担任总督期间，一小支葡萄牙船队在夺取索科特拉岛后胜利返航。这支船队由阿方索·德·阿尔布开克率领，他可谓卢济塔尼亚海军中的一位后起之秀。他率队停靠霍尔木兹港，并在此停留了数月之久，1508年再次抵达霍尔木兹港。阿尔布开克只率领了6艘船和500名水手，无法彻底夺取霍尔木兹港。当霍尔木兹港拒绝投降时，阿尔布开克下令摧毁其船只，轮番轰炸其海岸，并开始建设堡垒以图封锁。

阿尔布开克渴望拿下霍尔木兹港，但他的上级阿尔梅达与其想法不同。阿尔梅达怀疑，夺取近陆地区可能会对他们造成负担，认为夺取海上控制权更加迫在眉睫。1507年，终于组建起来的马穆鲁克舰队从苏伊士起航，1508年，进入印度水域。这支舰队前往坎贝湾的焦尔，在那里与古吉拉特海军结盟，关系不是太稳定，但在扎莫林奇迹般重组起来的军队的煽动下，开始进攻葡萄牙船队。葡萄牙人没有认输，但埃及人宣告了胜利。在这场不寻常的命运逆转中，葡萄牙人的一名指挥官也位于死者之列，他正是阿尔梅达的儿子。葡萄牙人想必会为此报复。

第二年，阿尔梅达亲自率领一支规模庞大的舰队，冲入埃及舰队停靠的古吉拉特的第乌港。尽管损失惨重，场面极度混乱，但阿尔梅达最终摧毁了刚刚建成的马穆鲁克海军，它可以说是16世纪最具决定性的一场战役。葡萄牙在阿拉伯海的霸权由此确立。

开罗对海上作战的热情则大大减弱；古吉拉特最终寻求与葡萄牙人结盟；扎莫林的海军像乞丐拉撒路一样，狼狈地潜逃回了卡利卡特。阿尔梅达继续向科钦发起攻势，轰炸康坎的海港，其中夹杂着从埃及人尸体上砍下的头、腿等任何可以当作投射物的身体部位，以此炫耀他的胜利。

然而，阿尔梅达在第乌取得的胜利没有获得应得的奖赏，而是被其他人的战绩所淹没。那个时代，在印度取得胜利的消息可能要花费18个月才能传到葡萄牙国王耳中，有功无赏是常有的事。总督阿尔梅达即将卸任，他被认为太过于保守，而阿尔布开克在霍尔木兹战役中脱颖而出，他上任后重整战略，补救之前错失的良机。他下达命令，特意表明，要夺取更适合建立军事基地的果阿，而不是地位平平、季风肆虐的科钦。于是，阿尔布开克先数次进攻不堪重负的扎莫林领地，后于1510年伊始率队向北航行。

当时，果阿是比贾普尔苏丹国境内的一块领地，拥有一个独立海港。该海港具有一定的防御潜力，但还没有建立起与之相符的防御工事。因此，葡萄牙人很容易从比贾普尔手中夺取果阿，更何况大多数印度教徒渴望能有机会摆脱穆斯林的管控。但守住果阿不是一件易事。不到6个月，阿尔布开克就在果阿遭受重创，无计可施后，嗜杀成性的他第二次入侵科钦。同年11月，他返回果阿，并成功攻下该地。这一次，他将一支卫戍部队留在该地防守，军力复苏后的比贾普尔人卷土重来，围攻葡萄牙人。直到1512年，阿尔布开克第三次率军进攻，才最终拿下果阿，在果阿竖起"东方里斯本"的大旗。这面大旗在果阿上空整整飘扬了四个半世纪，甚至长于英国在印度其他地区的殖民时间。果阿的教堂与做礼拜的教徒数量均多于亚洲的其他任何地区，现今这座城市仍然自豪地颂扬自己的天主教资历。果阿是阿尔布开克最伟大的纪念碑，对于一个征服者来说，也是最相称的；因为如果葡属印度像一堵环绕亚洲海岸线的幕墙，那么果阿就是它的中心堡垒。

在东西两侧，其他堡垒一起构成了这座幕墙。1515年，"伟大的阿方索·德·阿尔布开克"返回霍尔木兹，屠杀了当地苏丹，这座城市彻底成为葡萄牙王室的殖民地。霍尔木兹在葡萄牙的统治下度过了一个多世纪，控制着波斯湾的所有贸易往来。阿方索·阿尔布开克之后患病，身体每况愈下，总督之位也被取代，但还未赶回果阿，就咽下了最后一口气。1507年，霍尔木兹开启了阿尔布开克最辉煌的事业；1515年，他的事业也终结于此。

至于第三座堡垒，即印度洋第三大海港城市马六甲，也是由阿尔布开克率兵征服的。自此，葡萄牙人通过马六甲城控制印度洋。事实上，他是在1511年，也就是在第二次和第三次入侵果阿之间长达一年的间隔期内征服了马六甲城。且不论马六甲城是不是他最伟大的战绩，都绝对是他最具野心的一次远征，也是他为葡萄牙控制香料贸易做出的最突出的贡献。因为这座城市位于马来半岛的顶端，曾是郑和的军事作战基地，此时是东方最富有的港口。那时的人争先颂扬马六甲城。巴博萨称赞马六甲既可称得上"王国，也是一座王城"[16]；瓦尔泰马在阿尔布开克抵达之前就曾到访过马六甲城，他写道，"到达此地的船只比世界上其他任何地方都要多"[17]；多默·皮列士曾在此生活，他认为，马六甲城"对生活和贸易非常重要，在我看来，世界上没有可与之媲美的地方"。[18]

除了城市本身的吸引力，马六甲城的地理位置也为其奋进的事业开辟了新的舞台。实际上，葡萄牙打算迈出又一大步，跨越印度，进入更加湿冷的未知之地，即东南亚和远东。马六甲城通过马六甲海峡掌控香料路线的剩余部分；吸引葡萄牙人进入引人注目的神秘的香料群岛的范围；葡萄牙人的商业渴求也将从胡椒扩大到肉桂、肉豆蔻干皮和核仁、丁香等所谓"优质"或高价值的香料品种。

太平洋航道

> 继续向前，你们将使马六甲
> 变成闻名四海的尊贵商埠，
> 整个太平洋地区丰富物产
> 都将以这里做贸易集散地。[1]
>
> ——路易斯·德·卡蒙斯，《卢济塔尼亚人之歌》[1]

与达·伽马不同，克里斯托弗·哥伦布总是否认自己最伟大的发现。他反复强调自己发现的不是一个"新世界"，甚至不是一个"遗失的"世界。相反，他的目标是抵达"旧世界"，只不过是从一个新的方向出发而已。他坚持认为，这才是自己所做的事情。他曾四次航行至加勒比群岛，在他看来，加勒比群岛是亚洲的边远地带。如果是这样，那么日本就应该位于得克萨斯州附近，中美洲的地峡就应该位于黄金半岛（即马来半岛）了。他做不出任何其他的解释。瓦斯科·达·伽马可能发现了通往印度胡椒海港的航线，但是通往马可·波罗笔下"东方的秦海"7459座岛的航

---

[1]《卢济塔尼亚人之歌》，路易斯·德·卡蒙斯著，张维民译，四川文艺出版社，2020年1月。——编者注

线是由哥伦布首次开辟的。丁香、肉豆蔻核仁和干皮均是从这些岛屿运来的。

哥伦布说，大概就是如此，他对自己的伟大功绩十分轻描淡写。1506年，哥伦布去世，这一年也是阿尔梅达抵达印度的第二年，但人们开始怀疑他发现的印度的真实性。他发现的新航线似乎有点太便利了。即使按照托勒密低估的地球周长计算，从西班牙出发，航行不到一个月就可以到达的任何岛屿都太近了，不可能是印度。人们还觉得，他发现的印度似乎也太大了。从不久之后发现的奥里诺科河和亚马孙河的河口流量可以明确看出，这些河流流域广阔，应该属于辽阔的大陆而非岛屿。更令人困惑的是，如果它们都是亚洲的土地，那么波罗所说的伟大的国度中国是什么样子？传说中生产丝绸的赛里斯（旧时希腊对中国的称呼）在哪里？巨型中国帆船在哪里？在7459座岛之中，香料又来自哪里？

在16世纪头几年，奥里诺科河三角洲附近的河床产有丰富的珍珠，它们为哥伦布的航行带来了一些收益；之后，阿兹特克人的黄金和印加帝国的白银使伊莎贝拉女王收获了巨大的回报，是有史以来她最成功的一次投资。在16世纪的第二个十年，人们坚信丰富的矿藏可以带来巨额财富。因此，1513年，当率队历经艰难险阻终于穿过巴拿马地峡时，瓦斯科·努涅斯·德·巴尔沃亚向巨浪翻涌的新景象致意，高举刀剑，并将之抛入温暖的海水中，他的兴奋与欢欣之情是可以理解的。一切都解释清楚了。巴尔沃亚将这片岛屿连绵的海域称为"秦海"。麦哲伦命名的太平洋也正是这片海洋，当时他的船队刚刚经历了巴塔哥尼亚呼啸大作的暴风雨，故而麦哲伦认为这片海面十分"太平"，于是如此命名。与太平洋相比，大西洋可谓小巫见大巫，而出产珍珠的美洲只是通往新海域允诺的香料天堂的门户而已。海浪猛烈地拍击着巴尔沃亚的锁子甲，与此同时他戏剧化地升起了卡斯蒂利亚的旗帜，也因此声称，西班牙拥有这条通往东方的西向新航线，实际上，巴尔沃亚是在重申西班牙的争夺决心，它不仅要竞争现有的香料路线的管控权，还要控制它的所有海上航线。

对印度的探索远未结束。西班牙重新回到香料贸易的竞争之中；一名年轻的探险家从印度归来，没有财产，前途也渺茫，却正好赶上巴尔沃亚的发现。之后不久，他的视野与冒险精神甚至超越了哥伦布和达·伽马。对于葡萄牙的熟人来说，这名冒险家叫作"费尔南·德·马加良斯"，而对于未来的西班牙雇主来说，他叫作"费尔南多·马加利亚内斯"，对于说英语的后人则为"麦哲伦"，他的参与促使香料及其路线陷入乱局。

葡萄牙国王曼努埃尔（更不用提大陆阿尔加维、海外阿尔加维的国王，航海之主宰，几乎其他所有征服之地的领主等头衔）曾密切关注西班牙的香料探索进展。人们越来越确定哥伦布发现的不是香料群岛，这一点令人鼓舞；驻扎在印度的葡萄牙人可能要比驻扎在加勒比地区的西班牙人距离香料群岛更近一些。但在真正找到香料群岛之前，没有人可以确定，到底谁会首先占领香料群岛。即使到那时，香料群岛的归属仍不清晰。《托尔德西里亚斯条约》在大西洋划下了葡萄牙和西班牙的势力分界线，但是这条分界线没有明确说明，它是否适用于世界的另一侧。那时，经度的计算方法还不成熟，加上长久以来无法确定地球的周长，均导致这条分界线的定位问题重重。而且，西班牙率先抵达香料群岛的威胁仍然存在。即使仅仅为了先发制人，阻止西班牙率先做出的探索努力，麦哲伦船队也值得葡萄牙的紧急关注。

早在1506年，阿尔梅达的儿子，也就是死于焦尔的那名指挥官，已经率领葡萄牙的一支小型舰队成功抵达斯里兰卡。与迪亚士在好望角遭遇风暴一样，年轻的洛伦索·阿尔梅达在暴风雨的裹挟下驶过了科摩林角，毫无所觉，这是葡萄牙人首次穿过科摩林角。之后，他大概是误打误撞地到达了斯里兰卡，葡萄牙人沿袭阿拉伯人的做法，称之为"塞伦迪布""塔普拉班"或"锡兰"。斯里兰卡的肉桂质量极佳，该岛以此而闻名世界。葡萄牙人在该岛获得了一船肉桂，部分是进献的贡品，部分是购买而来。他们还与该岛上的其中一个国王达成了协议。1518年，葡萄牙在科伦坡建立商站，驱逐附近的穆斯林竞争者。自此之后，葡萄牙在斯里兰卡进口大量肉桂，满足了欧洲市场对于肉桂的需求。

博克塞写道："相对于其他香料，葡萄牙人有能力对于肉桂贸易行使更有效的垄断。"[2] 但是，荷兰人对于垄断一词有不同的理解。在16世纪上半叶，运达里斯本的肉桂不及肉桂总量的三分之一，其余的肉桂均被走私者和葡萄牙官员以私人名义偷偷转走了。葡萄牙人没有尝试征服这座岛屿。他们使大量斯里兰卡人改信基督教，但他们的管理方式几乎只限于将剥肉桂树皮的种姓打压到受奴役的境地。他们偶尔去参观一下肉桂树的种植区，那里的肉桂树生机勃勃，新长出来的叶子呈浅粉色，富有光泽。从斯里兰卡去往科钦和果阿都非常方便，因此斯里兰卡出口的肉桂与马拉巴尔海岸的胡椒、姜经常联合起来出售。理论上来说，外国竞争者不允许进入斯里兰卡，直到一个多世纪后，荷兰做出了不同的决定。

其他"上等香料"，即丁香、肉豆蔻核仁和干皮，则是另一码事了。达·伽马及后续探险家均提到，印度海港无法稳定地供应这些香料，并惋惜这些香料似乎超出了印度管辖的海运范围。他们不清楚，这些香料到底从何而来，但一致发现，运达印度的这些香料全部来自一个地方，达·伽马称之为"Malequa"。此地就是与马六甲海峡同名的马六甲城，它是东方的贸易圣地，也是通往摩鹿加群岛的门户。他们听说，马六甲城由一名穆斯林苏丹统治，与阿拉伯、古吉拉特、马拉巴尔和中国商人（以及其他人）均有频繁的贸易往来，是一个优越的贸易海港。这些原因使曼努埃尔国王决定必须尽快"发现"这个地方，并将它纳入葡萄牙的管控范围。

1509年，里斯本组建了一支舰队，直接驶向马六甲城。为了能在一定程度上控制马六甲城，葡萄牙国王决定将马六甲城，连同远东地区，划分为一个单独的管辖区，与印度（以科钦/果阿为基础）互为补充，但独立于印度。他还设想，在东非和阿拉伯海岸也建立类似的政治实体，但最终均没有付诸实践。即将成为阿拉伯海总督的人英年早逝，与此同时，即将成为马六甲总督的人已驶入波涛汹涌的水域。

迪奥戈·洛佩斯·德·塞格拉先后抵达马达加斯加和科钦，强行征召当地的领航员，在1510年驶入马六甲海峡。关于将自己的霸权强加于依赖贸易的苏丹国头上的戏码，葡萄牙人已排练得很娴熟了。与达·伽马第一次抵达卡利卡特时一样，塞格拉一开始也表现出了应有的顺从，他们一行受到了马六甲苏丹的热情接待，苏丹慷慨地允诺他们可以在此地建立一个小型商站。

然而，卡利卡特的悲剧再次上演。与扎莫林一样，马六甲苏丹依赖商人群体，他们以穆斯林为主，时刻提防葡萄牙的进攻，这一点不难理解。于是，马六甲苏丹改变了主意。他下令袭击葡萄牙的商站，死伤数人，还俘虏了其负责人鲁伊·德·阿劳霍。不知是不是故意挑衅，他们还袭击了塞格拉的船只，当时船上只有四个人。船上的葡萄牙人在击退偷袭者后，象征性地轰炸了一下这座城市就落荒而逃。这时马六甲苏丹有了阿劳霍及其手下作为人质，但在他们被关押后，葡萄牙人就有了紧迫的借口，可以采取进一步行动。在君主的名誉岌岌可危之际，阿尔布开克成功应对了这个危机：他暂时忽略葡属印度的纷争，抛下在果阿艰难建立的定居点，于1511年年初驶向马六甲城。

由博洛尼亚的神秘人士洛多维科·德·瓦尔泰马所著的一部旅行指南（*Travels*）即将出版，阿尔布开克（也有可能是塞格拉）抢先拿到了一本，看后深受鼓舞，加上从领航员和当地其他海员那里得到的信息，他毅然决定前往马六甲城。瓦尔泰马在东方从事间谍活动，但我们不清楚他受谁所托。他是否真的游历过所有他声称去过的地方，这一点也不能确定。但即使他没有全部游历过，这段短暂效劳葡萄牙的时期，加上阿尔布开克所得的那本尚未出版的旅行指南，均强烈表明，他参与了佩罗·德·科维良早些时候进行的那种侦察活动。

瓦尔泰马应该受到认可，他与后来著名的扬·范·林索登可以说是那个世纪最具影响力的商业间谍。他曾出访麦加，评估印度半岛的政治局势，在坎纳诺尔短暂担任葡萄牙的中间人，除了这些活动，他还将关系网撒向更远的地方。显然，他到访过孟加拉湾周边的大多数国家，之后——可能是在1505年——真的抵达了马六甲城。他写道，马六甲城位于马来半岛，是"主要海域的重要海港"，它控制马六甲海峡，并向"约80年前建成此地的中国皇帝"进献贡品。[3] 虽然该地是当时马来苏丹国之中伊斯兰氛围最浓厚的，但瓦尔泰马仍准确地指出了郑和在下西洋期间对马六甲城做出的功绩，也注意到了该地与中国的持久关系。他能得出这些结论，要么是倚仗异常灵通的消息来源，要么肯定是曾亲自到访并考察过马六甲城。

这还不是瓦尔泰马搜集到的全部情报。除了将马六甲城与中国及其有名的出口贸易联系起来，他还确认了该地在印度尼西亚群岛贸易中起到的中枢作用，其中包括肉豆蔻干皮和核仁、丁香贸易。瓦尔泰马似乎真的曾到访过出产这些香料的岛屿。他叙述道，这些岛屿没有建立防御工事，从马六甲城航行两周即可到达。

有这样一份令人垂涎的报告在手，阿尔布开克做出了前往马六甲城的决定，可以说少不了瓦尔泰马的功劳。他的舰队由18艘船只组成，之后又加入了一些在途中截获的古吉拉特、科罗曼德尔和爪哇的船只。官方报告（*Commentary*）——其作者可能是阿尔布开克的儿子——解释道，"这（4月）是摩尔人起程前往那些王国的季节……它们坐落于科摩林角的东面"。这支舰队率领的船只数量众多，"可以说是那一带到此时为止缴获船只最多的一次了"。[4] 当这支舰队在苏门答腊岛北部的海港巴赛和毕迪停靠时，他们本来可以掌控当地已相当可观的胡椒贸易。这样看来，不得不将火药留给马六甲城，对于他们来说这似乎是一种耻辱。

仿佛是为了洗刷耻辱，阿尔布开克率领船队直接闯入马六甲海港，整个舰队炮火齐发，旗帜飘扬，号角吹响。此番示威似乎达到了他们想要的效果，苏丹穆罕默德同意释放人质，并归还属于葡萄牙的财产。但苏丹想要确保葡萄牙人不再进攻马六甲海港，在此期间，他没有释放人质。如果说阿尔布开克倾向于用恐吓的方式震慑敌人，那么拖延显然就是苏丹偏好的策略了。

葡萄牙人在海上战无不胜，但在陆地上，他们唯一的优势是纪律严明的军队和异常狂烈的宗教热情。马六甲海港是葡萄牙到这时为止进攻过的最大的一座城市，而且马六甲苏丹拥有规模庞大的军队和一门自制大炮，威力甚至堪比德意志铸造的任何一门大炮。直接进攻显然行不通。因此，阿尔布开克改变战术，在敌军中散布不和言论：中国船队的一些人员被拉到了葡萄牙人的阵营；苏丹的一名爪哇指挥官许诺将持中立态度；如果古吉拉特商人能劝服马六甲城谨慎行事，葡萄牙人可能不会再掠夺他们的货物。然而，马六甲苏丹依然顽强抵抗。

随后，阿尔布开克下令袭击马六甲港口的船只。这场战争迫使苏丹释放了阿劳霍及其同伴，但在赔偿事宜方面，双方没有达成一致意见，苏丹也没有同意葡萄牙人在此地设立堡垒或商站。在阿劳霍的建议下，葡萄牙人开始攻打一座长木桥，该桥将马六甲城与其主清真寺和郊区连接起来。此次交战非常激烈，算得上是葡萄牙人经历过的最猛烈的战斗之一，他们夺取了这座木桥，但最终没能坚守住。

这时已经过去数周，向西航行的时节马上就要来临。在阿尔布开克的军队中同样异议声四起，为了重振士气，他发表了一番慷慨激昂的演说。他告诉士兵们，眼下除了攻下这座城市，他们别无选择。那些有不同意见的人，必须重新考虑此时的局势。他给出了两个理由，而这两个理由正是葡萄牙人最初来到东方的原因。宗教和贸易，即"基督教徒和香料"，二者仍然密不可分。

第一个（原因）是必须为我们的主履行伟大使命，我们必须将摩尔人赶出这个国家……如果我们能够做到这一点，它将促使摩尔人放弃印度，使之完全屈从于我们的统治。他们中的大多数人依靠这个国家的贸易为生，这部分人正变得越来越强大，越来越富有，成为辽阔领地的领主……

另一个原因是为我们的国王曼努埃尔谋取额外好处，我们要攻下这座城市，因为这里是所有香料和药品的集散地。摩尔人每年都会将这些货物运往海峡（从曼德海峡进入红海），我们无法阻止他们这样做。但如果我们能夺取这个历史悠久的贸易市场，对于他们来说就没有任何可以继续从事贸易的港口了……如果我们能从他们手中将马六甲城的贸易夺取过来，开罗和麦加也就随之被彻底摧毁了，威尼斯商人只能从葡萄牙购买香料，否则什么香料都运不过去。[5]

阿尔布开克通过这次战斗宣言，赢得了部下的信任。等到潮水适合起航时，他们发起了全面而猛烈的进攻。他们再次攻下了那座木桥，并加强防御，成功防守。对方派出了一支大象军团，但被彻底击溃，发起的反击也被击退。臼炮和火炮齐发，苏丹潜逃，马六甲城沦陷。

之后，葡萄牙人洗劫了这座城市。官方报告的作者目击了这个过程，他写道："死在剑下的摩尔人不计其数，女人和小孩也未能逃过此劫。"[6] 葡萄牙人拆毁了它的主清真寺，用清真寺的石头建造堡垒，阿尔布开克的旗舰"海洋之花"号上堆满了价值不可估量的商品和珍宝。逃亡中的马六甲苏丹绝望至极，向中国皇帝求助。但此举纯属浪费时间，那时的中国对海上贸易仍不感兴趣。马六甲苏丹没有迎来中国的支援大船，只得到了一些安抚的话语。等到中国最终派船增援时，苏丹已经去世，阿尔布开克也早已离去。

阿尔布开克将阿劳霍留在马六甲城执掌军队，守卫堡垒，控制从马六甲海峡进出的船只，自己则返回印度。果阿急需援军，波斯湾的霍尔木兹也尚未被攻克。但由于马六甲之战的获胜者威名远扬，二者都不会构成无法逾越的挑战。

在这场立马就成为葡萄牙富有代表性的征服战中，唯一值得注意的挫折是失去了旗舰"海洋之花"号。返航途中，它在苏门答腊岛海岸触礁遇难。与它一起沉入海底的有"自发现印度以来数量最为丰富的战利品"。此次灾难还损失了献给曼努埃尔王后的整整一个车间的刺绣工——"技艺精湛"，全部为女性，估计曾为苏丹效劳；以及"许多来自印度以东国家贵族家庭的年轻女子和男子"，实际上，他们相当于人质，也全部溺亡。只有少数几个人幸存下来，阿尔布开克是其中一个。他利用职权强占了唯一的救生筏，像布祖格船长故事中的一位英雄那样，被一艘姐妹船打捞上来。

这场灾难甚至本可能会更加惨重。"要不是我们的主通过那两艘俘获的摩尔人的大船救助了他们（幸存者）……船上载有胡椒、丝绸、檀香和沉香木"，他们可能已经饿死了。更糟糕的是，此次远征最后可能会出现亏损。然而，天意如此，即使遭遇海难，也无损这一至高无上的战绩。在不到10年的时间里，先是阿尔梅达解决了葡属印度的唯一严重威胁，之后阿尔布开克将葡萄牙在东方的势力范围牢牢地推进到马六甲城——在葡属东方的近陆要塞中位于最远端，在接下来的一个世纪里，葡属东方将从此地抵御一切挑战。第二年，多默·皮列士抵达马六甲城，他称这座城市

"为贸易而生，要比世界上的其他任何城市都更适合，是（印度）季风的终点和另一季风的起点"，这正好呼应了"伟大的阿方索"之名。

> 谁控制了马六甲城，谁就扼住了威尼斯的咽喉。因为马六甲城本身，从马六甲城到中国，从中国到摩鹿加群岛，从摩鹿加群岛到爪哇，从爪哇回到苏门答腊和马六甲城，都在我们的掌控之中。意识到这一点的人都会颂扬马六甲城之名。相比于麝香、安息香（安息香树脂，苏门答腊所产的一种稀有香树脂）和其他珍品，马六甲城更加看重大蒜和葱。[7]

最后一句可能是为威尼斯读者而写。威尼斯人会将某些异域商品视为珍宝，如果这些商品的价值在马六甲城比不过葱，那么他们可由此判断马六甲城的繁荣程度。难怪曼努埃尔国王在整个基督教世界传扬这一喜讯。马六甲城的价值不言而喻，他迫切想要得到教皇的进一步支持。因为葡萄牙对于马六甲城的征服，导致西班牙重申对香料群岛的主权主张，并迅速宣布了一项探索计划。幸运的是，来自美第奇家族的教皇利奥十世头脑冷静，他认为葡萄牙已稳操胜券，而西班牙仍无必胜的把握。1512年，圣城为庆祝马六甲被征服，公开举办了庆典，1514年，还举办了盛大的东方文物展览。这使人回忆起罗马帝国的壮观场面，印度奴隶与花豹、黑豹、鹦鹉一起行进。一头大象向教皇行屈膝礼，然后向人群喷水。只有犀牛没有出现，因为犀牛已死于运输途中。

罗马通常是以教皇诏书的形式回应请求的。1514年，教皇诏书确认了葡萄牙在"非洲和大西洋以东其他所有地区"的特权，包括"基督徒罕至的所有地区，无论是重新获得、发现、到达的，还是购得的……在任何地方或区域，甚至是我们此刻可能还不知晓的地方"。[8] 整个世界和其中的一切，似乎都变成了葡萄牙的快乐猎场。《托尔德西里亚斯条约》没有明确西班牙的势力范围向西延伸至何处，但可想而知，属于西班牙的领地肯定也非常广阔。国王曼努埃尔可能会将诏书中的诸多"任何"和"可能"等字眼替换成更为精确或合适的地名，如"马六甲城"和"香料群岛"。

在离开马六甲城之前，阿尔布开克还抽时间制定了之后葡萄牙要在远东地区实行的相关政策。有一点例外，它与其他地方的做法大相径庭。这是因为葡萄牙的资源不足以令其在另一个贸易舞台再度实行高压政策，况且此地与世界上的其他任何地方相比，贸易更繁忙，领域也更广阔。此外，宗教狂热可能会产生反效果，因为伊斯兰教本身在此地是一个相对较新的宗教，且总体上而言，此地不存在大的宗教争议。"基督教徒和香料"在这里并不互补，甚至不能兼容，只能择其一。

远东地区的葡萄牙人选择了香料。正如一位现代权威学者所述："在大西洋，他们是探险者；在印度洋，他们是征服者；在远东，他们是商人。"[9] 马六甲城之所以繁荣是因为它对所有到来者开放，不论其信仰和国籍为何。因此，成功的关键在于调整与适应，阿尔布开克深知这个道理，他设法消除马六甲苏丹国邻国的不安与疑虑。马塔兰（位于爪哇岛）和甘巴（位于苏门答腊岛南部）向葡萄牙示好，希望与葡萄牙建立友好关系，葡萄牙则派出使节前往两地；另一位特使被派往泰国大城王朝的都城阿瑜陀耶。征服马六甲城的消息一抵达里斯本，国王曼努埃尔就下定决心要

"发现"中国，于是将多默·皮列士派遣至中国的广东地区。皮列士的《东方志》几乎可以说是当时有关远东地区的著作中最权威的一部。

唯一的例外是香料群岛。阿尔布开克竭力主张，他们不是去"发现"（discover），而是去"探索"（explore）香料群岛的。在葡萄牙帝国的背景下，此词与"剥削"（exploit）没什么区别。1511年年末，阿尔布开克命安东尼奥·阿布雷乌从马六甲城率领一支由三艘船和一艘补给船组成的舰队前往香料群岛。

此次远航似乎也是受洛多维科·德·瓦尔泰马所著的那本旅行指南的启发。无论这位博洛尼亚旅行者是否真的到过香料群岛，他关于香料群岛的著述是唯一可信的。相较之前的旅行者对香料群岛的模糊叙述，如马可·波罗、伊本·白图泰和德·孔蒂，瓦尔泰马的著作向前推进了一大步，且写作时间距今最近。但不得不说，瓦尔泰马决定前往香料群岛的理由并不是一名专业的香料间谍能想出来的最好的。他说，这一切都多亏了他的旅行伙伴。当时他们身处苏门答腊岛，"来到了香料生长的地方"，这名伙伴突然想尽可能多地看一看其他种植香料的岛屿。他和瓦尔泰马打听了一下，得知"肉豆蔻核仁和干皮生长于距离此地300英里的岛屿之上"，于是他们雇了船只和人手，在日出时分动身前往香料群岛。

"我们带了许多食物，尤其是带了特别多的水果，它们是我迄今为止吃过的最好吃的水果，然后起程去往班达岛。"整个航程持续了"15天"。与"300英里"一样，他们很可能是故意将时间写得这样短。实际上，二者相距1000多英里（约1600千米），需要航行一个月才能抵达。他们故意如此轻描淡写，使香料群岛听起来比实际位置更靠近马六甲城，这样可以打消西班牙人对香料群岛的兴趣。途中，他们经过了"约20座"其他岛屿，有些有人居住，有些没有人居住。之后，他们看到了"班达"。结果，班达显得"非常丑陋与阴郁……整个岛屿的周长大约为100英里"，地势"极低且平坦"，岛上的人"智力低下""像野兽一样生活"。再向北航行12天，他们来到了摩鹿加群岛。那里的地面呈沙褐色，"但不是沙地"，空气"有点微凉"，岛上的人甚至"显得更肮脏无用"。[10] 事实上，瓦尔泰马口中的香料群岛除了出产香料，毫无吸引力，与如今棕榈树掩映下珊瑚礁环绕的群岛美景毫无联系。

唯一令人信服的是他对香料本身的描述。这是史上第一次有人将丁香的原产地指向摩鹿加群岛，将肉豆蔻核仁和干皮的原产地指向班达群岛。他准确描述了肉豆蔻核仁与干皮的植物学关系，也可靠地叙述了肉豆蔻的采集过程及其价格。如果瓦尔泰马从未到过那里，那么同样，他一定拥有非常丰富可靠的消息来源。因此，正如阿尔梅达将他的儿子派遣至斯里兰卡时已经熟知此岛一样，阿尔布开克在派遣"探索者"时，也已经知道了许多有关香料群岛的事情。

根据瓦尔泰马的旅行记录，安东尼奥·阿布雷乌率领三艘船先驶向班达群岛。阿尔布开克选择任命阿布雷乌为这次探索的指挥官，是为了奖赏他：在最后一次进攻马六甲城的战役中，阿布雷乌的嘴部被击中，在少了半边脸和大部分舌头的情况下，他仍坚持作战。此次出航的人员也都参与过马六甲战役，包括弗朗西斯科·赛朗。赛朗率领的船只在出航去往香料群岛的途中遇难，也是唯一一艘遇难的船只。赛朗活了下来，之后又购买了一艘船，以替代之前的船只。

不同于后来的说法，赛朗最好的朋友麦哲伦可能并没有担任阿布雷乌舰队第三艘船的指挥官。与赛朗一样，麦哲伦作为塞格拉探险队和阿尔布开克探险队的成员，当然也参与了马六甲战役。不过，之后他似乎跟随阿尔布开克返回了印度，并途经东非返回家乡。他还带着一名男仆，这名男仆是从马六甲城买来的奴隶。在那个年代，这种做法是非常常见的，这个信息对研究麦哲伦或那名马来奴隶"恩里克"没有任何帮助。但后续故事值得关注。恩里克将陪伴主人进行之后的远航，他们在菲律宾遭遇袭击时，麦哲伦不幸去世，他比麦哲伦活得更久。如果恩里克之后成功返回马六甲城——这是有可能的——那么他才是第一个完成环球航行的人，而不是麦哲伦的任何一名伊比利亚同伴。这一壮举当时未经证实，自那之后也从未有人为此庆祝，可能和绝大多数航行于香料之路上的人一样，他没有资格被奉为英雄，因为他不够有文化，也不是白种人。

阿尔布开克明令规定，不要在去往香料群岛的航程中掠夺财物，除了购买香料，不要上岸。这使得阿布雷乌和他的手下在叙事中处于不利地位，他们离目的地越来越近。即使事实上禁止登陆，但将班达群岛上的一次喧嚣的登陆过程记录下来也是合适的。终于发现了这些岛屿，两千年来，对这个最神秘和最神话化的目的地的探索到达顶峰，因而至少应有一种仪式感，比如升起旗帜，吹响号角，礼炮齐发，发出雷鸣般的轰响，精心组织言语，发表慷慨演说。后来抵达香料群岛的人做了这些事，提供了这些信息，此后的作家也以阿布雷乌的名义提供了类似的信息，这一点不难理解，但他们的航程日志对此事闭口不提。

班达人显然欢迎新来者，前者欢迎任何带着货物来交换他们唯一可出口商品的人，尤其是那些似乎对陆地过敏的人。阿布雷乌在此地停留了可能有一个月之久，装载了肉豆蔻核仁和干皮，以及一些从摩鹿加群岛运来的丁香。之后，他们前往摩鹿加群岛，但同样是低调登陆。岛上的人似乎完全没有意识到，他们终于要与那些自认为是他们最古老、最遥远的顾客面对面了；也没有任何证据表明，阿布雷乌为他们创立了历史联系。这本应该是世界上最重要的会面之一，却似乎未经确认就这样过去了。新香料时代的曙光被一片铅灰色的寂静天空所遮蔽。如果容貌受损的阿布雷乌真的曾冒险上过岸，那么他在班达群岛海滩上迈出的一小步并没有被誉为人类历史上的巨大飞跃，人们本来完全有权利期盼这一飞跃。

阿布雷乌的这次远征最多可以说是证实了瓦尔泰马对香料群岛及其岛民的恶劣看法，加剧了他的愤恨之情，即他认为，如此恶劣之地不配拥有如此丰富的香料。卑劣的岛民和他们无价的农产品之间的这种差异，在葡萄牙人之中成为公认的事实，这一点常常会在他们心中激起一股混杂着恐惧和欲望的强烈情绪。据巴洛斯所说，摩鹿加群岛"是所有邪恶事物的栖息地，除丁香之外，毫无优点"。[11] 巴洛斯认为，既然上帝创造了它们，"我们必须认为它们是好的"。从后来发生的事情来看，它们的确让他想起了伊甸园，但这只是因为丁香可以与夏娃的"不和之果"相媲美，是冲突与无尽耻辱的根源。以果阿为据点的植物学家和药剂师加西亚·德·奥尔塔，在描述种植肉豆蔻核仁的岛屿时，也表现出了这种厌恶情绪。"班达非常危险，"他说道，"许多人去了那里再也没回来。但人们总是想去那里，因为那里可以赚到很多钱。"[12]

阿布雷乌顶多将这次航程看作一次商业侦察，之后他前往安汶港，它位于与其同名的岛屿的一个深水海湾里。安汶岛毗邻面积更大的塞兰岛，地处便利，位于班达群岛和摩鹿加群岛途中更靠近前者的地方。虽然安汶岛本身不出产香料，但注定会在接下来的一个世纪里展开的恐怖争夺中占据重要地位。阿布雷乌记录下安汶岛对于葡萄牙的战略潜力，然后再次向西航行，返回马六甲城。

葡萄牙人没有试图在香料群岛建立商站，也没有留下任何表示葡萄牙人曾到达此地的标志。但在距离安汶岛150英里（200千米）之处，弗朗西斯科·赛朗的船只从阿布雷乌舰队脱离，不幸撞上暗礁，沉入海底。幸运的是，赛朗及其9名同伴，以及其他各色船员，都幸免于难。他们设法爬上了一座荒无人烟的环礁岛，在那里诱拐了一艘路过的马来快船。我们目前尚不清楚，这艘船上的人是出于善意搭救他们的普通人，还是想要抢劫的海盗。无论是哪一种，他们都制服了船上的人，并强行霸占了那艘船，重新起航。他们向安汶岛驶去，但错过了那片小海湾，停泊在了岛屿的北侧。后来，赛朗在与塞兰岛的一次争斗中表现出的英勇之名，传到了北摩鹿加群岛。特尔纳特岛是所有种植丁香的岛屿中最大的一座，听闻此事后，岛上的王子迅速去认领了那些遭遇海难的人。之后，赛朗定居特尔纳特岛，并娶了一个爪哇女人，生了好几个孩子，在苏丹的任命下，成为当地地位显赫的官员。香料群岛的岛民尽管恶名昭著，但或许是唯一欢迎他们的居民了，他们成了此地的首批葡萄牙定居者。里斯本也因而在香料群岛有了代理人，但这纯属意外之举。当时，麦哲伦还没有受到人们的关注，但他其实也已经对香料群岛产生了兴趣，因为老朋友赛朗不时写信给他，赛朗真是一位热情且鼓舞人心的通信人呢！

多亏了这一系列海上变故，北摩鹿加群岛——香气馥郁的丁香群岛——才成为葡萄牙人关注的焦点，而盛产令人沉醉的肉豆蔻的班达群岛"则享受到了被忽视的巨大好处"。[13] 这两座岛群的地貌形态均归因于岛上仍处于活跃期的火山，而其名声也均来自岛上种植的特殊香料。但它们也有不同之处。北摩鹿加群岛（令人困惑的是，现在印度尼西亚共和国的马鲁古/摩鹿加省包含班达群岛，而班达群岛被称为"南摩鹿加群岛"）由6座种植丁香的岛屿和其他不种植丁香的岛屿组成。与其他岛屿相比，那6座种植丁香的岛屿地位更重要，它们各有一座火山，并且拥有自己的苏丹。但只有特尔纳特岛和蒂多雷岛的苏丹想要称霸其他岛屿，同时统领对方。因此，丁香群岛间不断积聚的王朝矛盾，可能会像岛上的火山一样随时爆发。这种长期的不和谐招致了剥削，就像丁香收获本身一样；尽管葡萄牙声称它占领在先，但是西班牙的姗姗来迟并不对其构成阻碍。

再者，班达群岛的岛屿分布得更加有序，它们围绕一座火山向外排布。它们由数不清的奥朗卡亚（orang kaya，可理解为富裕贵族）经营，被笼罩在茂密的森林之下（肉豆蔻树生长得十分茂盛，树冠很高）。这些富人或村落首领不承认任何霸主或苏丹。班达人或许可以被描述为共和主义者，这也是为什么班达群岛不受本质上因伊比利亚半岛天主教王朝纷争而迁移出来的过剩人口的影响。但这只是暂时的，直到出现更适应局势的声索国。之后，不到一个世纪，班达群岛的平民百姓将遭受欧洲新教势力带来的腥风血雨，也就是共和主义的荷兰人和有宪法意识的英国人之间的战争。在旷日持久的香料路线控制权的争夺中，最后几战竟发生在火山众多的香料群岛本身的范围之内，它们与之前的冲突构成了奇妙的对称性。

从1511年年末开始，弗朗西斯科·赛朗困在了特尔纳特岛，他有充足的时间写信。他也许是通过爪哇和望加锡运输丁香的船只与驻扎在马六甲城的葡萄牙人书信往来。1514年，当下一波葡萄牙访客抵达安汶岛时，他们收走了赛朗的一整批信件。基于这些一手资料，1515年，多默·皮列士在马六甲城撰写《东方志》时，鲜有地夸赞了特尔纳特岛。据皮列士或赛朗所述，特尔纳特苏丹是"一个明事理的人"，虽有400妃妾（"都是名门望族的后代"），但他仍然"欢迎基督教士"。特尔纳特岛十分"有益于健康"，如果不考虑火山喷发出的含硫烟气的话，空气质量也比较"优良"。他有约2000名部下，他们可谓是"摩鹿加人中的骑士"；其中，10%的人信奉伊斯兰教，但他们仍喜爱"饮用当地特产的酒"。岛上每年除了出产30吨丁香，还会出产"大量食物"，包括具有异国情调的水果和海产食品。[14] 简言之，特尔纳特岛拥有一个人想要的一切事物，当然也能满足弗朗西斯科·赛朗所有的需求。这位流落到特尔纳特岛的人过得非常快活，虽然他乐于促进葡萄牙人的收益，且协助他们运输商品，但显然他并不急着离开特尔纳特岛。

1514年，那支带走他书信的舰队率先抵达班达群岛购买肉豆蔻核仁，没有停靠特尔纳特岛和北摩鹿加群岛的其他岛屿。不过，第二年，葡萄牙人率领几艘船抵达了特尔纳特岛。赛朗帮助他们获取了一船丁香，但他仍留在岛上。他的行为遭到了驻守在马六甲城的葡萄牙人的谴责，但他已经彻底融入特尔纳特岛的生活，不愿离去。从那以后，葡萄牙每年都会派船前往特尔纳特岛运载丁香，赛朗也一直为他们提供帮助。1519年，麦哲伦动身去找他时，他仍然在特尔纳特岛上生活。也许，他在一定程度上促使麦哲伦不再为葡萄牙效力，并激发后者开启全新的航线。

赛朗写给麦哲伦的信件没有留存下来。但可以确定的是，他们之间确实曾有书信往来，而且很有可能影响了麦哲伦的决定。他们两人对葡萄牙王室均没有强烈的使命感。赛朗退居特尔纳特岛后，完全摆脱了里斯本的管辖，而麦哲伦对葡萄牙也越来越不抱有幻想。从东方远征回来后，他又加入了国王曼努埃尔派去攻打摩洛哥摩尔人的"十字军"。他这样做是希望能讨好国王，以此获得晋升，赢得率领远征队前往摩鹿加群岛的机会。此次出征大胜而归，但他在战争中腿部受伤，后来还被指控侵吞公款。几乎可以确定，他没有侵吞公款，虽然指控最终被驳回，但他申请率队远征之事也落空了。这令他深感厌烦，于是他开始学习地理知识，与另一些对王室不满的权贵相伴，寻找到其他地方获取财富的机会。

西班牙早先曾提出一个问题，即依据《托尔德西里亚斯条约》，葡萄牙是否能够正当声称摩鹿加群岛归属于它。赛朗在信中可能也提出了相同的疑问。麦哲伦一定研究了此事，并私下与其他人商议。如果大西洋上的分界线大约落在西经46度，那么继续越过两极，在地球的另一端，另一条分界线应该落在东经134度。从巴尔沃亚发现的太平洋海岸线来看，显然这条线远远超出了美洲；考虑到当时对地球周长的估算，加上葡萄牙已经占领的广袤的朝向东方的土地，这条分界线看起来很有可能会落在亚洲大陆附近，甚至在亚洲大陆上。那么，葡萄牙人很可能会发现，摩鹿加群岛从它的地盘被砍掉了。

麦哲伦不再效忠于葡萄牙，转而宣誓，将效忠于西班牙国王查理一世。麦哲伦可以声称，而且很可能真的这样做了，澄清《托尔德西里亚斯条约》的分界线，意味着维护教皇的权威，教皇制超越了所有的君主制。但这没能消除葡萄牙人和西班牙人的疑虑，前者把麦哲伦的背叛视为叛国，而后者仍然怀疑他的动机，并对他偏爱葡萄牙军官一事表示不满。如果此次远征的主要目的是收集敏感的地理数据，国王查理一定会选择一名西班牙航海家。而麦哲伦的王牌是他与赛朗的友情，以及对丁香的承诺。他最后能成功出航，估计是与他关于香料的言论，以及他估算出的利润给国王查理及其谋臣留下了极其深刻的印象大有关系。

皮列士又一次从赛朗的书信中找到了有价值的信息：在马六甲城用500里斯买到的商品（如织物、餐具和小饰品），可以在摩鹿加群岛兑换1巴哈尔（约为600磅或270千克）丁香；然后，同等重量的丁香在马六甲城约能卖出9至12克鲁扎多。按当时的兑换比例计算，1克鲁扎多可兑换400里斯，那么9至12克鲁扎多可兑换3600里斯至4800里斯。换句话说，仅在终点为里斯本的三段式航程中的第一段，丁香的价值一下子就提升了近10倍。当他们抵达印度时，丁香的价格可能会再增长6倍。16世纪20年代，1巴哈尔丁香在焦尔的价格是70克鲁扎多。在这一带，大宗货物会被拆分，印度及其邻国消费的每种香料的数量都仍远超欧洲。同样在这里，从摩鹿加群岛运来的部分货物会继续向西运输，但其价格轨迹变得更难追踪。随着每一次交易，可变因素也不断增加，汇率、计量单位和季节性因素尤为多变。这些因素甚至可能会扰乱当时的价格计算方式。但从印度到欧洲，据估算，价格平均可以提升10倍。因此，将丁香从摩鹿加群岛以1巴哈尔稍高于

1克鲁扎多的批发价运至里斯本时，它的价格已飙升至700克鲁扎多。

当然，这些差价并不全然是利润。运费、运输耗损、关税及其他各种税款都需要计算在内。价格很不稳定。16世纪早期，产地的丁香价格急剧升高，不是因为葡萄牙对丁香的需求量增加，而是因为葡萄牙强行压制当地承运人，导致运输量下降。然而，无论成本是多少，价格如何变化，从理论上来说，丁香的售价应该可以达到进口价的3500%，利润极其可观，这一点毋庸置疑。

毫不令人惊奇，西班牙的私人赞助商像他们的国王查理一样，热衷于投资麦哲伦的远航计划。事实上，他们可能在利益方面与西班牙王室委员会达成了一致意见。当真正谈到麦哲伦的雇用条款时，商业上的考虑居于首位，如何分配那些预期的收益是他们最关心的问题，其间引起了不少争议。香料仍然是世界贸易中最令人兴奋的商品，就像是哥伦布向西远航的主要动机一样，香料也是麦哲伦远征的主要原因。麦哲伦将环绕美洲航行，然后继续向东方前进，目的是重新规划香料贸易的路线。

1519年8月，他率领5艘船和约250人，从塞维利亚出发。此次出航的船只都非常小，其中最大的排水量也不过145吨。一名葡萄牙间谍是这样描述那些船的："非常老旧……是拼凑出来的，临时进行了修补……很多地方已经腐坏……即使是去加那利群岛，我也不愿意乘坐这样的船。"他可能是吃不到葡萄说葡萄酸吧，也可能是为了阻止其他潜在的葡萄牙叛逃者。事实证明，其中一艘船，即"维多利亚"号牢固得很，不仅完成了环球航行，之后还又一次横渡太平洋。

背景各异的手下才真是让麦哲伦头疼。起程之前，猜疑与嫉炉一直妨碍着出航准备；在海上，这些消极情绪非但没有减弱，一遇到困难反而立刻重新燃起。船员本来就鱼龙混杂，随着航程的推进，他们越发感到生命受到威胁，越来越焦躁不安，这更加剧了船上原本就紧张的气氛。途中，所有人都以为，他们发现了进入太平洋的通路，但最终发现，那只是普拉特河的河口。之后，船队在阿根廷大西洋一侧的海岸过冬。一艘船触礁沉入海底，第一次叛乱爆发，勉强被遏制住。第二艘船在巴塔哥尼亚和火地岛之间的海峡附近弃队离去。这个海峡以麦哲伦的名字命名。剩下的三艘船在离开西班牙后的第十五个月终于艰难驶入太平洋。

前方就是浩瀚无际的开阔海域了，微风拂来，气候宜人，这让所有人为之一振。麦哲伦的手下嗅闻了一下海风，觉得丁香离他们不远了。他们鸣炮庆祝，唱起了《赞美颂》（ Te Deum ）。如果当时这些人知道，新海域占了整个地球周长的三分之一，他们可能会选择唱《米泽里厄里》（ Miserere ，祈求主慈爱怜悯的圣曲）吧。

他们又经过了两个荒无人烟的环礁岛，再次穿过赤道，参照星象航行的时间甚至长于达·伽马。98天后，他们终于再次看到了陆地，尽管还是一座岛屿。到那时为止，坏血病已经夺去了19个人的性命，其他30个活下来的人也饱受其他疾病的折磨，饥肠辘辘。为了活命，他们将包裹在主帆桁上防止其磨损的牛皮煮了来吃。饼干上的蠕虫甚至比糕饼屑还要多，散发出像老鼠尿一样的臭气，这也是他们此时略带黄色的饮用水的味道。他们学着像老鼠那样啃木头，吃木屑。至于老鼠肉，"如果他们能捕到老鼠，会以每只半达克特的价钱卖出去"。

他们的下一个登陆点是关岛，但岛上的人并不友善，于是他们继续向西前行，抵达了之后被命名为菲律宾的岛屿。此地虽然没有香料，但岛上的人立马认出了麦哲伦拿出的香料样本，跟其他航海家一样，麦哲伦也用它们以备查验。岛上有一些陶瓷制品，能证明此地与中国有来往。此外，麦哲伦的仆人恩里克发现了一些说马来语的人，并能与他们进行交流。无疑，此地确实是亚洲了，香料群岛一定近在咫尺。一路上的苦难折磨着他们的身体与意志，因而这种突如其来的宽慰似乎使麦哲伦和他的手下变得有点神志不清。他们没有立即向南出发前往摩鹿加群岛，而是留在宿务岛监督这些岛民皈依基督教。十字架屹立起来，原先的偶像被摧毁，向岛民宣讲教义，岛民吟诵经文，众人接受圣水洗礼。

　　麦哲伦坚持认为，皈依基督教必须发自内心，忏悔也必须真心实意。他强调不能因愤怒而开枪，因而只有一个村庄被烧毁。但这些因素都没有阻止麦哲伦向这时已成为基督教徒的宿务岛国王提供援助，他们与仍是异教徒的邻国长期不和。麦哲伦带上所有可以战斗的船员，驶向那座令人不快的邻岛。因水中多礁石，船无法靠岸，他便带领船员蹚水上岸，腿部由于涉水，没有包上盔甲。敌人瞄准他们的腿部猛烈射击。麦哲伦两次被击中要害，脱离了大部队，最终面朝下倒在了水中。"这时，所有人立刻冲向他，向他投射长矛和标枪，"忠诚效忠麦哲伦的安东尼奥·皮加费塔在日记中写道，"他们杀死了我们的榜样、我们的希望、我们的慰藉和我们真正的领航人。"

　　　　我们的船长最英勇、最高尚，他在此次非常危险的航行
　　过程中比以往任何时候、其他任何人都更坚定不移。他比其
　　他任何人都更能忍受饥饿。他是一位航海家，制作了多张海

图。没有人比他更具环球航行的智慧、胆识或知识,这是众人都可见的事实。[15]

皮加费塔说,麦哲伦是最伟大的航海家,但不是征服者。在这场满含恶意、完全不必为此分散注意力的冲突中,他们输了,还因此失去了8名船员。西班牙在亚洲的帝国主义有了一个灾难性的开端;基督教的道德价值已然受到损害,并且即将遭受进一步的玷污。没有了麦哲伦,其余的船长再次陷入了争吵。在一场混乱的争斗中,船上的部分西班牙人勾结此时已萌生叛意的宿务岛国王,遗弃了麦哲伦的葡萄牙追随者,也可能是背叛了他们。这意味着,1520年5月,当他们最终再次起航时,剩余的船员不足以驾驶幸存的三艘船了。因此,他们烧掉了一艘船。这时,原本的五艘船只剩下旗舰"特立尼达"号和"维多利亚"号了。

不能确定他们为什么会前往婆罗洲的文莱,这一路上产生了更多的冲突,但也带来了一些激励。他们发现了樟脑和一种极小的肉桂;瓷质餐具和"以树皮制成的"船只表明,他们已经抵达中国附近区域了。他们抓了几个知道摩鹿加群岛位置的领航员。在此期间,巴斯克军官塞巴斯蒂安·德·埃尔卡诺不知何故赢得了占压倒性多数的西班牙同伴的信任,成为继麦哲伦之后的称职接班人。在埃尔卡诺的带领下,1521年11月6日,他们看到了四座岛屿,领航员说,那就是他们梦寐以求的摩鹿加群岛了。"为此,我们感谢上帝,为了庆祝成功,我们发射了所有的炮弹。我们非常欢欣,经历了无数的痛苦和危险,这一天终于找到了摩鹿加群岛,差两天就满25个月了。"[16]

弗朗西斯科·赛朗也去世了,很可能是死于中毒,且几乎与麦哲伦在菲律宾被杀死的时间相同，这真的是一种可悲的巧合。
两位老朋友没能在特尔纳特岛重聚。这支探险队无疑是西班牙人
的了，而特尔纳特岛被视为葡萄牙的附属地区，因而彼此是敌对
的关系。里斯本早已对麦哲伦的探险之旅感到焦虑，下令在特尔
纳特岛建立堡垒。看来，立即派出一名葡萄牙"总督"去管辖特
尔纳特岛，也是迫在眉睫之事。

于是，埃尔卡诺和其余那些西班牙人驶向邻近的岛屿蒂多雷
岛。蒂多雷苏丹与特尔纳特苏丹是亲戚，但两人也互为竞争对手；
前者深知外国大炮的价值和使用方法。埃尔卡诺一行对葡萄牙人
的自命不凡不屑一顾，他们就像是上帝给蒂多雷派来的制衡力量。
蒂多雷苏丹热情地迎接了埃尔卡诺，自称是西班牙的封臣。西班
牙人将蒂多雷岛视为自己的家，事实也确实如此，蒂多雷苏丹不
是刚将他的岛改名为"卡斯蒂利亚"了吗？两艘船都装载了足量
的丁香，此次航行为之后西班牙–蒂多雷或"泛卡斯蒂利亚"长
久的联盟关系奠定了基础。

摩鹿加群岛的经度仍然无法确定，但是葡萄牙的东向航行最
终与西班牙的西向航行重合了。一条冲突线，如果不是分界线的
话，已经建立起来，直直穿过香料群岛。里斯本在最具价值的香
料贸易上有了强劲的对手。达·伽马绕行非洲的航线，面临来自
麦哲伦绕行美洲的航线的挑战。

12

远　洋

　　我还年轻，悠闲度日，有时读一些历史书或奇幻冒险书，从中感受到了不小的乐趣。我发现自己沉迷于观察和漫游那些奇异的国度，不断寻找一些外出探险的机会。最终，我决定要去一探究竟，满足自己的好奇心……我相信上帝，相信他会帮助我完成心愿。

　　　　　　——扬·范·林索登，《旅行日记》(*Itinerary*)，1595年[1]

　　1521年12月18日，麦哲伦远征队伊始的250名船员可能只剩下一半了，他们向摩鹿加群岛的岛民深情告别，准备起航。"维多利亚"号率先驶入海中，但还未扬帆，等待"特立尼达"号一同航行。它等了一会儿，又等了一会儿。这两艘西班牙船只都装载了太多丁香，以至于船身明显鼓起。"特立尼达"号尤为严重，船锚挤压船体并刺穿了它。刺穿的孔在吃水线以下，皮加费塔说："我们听到，海水就像是通过一个管道一样进入船中，但我们找不到这个进水的孔在哪里。"[2] 于是，埃尔卡诺船长下令返回港口，并匆忙调整返航计划，这个场景着实有些尴尬。

　　他们原本的计划是，两艘船都向西行驶，穿越印度洋，绕过好望角，返回西班牙，以完成环球航行。但此刻"特立尼达"号急需大量木工修理，而摩鹿加群岛短暂的西风很快就会让位于盛行的东风了，在这种情况下，他们无法实施原本的计划。因此，他们决定，"维多利亚"号应即刻起程，独自完成环球航行；"特立尼达"号则留下来修理，一旦风向改变，适宜出海，就趁机从太平洋返回西班牙。人们普遍认为，"特立尼达"号无法再次承受住麦哲伦海峡的寒风肆虐了。所以，它会沿着气候温暖、风力适宜的赤道航行，前往巴拿马地峡的达连湾。在那里，它可以将船上的部分货物转运至墨西哥湾，船上的货舱空间留给香料，这将成为第一批从西边运抵欧洲的香料。

但是这个计划也失败了，太平洋上的赤道风一直对他们不利。东风很快就停止了，船上的食物和水也即将耗尽。"特立尼达"号上患有坏血病的船员发现船只不断抢风调向，然而，除了咸涩的海水，一无所获。麦哲伦由东向西航行，东北信风带给他不少助力，但从亚洲横渡太平洋向美洲行驶则完全是另一回事了，在这样的纬度，基本上无法实现由西向东行驶。在多次试险和失败之后，直到16世纪60年代，人们通过绕行至北半球高纬度地区，才克服了这个困难。

"特立尼达"号先放弃了西向路线，此时又放弃了东向路线，只能灰头土脸地返回蒂多雷岛。到那时为止，七个月已经过去了。在此期间，葡萄牙人声称，对于香料群岛的主权主张取得了一些实质性的进展。一名新总督已接管特尔纳特岛，在伽马拉马王室小镇附近，一座防御商站或"堡垒"正在建造。名义上，蒂多雷岛附属于特尔纳特岛，当初被埃尔卡诺留在蒂多雷岛的几个西班牙人已被突击抓走送到果阿进行审讯。而同样的命运也在等待着"特立尼达"号上历经太平洋之险最终幸存下来的那些人。"特立尼达"号上约有60人，最后只有两人返回欧洲，"特立尼达"号也彻底报废。

1519年，西班牙国王查理成为神圣罗马帝国皇帝查理五世。他在听说"特立尼达"号的消息后，没有因此受到影响。他继承了皇室领地，从西西里岛零零散散地延伸至荷兰，需要他考虑的事情还有很多。而且，不管怎么说，埃尔卡诺已乘着"维多利亚"号安全返回塞维利亚。基督教世界有半数国家举国欢庆这项壮举，它证明了地球是圆的；甚至，另外半数国家也为之震撼。里斯本则提出强烈抗议，同时等待特尔纳特岛总督确认摩鹿加群岛上的插曲。1524年，若昂三世已即位三年，他迅速推进双方展开谈判。

他们选择在一座桥上谈判。这座桥位于两座小镇之间（因此被称为"巴达霍斯-埃尔瓦什"谈判，前者位于西班牙边境，后者位于葡萄牙边境）。双方各派出使团，在这场露天谈判中进行了激烈的外交交锋。双方都坚定地维护自己的荣誉，最终争执不下，无法达成一致意见。谈判双方均是杰出人物。西班牙一方有探险家克里斯托弗·哥伦布的儿子费迪南德·哥伦布，巴达霍斯人；曾居住于英国，但有热那亚血统，现受雇于西班牙的塞巴斯蒂安·卡波特；还有麦哲伦远征队中的塞巴斯蒂安·德·埃尔卡诺。葡萄牙一方则有迪奥戈·洛佩斯·德·塞格拉，此人曾率领第一支远征马六甲城的探险队。所有人都为谈判做出了贡献，可惜的是，均没能提出建设性意见，托勒密的观点得到了公开讨论，但也没能帮助到他们。一名西班牙人甚至提出延期谈判，先去西太平洋实地考察，现场划界。他的意见当属拖沓冗长的谈判史上最牵强的建议之一。在这种场合，相会的不仅有焦虑的对手，还有古代和现代、实践和荒谬，科学被邀请来澄清中世纪的奇思妙想，而困惑的环球航海家则翻阅古典文献，寻找并不存在的海洋。尽管这场巴达霍斯-埃尔瓦什谈判是历史进程中的一件趣事，但对推进两国重新瓜分世界没有起到任何作用。总而言之，两大帝国都不愿意放弃对于盛产丁香的摩鹿加群岛的主权主张。直到最终确定摩鹿加群岛的位置，双方才达成一致意见。

1526年，查理五世娶了葡萄牙公主，双方关系得以缓和。1529年，双方在萨拉戈萨签订了《萨拉戈萨条约》（Treaty of Saragossa）。该条约规定，葡萄牙支付西班牙35万达克特，西班牙放弃对于摩鹿加群岛的所有主权要求。这则条款的含义倒是清楚多了，但没有说明条款是永久有效，还是只在能准确科学地计算出摩鹿加群岛的经度之前有效。唐纳德·拉赫说："很难确定《萨拉戈萨条约》的确切含义。"[3] 因为如果葡萄牙的权利得到支持，那些金币就会被退回，但如果西班牙的权利得到支持，整个争论又将重启。西班牙更像是抵押了对于摩鹿加群岛的主权主张，而不是彻底卖出。因此，西班牙赎回摩鹿加群岛的可能性仍然存在。幸运的是，这个选择从未被采纳，因为科学确实会为葡萄牙找到答案。1580年，西班牙吞并葡萄牙，组成伊比利亚联盟，退款问题得以解决；此外，西班牙想要保留菲律宾——在摩鹿加群岛以北偏西一些的位置——的意图，使得沿着一条竖直的经线划界的整个想法变得完全不可能实现。

在此期间，"维多利亚"号运回塞维利亚的货物早已卖光。"维多利亚"号也是麦哲伦远征队中唯一幸存下来的船只。船上仅丁香就有26吨，从丁香中赚取的利润就足以覆盖整个麦哲伦远征队的所有花费（包括损失的3艘船），剩余的利润也相当可观，分发给了这次远征的投资者。最上等的香料可能是那些种植地最远、数量最稀少的，但也是收益最大的。虽然葡萄牙极力反对，加上船只失事，损失惨重，又公然违背《萨拉戈萨条约》，但西班牙还是陆陆续续地派出舰队前往香料群岛。80年后，英国人和荷兰人抵达香料群岛时，西班牙舰队仍是它们需要考虑的一个因素。

其实，麦哲伦远征的最后一段航程也颇具航海意义，但当时人们对此不太注意。埃尔卡诺的返程航线可以说是开辟了一条全新的香料之路。达·伽马绕行非洲，迂回避开了红海-地中海航线，而埃尔卡诺往南航行渡过印度洋，迂回绕开了马六甲城-果阿-非洲航线。香料曾依赖跨地峡的水陆联运，后又在半岛的贸易集散地之间松散地循环运输，而此时香料终于可以摆脱所有的陆地支持，驶向远洋。

不可否认，这条新的香料航路只适合从印度尼西亚运输香料，从其他地方运输香料时并无大用，因而直到一段时间后才被广泛使用。葡萄牙人习惯于往返果阿，并将马六甲城作为从摩鹿加群岛运来的香料的集散地。迫不得已时，比如需要绕行好望角，他们才会冒险取道赤道以南的航线。与此同时，教皇诏书明令禁止其他国家的船只驶入印度洋，将东半球的航海权与征服权全权授予葡萄牙。这些诏书无论措辞多么不尽人意，但在教皇的权威受到资金短缺的困扰，以及支持宗教改革的英国君主和更具航海意识、信奉加尔文宗的尼德兰联省的强烈反对之前，一直未曾被质疑。

埃尔卡诺的重大功绩也没有得到庆贺，因为这条路线没有太多公开的细节为人所知。威尼斯人安东尼奥·皮加费塔对麦哲伦忠心耿耿，他以通俗的叙述方式记录下麦哲伦的远征，无人能出其右，并深受大众认可。但在"维多利亚"号离开摩鹿加群岛后，他似乎对那些英勇事迹和未知海域失去了兴趣。在蒂多雷岛时，皮加费塔本是乘坐"特立尼达"号返航回国，但"特立尼达"号意外被锚刺穿后，他获得准许，登上了"维多利亚"号。因此，他应该心存感激。然而，他笔下的返航过程就像例行公事一样，并且一次都没有提到埃尔卡诺，仿佛他的名字不值得占用笔墨，不配与"我们的榜样、我们的希望、我们的慰藉"相提并论。他的文字不再具有启发意义，他不再凭借敏锐的观察力去描写自己尊崇的那些人和地方，而是写了一堆夸张的奇闻逸事，那些故事更适合在他的同胞马可·波罗的书中出现。

埃尔卡诺离开蒂多雷岛后，最重要的两件事就是不要被葡萄牙人发现，以及以最快的速度返回西班牙。要做到前者，意味着不能经过马六甲海峡或进入印度洋，而要做到后者，则存在一个现实问题，即直接从印度尼西亚群岛驶向大西洋的亚赤道航线是否可行。对于刚刚成功横渡太平洋的人来说，这显然值得一试。他们徜徉在一望无际的大海上，与南十字星座为友。"维多利亚"号向南前行，再次越过赤道，将班达群岛远远地抛在了东边，并从印度尼西亚东部长长的岛弧中间穿过去，取道阿洛海峡，抵达帝汶岛。这种可能性一旦成为事实，除了可能擦着澳大利亚西北部的海岸驶过，可能还会导致一种颇富有意味的影响，即在他们所处的位置与好望角之间什么也没有，唯有茫茫深海。

他们预料到自己可能将经历一场看不见陆地、无法预测航行时间的航程，因而在帝汶岛及时补充了食粮、饮用水与必需品。皮加费塔收集了一些砍伐檀香木的可疑信息，但他们并没有装载这些香木，因为船舱里已经塞满了蒂多雷岛的丁香。而且，他们也不敢停留太长时间。此地与印度西海岸一样，"法兰克疫病"正大肆传播；哪里有梅毒，哪里就有欧洲人，这回很有可能是葡萄牙人传过来的。

> 星期二晚上，星期三即将到来，二月的第11天，出海已经1522天了。我们离开了帝汶岛，驶入"南海"，不时向西和西南方航行。苏门答腊岛在我们右手方以北的位置……为了绕过好望角，我们尽可能地向南航行，大约行驶到南纬42度。由于船头刮着北风和西北风，而且暴风雨来袭，我们收起船帆，在好望角附近停留了7个星期。[4]

这就是皮加费塔对首次有记录的亚赤道横渡印度洋航线的全部叙述了。他甚至没有说他们花了多长时间。相反，他在上述选段和之前的段落都安排了一些奇闻怪谈来取悦读者，比如畸形人和奇异的动物群，这些故事内容像香料之路本身一样古老。亚马孙岛上的女人会因风怀孕，她们杀死了岛上所有的男人，无论是自己的后代，还是外来者；此地也有像俾格米人那样身材矮小的人、食人族和有着巨大耳朵的小矮人，"一个耳朵当作床，一个耳朵将自己包裹起来"。他所讲的巨型鸟可以提起一只大象的故事，呼应了希罗多德书中的阿拉伯秃鹫和肉桂木枝的故事，当然还有辛巴达和马可·波罗所述的大鹏传说。皮加费塔故事中的巨型鸟栖息在一棵参天大树上，它们会将树上的果实叼起来，任意丢在附近的海滩上。出于对科学的兴趣，他给这棵树起了一个马来语名字，说树上的果实"比黄瓜还大"。皮加费塔是一名受人尊敬的观察家，有时也被称为人类学的奠基人之一。他对那个时代做出了另一个让步：他承认，更不可信的是"领航员口中的故事"。想必，马可·波罗和同类旅行者正是从领航员之类的线人那里获得了材料。

与好望角附近的飓风搏斗了七周后，"维多利亚"号几近支离破碎。许多船员想停靠莫桑比克，投靠葡萄牙商站；"但另一些人，相比于性命，更在意自己的荣誉，无论是死是活，都决意驶向西班牙"。他们不屑于理会那些要靠岸的人，继续前行。

在抵达佛得角群岛之前，又有21人丧命，剩下的人饥肠辘辘。虽然佛得角群岛隶属于葡萄牙，但在这个紧要关头，他们暂时压下自己的荣誉感。一艘船被派上岸，运来了大米，但在第二次上岸讨食物时，船上的13名人员被抓了起来。就这样，9个月前，从蒂多雷岛出发的"维多利亚"号上的60人，最终抵达塞维利亚河时只剩下18个人了。不过，在佛得角群岛被抓起来的13人最终获释；加上"特立尼达"号上的2人和从麦哲伦海峡就返程的那些人，跟随麦哲伦出发的250人中，最终约有80人返回西班牙。

皮加费塔称，自己在出航的这三年（差一个月满三年）里，每天都会写日记。所以，他非常纳闷，抵达佛得角群岛时明明是星期三，为什么岸上的葡萄牙人非说是星期四。"我们不知道，为什么会出现这个误差。"直到后来，他才明白，其实"双方都没有错"。他认为，造成这种差别的原因是，"我们一直向西航行，追逐着太阳，最后又返回起点，因此这场长途航行让我们多获得了24小时，这是显而易见的"。[5] 多获得一天，令皮加费塔惊叹不已。无论是否明显，日历和地图都开始变得更易于管理了。时间就像距离一样，易于受到人们的探究；历史沉重前行的脚步声就像地理的无序拓展一样，吸引着急于一探究竟的人。

麦哲伦/埃尔卡诺的环球航行之后的50多年里，无人能再次完成此项壮举。西班牙船只通常从菲律宾或墨西哥出发前往摩鹿加群岛，要是返回美洲，则取道太平洋。通过这条线路，丁香被运往新世界，甚至欧洲。但摩鹿加群岛其他的香料会全部向西输送，在16世纪的大部分时间里，葡萄牙控制着西向香料之路，尚未受到其他欧洲国家的挑战。

然而，这种至高无上的地位并不意味着能控制整个香料贸易。与早期葡萄牙人的自负和此后大部分通俗历史的观点相反，里斯本从未控制香料贸易。葡萄牙王室声称垄断了香料的海上运输，但16世纪初期后，葡萄牙的垄断很少受到尊重，而且很难在多个季风期同时有效地进行。亚洲船只很快找到了逃避葡萄牙的特别许可证制度的方法，他们通常会与葡萄牙官员勾结，这些官员不是将货物冠上自己的名义，就是私下兜售豁免权。无论是哪一方控制了马六甲城，都没有像多默·皮列士预想的那样，就扼住了威尼斯的咽喉，甚至在很多时候，都没能控制住马六甲海峡。开罗和麦加也没有如阿尔布开克所说的那样，因葡萄牙控制马六甲城而"彻底毁灭"。相反，一等葡萄牙现身印度洋带来的最初的冲击力有所消退，通过红海路线前往麦加、开罗、亚历山大港和威尼斯的贸易就得以复苏。威尼斯商人可以在很大程度上避免再度受辱，之前他们不得不去往里斯本购买香料以图补救，威尼斯共和国在整个16世纪得以继续沐浴在逐渐暗淡的光辉之中。总督宫在一场大火过后，于1574—1575年大幅重建；我们如今所知晓的里亚托桥直至1590年才开始建造。

　　1560年，葡萄牙驻教廷大使获悉可靠消息，他写道："每年抵达亚历山大港的香料有4万英担，其中大多数为胡椒。"所有这些香料都经红海运输到亚历山大港。在奥斯曼帝国征服埃及和亚丁之后，红海完全成了土耳其内海。4万英担即为2000公吨，相当于15世纪90年代（前葡萄牙时代）亚历山大港的香料进口量，略微高于这时里斯本的进口量。达·伽马如果知道这些，在九泉之下也一定不得安宁。正如这名大使所述，"那么多香料都流向了土耳其人的领地，难怪运来里斯本的香料那么少"。[6] 与此同时，葡属印度看起来像是在贪婪地消费香料，其实它也在快速地流失大量香料。

　　但这并不是说葡萄牙对香料贸易及其路线调整的影响无足轻重。有学者提醒我们注意，16世纪60年代可能是红海-黎凡特航线短暂的繁荣期，尽管这条航线在其他方面的复苏表现得平平无奇。[7] 途经亚历山大港的香料并不是全部运往欧洲，有数千英担的香料可能被运往奥斯曼帝国的领地。而且，重量不一定能反映其价值。葡萄牙实行最严厉的管控时，香料价格一般会飙升；但当其管控松懈时，价格会暴跌。如果葡萄牙将精力更多地放在那些高价值的上等香料贸易上，事实也可能真的如此，那么亚历山大港"大多数为胡椒"的4万英担香料的价值可能只相当于里斯本香料贸易额的一小部分。

　　然而，有一件事非常确定，即欧洲对大多数香料的需求量持续增加。当然，也存在特例。由于宗教改革，阿拉伯和索马里的熏香受到限制，只能售卖给教会，销路大打折扣。香料商对甘松、香膏和树胶的需求也受到限制。同样，药剂师和药商对那些令人眼花缭乱的异域商品的需求量相对于以巴哈尔、英担和公吨来计量的贸易来说,也无足轻重。香料可能保留了一定的药用特性,但专业零售商更好地满足了药理学方面的需求。1617年,伦敦的药剂师协会(Apothecaries Society)从食品公会(Grossers'/Grocers' Company)脱离出来,就是其与香料大宗贸易有所分隔的标志。食品公会原本叫作胡椒公会(Pepperers' Company),15世纪更名为此,这既反映了伦敦香料贸易的日益增长,又体现出同业公会在其"总收入"或批发贸易中起到的促进作用。在英国,"食品杂货"逐渐覆盖了更多的相关商品,比如糖,还覆盖了更多的一般供应品。"grossery"的拼写也渐渐发生了变化,成为"grocery"。法国也出现了类似的发展,尽管那里的杂货商保留了最初的名称"épiciers"(意为香料商),但拼写方式也发生了演变,"épicerie"更为人熟悉。

诸如巴西苏木和靛青(印度北部的一种豆科植物)等植物染料,在进口货单上占据的位置越发突出。但事实证明,受需求增长影响最大的是可食用香料。实际上,这时的香料只是指植物调味品和食品添加剂。从进口量来看,胡椒位居首位(第二名是姜),从价值来看,肉桂、丁香、肉豆蔻核仁和干皮碾压其他所有香料。15—16世纪,这些香料在这200年里的需求量稳步增加,部分是因为欧洲人口的增长,部分是因为欧洲可支配财富的增加及其分配的扩大。到了17世纪早期,香料的需求量急剧增加,这是因为荷兰人和英国人开始参与香料运输,导致香料的供应量增加,香料的价格大跌。

这个局面带来了好处,当然也有坏处。当穷人家的简陋餐桌中央甚至也放着胡椒粉盒时,黑胡椒也失宠了。从波特啤酒到浓汤,胡椒可以撒在任何食物上,从而失去了其独特的风格,成了一种平淡无奇的家常食物。通过古老的联系，胡椒仍然是一种香料，但"香料"这个词本身会因此而贬值。这样一种起源众所周知、特性鲜明、大宗供应、价格越来越平民化的商品，再也不具备任何浪漫属性了。事情就是这样，一旦需求量增加，价值就会有所贬损。

胡椒用量急剧增加是以可实现弹性生产为预设条件的，但不是所有的香料都具备这样的条件。大部分丁香和肉桂仍然是从野外采集而来，丁香树和肉桂树需要数年之久才能稳固根基，优化培育或移植幼苗的想法在那时仍然太过新奇。肉豆蔻树长到成年赤杨树那么大时，产量最高，但几乎也从未受到精心培育。因此，上等香料仍然紧紧扎根于原产地，只有在原产地种植更多的树，才能逐渐提高产量，增加供应量。胡椒则不同。只要条件适宜，胡椒即可移植，可缠绕在任何宿主上，不管是树木还是杆子，都可盘旋而上，几年内结出果实，结果后可继续生长12年。15—16世纪，马拉巴尔山区建立了更多的胡椒园，那里的胡椒产量自然大幅上升。当然，马拉巴尔所产的胡椒并非全部运输至海岸以满足国外需求。

就满足日益增长的胡椒需求和决定香料路线的未来来说，更为重要的是苏门答腊岛和爪哇岛西部的胡椒产量迅速增加。正如之前提到的，13世纪黑胡椒首次出现于苏门答腊岛。郑和在航海报告中指出，在苏门答腊岛北部海港巴赛和毕迪后面的山丘上有几个胡椒园，种植区逐渐延伸至现今为亚齐省的整个地区，然后沿印度尼西亚绵长的西海岸，跨越巽他海峡，延伸至爪哇岛。

在16世纪的这场胡椒浪潮中，亚齐苏丹国崛起了，控制着苏门答腊岛的整个北部地区。何为因，何为果，已难以分辨，也许是胡椒贸易促进了亚齐的繁荣，推动亚齐人不断发展，进而取得持续繁荣。亚齐征服了巴赛和毕迪，接着控制了绵延至西海岸的米南加保地区。亚齐开设了新的胡椒海港，亚齐的苏丹变得经济富足，实力强盛。伊斯兰势力在自己的家门口不断壮大，马六甲城的葡萄牙人对此侧目而视，但没能组建起足够的军力与之较量。亚齐的舰队反而不断向马六甲示威，并不断袭击马六甲海峡的葡萄牙船只。

正是苏门答腊岛的胡椒，而不是马拉巴尔的胡椒，才是红海贸易得以复苏的主因。到1565年，一份威尼斯文稿写道，"每年约有50艘船"从"亚西（Assi，此处很可能是指亚齐，Aceh）"驶向红海[8]；16世纪末，亚齐"向吉达出口的胡椒量，比葡萄牙人绕过好望角运回里斯本的胡椒量还多"。[9]走这条路线运输香料的船只大多为古吉拉特的穆斯林所有，但它们不一定会停靠古吉拉特的海港。为了尽可能地避开斯里兰卡和马拉巴尔的葡萄牙人，它们会从亚齐驶向马尔代夫岛，然后直接驶向亚丁。一个新的跨印度洋伊斯兰轴心建立起来，沿着这个轴心，亚齐、阿拉伯和奥斯曼埃及行省之间建立了密切的宗教与军事联系。苏门答腊的苏丹国由此获得了大量令人生畏的火炮、若干土耳其军队，以及诸多外交支持。葡萄牙在亚洲的竞争者远没有被消灭，并且至少有一个主要竞争对手通过香料贸易带来的收益，成功地挑战了葡萄牙的霸权。

在亚洲势力崛起之地，欧洲的入侵势力同样可以崛起。亚齐拒绝与果阿合作，反映出葡萄牙在整个东方，尤其是在印度尼西亚群岛岌岌可危的地位。苏门答腊岛的胡椒，就像不易获取的摩鹿加群岛的丁香一样，引来了欧洲敌人的切实关注。16世纪下半叶，欧洲多方势力虎视眈眈地盯着苏门答腊岛的胡椒。

在一个因宗教改革而导致分裂的基督教世界，那些确信教皇是反基督者的人，无须任何借口就可争夺"航海、征服"等基于教皇权威的特权，也无须任何理由就能向享受这些特权的天主教势力发起挑战。西班牙压制荷兰的新教势力，因而成为他们主要的攻击目标；葡萄牙是另一个攻击目标，尤其是在1580年与西班牙合并后。在伊丽莎白统治时期的英国和即将成立的尼德兰联省共和国，贪得无厌的海员在大西洋、加勒比海、太平洋和东方大肆掠夺，抢占了大量不义之财。战争与和平几乎无异，昨日的海军上将变成了今日的私掠者。王室的地位下降，但各项事宜仍需其授权批准，统治者通常会从中分得一杯羹。剩下的就是教义上的分歧了，它们会认可，甚至神圣化暴行，而这些暴行在现今会被认为是最可鄙的恐怖主义行径，当时和现在一样，这些暴行也会引发人们要求复仇的愤怒呼声。

作恶者有国家的资助，也有教会的支持，他们无须任何理由，只需要一支海军。在这个方面，反叛的尼德兰联省共和国和坚定的英国都铎王朝都已具备充分的条件。二者均拥有现代商船队，并从大西洋沿岸的贸易和渔业，以及为发现北部航线而进行的探索中获取了足够的航海经验。与新发现的环绕非洲和南美洲的航线一样，西北航线或东北航线，使得敬畏上帝的新教徒拥有了属于自己的通往东方香料胜地的海上通道。纯粹的对称性是地理学家至今仍钟爱的一个概念，加上人们越来越相信每块陆地都一定是一个岛屿，这就越发需要北部航线的存在。然而，由于木制船只和皮革厚底靴对抗不了极地海域的冰块和严寒气候，他们错过了发现这些航道的机会。弗罗比舍和约翰·戴维斯最远抵达拉布拉多，威洛比、钱塞勒和巴伦兹最远抵达新地岛和喀拉海。探索仍在继续，但许多航海家，包括约翰·戴维斯和扬·范·林索登，都做出了更轻松一些的选择，即沿着已经开辟出来的航线去往东方。

第一个尝试探索北部航线的是弗朗西斯·德雷克。1579年年末，沿着麦哲伦和埃尔卡诺横跨太平洋的航线，德雷克所在的"金鹿"号被海风吹到了摩鹿加群岛，在此地停留了一周。与麦哲伦的环球航行不同，德雷克的航行对于地理知识几乎没有什么贡献，也不是为了贸易或香料。激励他航行的是西班牙从美洲掠夺来的黄金和白银等财富。英国人在那里从事的唯一贸易是海上劫掠。绕行巴塔哥尼亚时，德雷克吹毛求疵，抱怨麦哲伦给太平洋起的名字，"称它为平静的海洋，但其实狂暴得很"。太平洋确实以狂风暴雨迎接了首支在此航行的英国船队，船队被吹散，"金鹿"号脱离了船队，独自前行。此后，均是德雷克本人燃起怒火，引发了许多冲突。等到他们看到摩鹿加群岛时，身后已然是一连串冒烟的港口和破旧的帆船，从智利一直延伸至加利福尼亚和菲律宾。"金鹿"号装载了满舱的墨西哥黄金、秘鲁白银和智利美酒。装在这些战利品之上的摩鹿加群岛的香料也只是锦上添花。"那里有四片高地"，《环绕世界》（*The World Encompassed*）一书的作者——有可能是德雷克本人——写道："特尔纳特、蒂多雷、马坎、巴坎等地均非常多产，能产出大量丁香，我们以非常便宜的价格买到了足量的丁香。"[10]

德雷克可能是看了皮加费塔的航海日志，因而没有冒遭遇葡萄牙人的风险前往特尔纳特岛，而是驶向蒂多雷岛。但在途中，他遇到了一艘小船，船上的人告诉他，葡萄牙人已经被赶出特尔纳特岛了，此时正藏匿在蒂多雷岛呢。两座岛屿的情况正好反过来了。船夫提供的这则新消息帮了德雷克一个大忙，他对此感激不尽，用他的话来说就是"将与特尔纳特岛建立交往"。抵达特尔纳特岛后，在规模盛大的接待和令人满意的交流过程中，他得到了丰厚的回报。苏丹巴布向其进献丁香，还赠予他一枚印章戒指。二人协定，自此以后，特尔纳特岛的"运输和商品"将"不再交由他人，尤其是他的（苏丹的）敌人葡萄牙"，"只与我国交往，如果我们能全部接受的话"，英国人认为，这项协定做出了一个具有约束力的承诺。[11] 一位权威学者说，这项"协定比从西班牙人那里夺取战利品更有价值"。[12]

对于葡萄牙人来说，时间显然没有帮上任何忙。50年来，葡萄牙与摩鹿加群岛之间零星爆发的战事，葡萄牙一方不断耍弄的阴谋、激烈的内斗、随意的压迫，均导致葡萄牙最终无法守住这个领地。伽马拉马堡几乎一直都处于被围攻的状态；1575年，它被彻底占领；此时由苏丹巴布和他数不尽的家眷居住。在此期间，葡萄牙人和几个流落到此的西班牙人勉强保住了蒂多雷岛。德雷克的此次航行足以证明：葡萄牙人在摩鹿加群岛的存在无关紧要，丁香"很便宜"，岛上的首领想要与英国人交易。

与埃尔卡诺一样，德雷克从摩鹿加群岛驶入了印度洋的开阔海域。我们没能完全掌握他当时的航行路线，只知道他们一开始驶向苏拉威西岛，在附近触礁发生意外，德雷克大肆斥责了一番船员，之后修补了船只。然后，"金鹿"号可能是穿过巴厘岛以东的龙目海峡，驶进了印度洋。他们在爪哇岛南部海岸补给了水和食物等必需品。在那里，德雷克的乐师与当地的木琴乐队一起献上了几场演出。《环绕世界》一书中没有记载他们曾遇到葡萄牙人。往返于马六甲城和香料群岛的船只通常会沿爪哇岛的北部海岸行驶，偶尔会停靠沿岸海港。但葡萄牙人不知道爪哇岛还有南部海岸，他们不知道爪哇岛呈弧形，还以为它是方形的。有些人甚至认为爪哇岛根本不是一座岛，而是托勒密口中南部大陆的一个端点，"从那里应该能一直延伸到好望角"。[13] 如果是这样的话，埃尔卡诺和德雷克早就被困住了。

1580年9月26日（或者说是27日，"对于待在一个地方等候的人来说，这样推测比较适当和寻常"），德雷克返回普利茅斯，结束了此次航行。此次航行成功，英国举国轰动，他加官晋爵，获封受赏，这鼓舞了更多人出海探险。1582年，爱德华·芬顿出发前往摩鹿加群岛。这本应该是英国首次由西向东驶往印度的航行，但芬顿甚至从未到达好望角。他的同伴更想去往南美洲海岸，以便获取更多财物，香料路线的探索也就因此作罢了。

德雷克也在大西洋重拾其海盗事业。1587年，刚刚在加的斯烧毁了西班牙船只，鼻孔里还残留着烤焦的胡子的气味，他立刻又在亚速尔群岛劫持了一艘葡萄牙商船。这艘船为排水量在1000吨以上的卡拉克大帆船，它航行起来毫不费力的事实，透露出船上运载的货物大部分是胡椒和其他香料，整船货物的价值大约为14万英镑。此批香料是他们有史以来截获的价值最高的战利品，这适时地提醒了他们，足量的香料可能和西班牙黄金一样值钱。令同时代的编年史家理查德·哈克卢特更为惊叹的是，英国船只已经可以跟其他任何船只相抗衡了，他写道："卡拉克大帆船可不像是会遇劫的那种船。"[14] 但是，在海上劫掠也需冒很大风险，尤其是捅了蜂窝之后，必然会遭到大群马蜂的叮刺围攻。1588年夏，经历了长久的嘈杂商讨后，西班牙适时派出130艘战舰。

西班牙无敌舰队被不起眼的英国人击败的消息，引起了国际轰动，甚至在事件发生后不到18个月，摩鹿加群岛的人也都知晓了此事。这件事还很是遮蔽了另一项壮举的光芒。就在英国大获全胜数周后，英吉利海峡仍然遍是西班牙战船的残骸，世界上第三位环球航海家勉强躲过返航的西班牙旗舰，悄悄地驶入普利茅斯。这名航海家是托马斯·卡文迪什，从他的航行路线和英勇行为来看，他深受德雷克的影响，产生了"环球"之行的设想。

> 我不是探索了世界上所有已知的富有地区，就是带来了关于这些地区的确定情报……大小船只加起来，我一共烧毁了19艘。我掠夺并烧毁了所有我曾登陆过的村庄和城镇……我沿着摩鹿加群岛一路烧下去，那些异教徒乞求我放过他们。在那里，我们的人可以像葡萄牙人一样自由贸易，如果他们愿意的话。之后我绕过好望角，在返航途中发现了圣赫勒拿岛，葡萄牙人曾在此地休整。[15]

为了避开马六甲城，卡文迪什从苏门答腊岛和爪哇岛之间的巽他海峡穿过印度尼西亚群岛。在卡文迪什船队于爪哇岛南部海岸增添补给时，有两个葡萄牙人前来搭讪，他们想要逃离此地。他们不是真的想要逃离爪哇，而是想要叛国。当西班牙的腓力二世继承了葡萄牙王位后，一名王位觊觎者（安东尼奥）逃到英国，之后又逃到法国。有一些半心半意的人想利用安东尼奥的图谋作为对抗西班牙的牵制性策略，最后计划失败了，但王位觊觎者获得了葡萄牙偏远领地的支持，显然也包括极东端的领地。事实上，据卡文迪什的线人所述，"如果安东尼奥主动找他们"，他或许已经统治了"摩鹿加群岛、日本（原文是Sangles，作者猜测，是否是日本）和菲律宾群岛"。对于任何具有冒险精神的人来说，葡萄牙王位觊觎者具有潜在盟友的消息，为他们探索香料之路提供了更加充分的理由。

可能是深受卡文迪什环球航行的激励，在卡文迪什回国一年后，请愿者请求伊丽莎白女王批准他们再次远航，从好望角进入亚洲水域。他们驾驶的船只属于伦敦商人，这些商人主要从事香料贸易，与黎凡特有贸易往来。1591年，由于船只损耗过多，根本没有胡椒运抵里斯本，葡萄牙的进口量大幅降低，香料价格持续走高。英国非常有必要至少出海侦察一次。他们的请求得到批准，1591年，舰队起航。

此次出航历经灾难与痛苦，一无所获。三艘船中没有一艘能成功完成航行，198名船员最后只有50人活了下来。大部分船员登上了第一艘船，但由于无风而滞留在大西洋里，船上挤满了伤病员，坏血病压垮了他们，航行到好望角时，这艘船被迫返回。第二艘船的船员在马达加斯加附近刮起的暴风雨中全部丧命。最后一艘船在与科摩罗群岛岛民的斗争中损失了一半船员，虽然确实抵达了马六甲海峡，但返程时，从西印度群岛的停泊处漂走了。此次航行没有进行任何交易，唯一的收益也是通过非正常途径得到的，大多数是靠掠夺印度和缅甸的船只而得来。这些掠夺品甚至也可能随着最后一艘船漂走而损失掉了。（这艘船究竟是沉入海底，还是被法国人截获，或是被"五个男人和一个小孩""从纽芬兰驾驶回英国"，至今仍不清楚。[16]）

1596年，英国又一次派船队出航，但这次航行甚至更加悲惨，船上没有一个人成功返回英国。出海后，船队接连遇上了三次灾难。这些前往东方的远航尝试对于英国人来说是第一批，也很有可能是最后一批。香料虽然有利可图，但船只不断失事，给他们带来了巨大的损失。投资者避之不及，水手们也纷纷转向大西洋对岸更令人愉悦的狩猎场。但那艘曾抵达西印度群岛的船只的船长詹姆斯·兰开斯特仍然信心满满。五年后，英国东印度公司派出的第一支舰队就由他统领。之所以重启这一意义重大的冒险，主要动因不是来自伦敦为失事的舰船所奏的安魂曲，而是来自阿姆斯特丹为获得丰厚利润的荷兰同行所唱的哈利路亚颂歌。

尼德兰北部几个地势低洼的沿海省份是如何找到资源去探索并控制香料贸易的，其实不那么容易理解。那时，荷兰省、泽兰省及邻近省份正处于为脱离西班牙哈布斯堡帝国而进行的长达80年的生死斗争之中。这场抗争既包括宗教战争，也包括共和革命，但他们甚至缺乏一个共有的独立国家所能提供的凝聚力。南部省份在西班牙的进攻下溃不成军；北部省份太过渴望独立，以至只能缔结一个松散的同盟。而在所有长距离的运输路线中，强占那条最遥远且难以控制的路线本不应该是他们优先考虑的事情，这似乎也不是一个切实可行的计划。

历史学家则对这个复杂难题饶有兴趣。他们认为，荷兰的经济模式是独一无二的。在某种程度上，它模仿了意大利城邦的模式，像它们一样反应敏捷，灵活应对形势变化，依赖更多的是变化无常、能随时调整战略的人，而不是拥有大量土地、一成不变的贵族。阿姆斯特丹效仿威尼斯，也进行商业革命。荷兰人也采纳了意大利城邦的一些做法和制度，用以管控商业固有的风险和加快交易速度；他们推行了股票、保险、再保险和各种银行服务，当然还采用了"复式记账法"。然而,荷兰经济的独特性在于它是由不断扩大的资产阶级经营管理的,其中包括制造商、小商人,以及商业和金融利益集团。

至于海外贸易,荷兰省和泽兰省的商船队已经控制了从波罗的海至地中海的贸易。它们的商船,尤其是福禄特帆船(fluit),易于建造且运营成本低。作为里斯本进口商品的主要分销商,荷兰海港在香料贸易方面的经验仅次于威尼斯。而失去尼德兰南部的省份,实际上对尼德兰北部省份而言更有利;尤其是从安特卫普,商人、银行家和资本大批外流,涌入阿姆斯特丹,使得阿姆斯特丹成为欧洲北部的商业中心,在整个欧洲范围内建立起一系列荷兰商行。另一方面,宗教法庭将大量伊比利亚犹太人驱逐出西班牙,给独立的尼德兰省份带来了不少活跃的学者、手工艺人和科学家等群体。

没有个人的作用、民族性的归属和反复无常的命运使然等因素,历史似乎也能顺利地推进。但就香料贸易而言,这些过时的因素不应被忽视。如果把方法和目标也算作新兴的荷兰的国家特征,那么影响荷兰参与香料贸易的决定性因素,就要追溯至1592年扬·范·林索登返国,以及1595年,由三部分构成的他的著作《旅行日记》的问世。

之前,葡萄牙总担心葡属印度会落入他国之手,此时,这方面的忧虑终于有所减轻。葡萄牙将多默·皮列士的伟大著作《东方志》列为禁书,但巴博萨、科雷亚、卡蒙斯、巴洛斯、德·奥尔塔等人的著作,均可在市面上获得,不管是完整版,还是简写版。富有好奇心的人可以从这些作品中了解到一些东方的地理、历史和与产物有关的知识,感受到葡萄牙航海先驱的大无畏精神。

但人们无法轻易获得航海指南及葡萄牙海员编纂和使用的航海图。也没有任何作品曾描述葡属印度当时的糟糕境况——腐败、资源短缺、管理低效。

正是范·林索登将其糟糕的一面公之于众。范·林索登十几岁时就从须德海沿岸的恩克赫伊曾出发，航行至西班牙、葡萄牙，在葡萄牙受雇于时任的葡属果阿大主教，乘船前往果阿。这里面没有什么不可告人的勾当。范·林索登是一名天主教徒，虽然有许多其他欧洲国家的人在葡属印度任职，但与这些人中的大部分相比，他去过的东方之地可能少得多。六年间（1583—1589年），他几乎没有离开过果阿。他在书中公开表示，自己对于"游历异国风情"和"探险"的渴望，几乎不曾得到满足。但在果阿，他的确能获得一些文字材料，以及大多数游客接触不到的知情人。他将所有读到、见到及听到的都记录下来。如果认为他单纯是因个人兴趣而做这些事情，那么就真的太天真了。与洛多维科·德·瓦尔泰马一样，扬·范·林索登也非常清楚这些信息的价值，他也从事间谍活动。

1595年，荷兰第一支去往印度的舰队由科内利斯·德·豪特曼率领。这件事发生在詹姆斯·兰开斯特归国，并将远征失败告之于众一年后，也就是在范·林索登的《旅行日记》完整版出版前一年。然而，兰开斯特的那次远征没有提供任何有价值的信息，所以范·林索登的信息和主张尤为重要。到1595年时，他已返回荷兰生活了两年。他被问询相关信息，报告也得到了格外的关注，那本出色的著述可能就是在此期间所写的。其作品包含三大部分，其中描写路线和航程的两个部分对于德·豪特曼来说较为熟悉，书中附载的航海图的情况也是如此。由于范·林索登结合了多方信息，这些图几乎融合了除了制图师之外的所有相关人士的发现，尤其是描述印度尼西亚群岛的地图，"比其他任何地图都更为精确和详尽"。[17] 从范·林索登的亲身经历、手稿和著作可以看出，他已经揭开了葡萄牙海上航线的神秘面纱。他的伟大著述逐渐成为"航海家探索东方海域的必备指南"。[18]

更确切地说，范·林索登引起了人们对于爪哇岛最西端的关注。爪哇岛极其多产，尤其盛产胡椒，它的胡椒品质明显优于马拉巴尔的胡椒，且产量更高。此外，"葡萄牙人不会去那里"。爪哇人通常会自己将胡椒运送至马六甲城。任何来到爪哇西部的主要海港巽他格拉巴港的人都可以以合适的价格买到胡椒，不会有葡萄牙人前来干涉。运输胡椒的爪哇商船也并非一定要冒着被攻击的危险穿越马六甲海峡。范·林索登提醒他的读者，"英国船长托马斯·卡文迪什"已经找到了绕过马六甲海峡进入印度洋的通道，即爪哇岛和苏门答腊岛之间的"巽他海峡"。[19]

这条路线看似是可行的，目的地明确，也有前人经验的支撑。与英国之前的航行不同，范·林索登的建议并不是随机主义性质的，这条路线在很大程度上可以躲避葡萄牙人的报复。与航海冒险相比，这更像是一项商业主张，它吸引了投资者，尤其是阿姆斯特丹商人团体的注意。为了这次航行，阿姆斯特丹商人团体建立了一家贸易机构，自称为"远方公司"（The Company for Far Distant Lands）。

这次航行指定的负责人是德·豪特曼，他严格遵循范·林索登的建议，只是显得有些咄咄逼人。他的船员也在大西洋患上了坏血病，这是意料之中的事，造成了一些人员损失，但在抵达好望角和马达加斯加，经过了一段休养后，大多数人恢复了健康。

德·豪特曼的四艘船径直驶向巽他海峡，安全抵达爪哇岛的万丹港。万丹位于巽他格拉巴西侧，他们选择这里，可能是因为万丹除了有爪哇岛自产的胡椒，还与邻近的苏门答腊岛有胡椒贸易往来。虽然他的手下难以管控，时常挑战他的权威，葡萄牙人偶尔也会制造一些麻烦，且爪哇人对他的到来感到忧虑和恐慌，但他最终获取了一船货物，并且与爪哇签订了一份贸易协定。他沿着爪哇岛的南部海岸巡航，终于了解了爪哇岛的形状，之后返程回国。此次航行损失了一艘船和三分之二的船员，但仍带回了可观的利润，被视为是一次成功的远航。

荷兰组建起自己的舰队，每支舰队均有不同的投资人出资组建，之后陆续出航。4年间（1597—1601年），至少有14支舰队，共65艘船，从尼德兰出发前往东方。有些船到达了日本等非常遥远的地区；他们在万丹、班达群岛和摩鹿加群岛等地建立商行；还有两支舰队勇闯太平洋，奥利维尔·范·诺尔特成为第四位完成环球航行的航海家；1599年7月，雅各布·范·内克率领四艘船从万丹返航，船上载满了香料，大多为胡椒。画家亨德里克·弗鲁姆在《荷兰第二次远征东印度群岛归来》（*Return of the Second Dutch Expedition to the East Indies*）一画中描绘了此番场景。与弗鲁姆的画作一样，此次航行立即享负盛名，为后来的效仿者设立了很高的标准。阿姆斯特丹老公司（Oude Compagnie of Amsterdam）的投资者获利颇丰，利润约为投资成本的400%。威尼斯日记作者吉罗拉莫·普列里则为达·伽马的成功远航哀叹，伦敦黎凡特公司（Levant Company）的一名代表写道，范·内克的航行"彻底颠覆"了与地中海东部的贸易。[20]

伦敦方面对此颇为嫉妒，但也只能效仿荷兰。成功返航的好消息从阿姆斯特丹传到英国六周后，由英国商人组成的财团向女王陛下的枢密院递交请愿书。许多请愿者来自黎凡特公司，他们非常熟悉香料贸易的运作。在提议成立一家英国东印度公司时，他们含蓄地承认香料路线已经改变，要想保持竞争力，就必须效仿荷兰，与香料生产地建立直接的海上联系。但英国女王有所犹豫，因为英国此时正努力通过外交活动，与西班牙/葡萄牙达成合作。直到荷兰大量雇用英国船只，不断挖走英国海员，这件事才终于有了眉目。在1600年的最后一天，"伦敦商人在东印度进行贸易的公司"（Company of Merchants of London trading into the East Indies）的许可证终于盖上了英国王室的印章。

两个月后，伦敦东印度公司或英国东印度公司派出了第一支舰队，由詹姆斯·兰开斯特统领。一年后，许多荷兰公司被合并，成为荷兰东印度公司（Vereenigde Oost-Indische Compagnie，简称VOC），或者称"荷兰联合东印度公司"（Dutch United East India Company）。这两家大公司在欧洲是新教盟友，但不久后在整个东方，两者在商业上互为劲敌，曾争夺过香料路线的控制权，虽然争夺的时间不长，但他们参与香料竞争的举动，确实影响了香料产地近三个世纪的政治命运，除去了香料贸易延续了数千年之久的神秘感。

13

香料带来的影响

因此，这场和平时期的不祥之战，没有发生在两个国家之间、君主与政府（维持联盟和友好关系）之间，但发生在两国的商人之间、海员之间和航海指挥官之间；两家公司变得越来越好斗，人员状态的变化比起肤色来得更剧烈。在不同的水流、海域、浅滩和岛屿，面对更为酷热的气候，他们在脱下厚重衣物的同时，也脱下了美德的外衣，以异教习性进行贸易，以野蛮与凶残争夺香料，很大程度上扔掉了人性、文明和基督教精神。[1]

——牧师塞缪尔·帕切斯，1625年

香料之路上的来往船只并不只运载香料。东西方贸易通常涵盖各种其他货物，比如价值高昂的丝绸、宝石和金银丝编饰物，高密度的木材、糖蜜、金属和矿物。后一类货物不但适合转售，而且方便装运香料，否则香料可能会受损或串味，还可以防止翻船。不知道有多少船只在运输过程中因为货物移位而失事，但因运输而导致货物损坏是常有的事。无论是亚洲、葡萄牙、英国，还是荷兰的船只，装运货物和航行时都需要倍加小心。

当代历史很少讨论这个话题，但丹麦学者克里斯托夫·格拉曼从荷属东印度公司的殖民地档案中搜集资料，揭示了该公司一艘商船的货舱明细。[2] "柯伦"号比那时从事跨海贸易的普通船只要小，载重量约为300吨。1697年1月，它从巴达维亚（印度尼西亚首都雅加达旧称）驶向荷兰，船上载有40门大炮、105名船员，还有30名士兵、5名技工和10名伤残者。船上，伤残者和军官的食宿要求也许可以满足，但其他人只能像猴子一样，在船上攀爬。

我们从下往上来看这一船货物，"柯伦"号上有400箱日本的铜、134片暹罗锡、5万荷兰磅（那时1荷兰磅相当于0.5千克，略重于现在使用的重量单位"磅"）苏木（巴西苏木）和58万荷兰磅散装黑胡椒（几乎相当于船本身的重量），8个铸铁大锚紧紧楔在这些货物中间。这还只是压舱物。这些货物之上有垫舱物料（用于包裹或填充），装有1400袋硝石（用于制作火药）、更多的暹罗锡、32桶姜、16桶肉豆蔻核仁、6000荷兰磅"腐坏的肉豆蔻核仁"和用特制舱壁隔起来的312袋丁香、20袋小豆蔻。

垫舱物料里大概就是这些货物了。在那上面是铺在主桅前后、六层深的货物。第一层包括75箱瓷器、72袋白胡椒、52箱安息香（安息香树脂）、47包棉布，还有一些丝线和"许多箱、许多包药品"。第二层和第三层的货物差不多也是如此，但是装载了更多纺织品。第四层、第五层和第六层几乎全部都是大包捆扎好的肉桂。

压舱物（除了黑胡椒）、垫舱物料和货物全部都用绳子牢牢地捆起来，以防在运输途中有任何移位，然后将货舱盖上并挂上锁。但这还不是全部，客舱里也塞满了货物。客舱里的货物应该部分或全部是军官私人购买的物品。一间客舱装有1700荷兰磅上等肉豆蔻核仁，另一间客舱装有丝绸和11箱靛蓝染料，还有一间装有"1箱肉豆蔻蛋糕、2小箱燕窝、1罐麝猫香和15大包中国茶叶"。（麝猫香用于制造香精，提取自一种爪哇野猫的肛门腺；燕窝，常添加在中式炖汤中，是金丝燕的巢穴，大多数产于婆罗洲和菲律宾。）

"'柯伦'号的这一船货物，"格拉曼说，"代表了大多数回程船装载的货物。"它应该没有去香料群岛，不然应该会运载更多丁香和一些肉豆蔻干皮；但17世纪末期，中国商品还较为罕见，尤其是中国茶叶，那时还属于新奇事物，被视为一种具有镇静效用的药物，可尝试体验。直到18世纪20年代过后，茶叶才成为一种主要的贸易商品。除此之外，"柯伦"号可以说是整个17世纪商船的典型代表。

塞缪尔·佩皮斯的日记中记录下的一段稍早些的闲话，也证实了这一船货物的真实性。作为英国海军军舰储备物品的总检验官，他有机会接触战争中所得的战利品，似乎还想从中分一杯羹。想想，那时难得会有如此符合他心意的工作了。1665年11月16日，他下到刚被桑威奇伯爵截获的荷兰大商船的船舱里。在昏暗的亮光下，因一番搏斗而造成的满地狼藉中，铺放着他认为是"一个人能在这个世界上见到的……最大的财富……胡椒散落在你踩踏的每一条缝隙中，整个房间都是丁香和肉豆蔻核仁，我步入其中，只能看到我膝盖以上的部位。还有成捆的丝绸和成箱的铜板，我打开看了一箱"。[3] 那个场面使佩皮斯深受触动，他不断重复道："这是我今生看过的最壮观的场面。"就像同样爱说闲话的伊本·白图泰第一次看到胡椒粒以蒲式耳为单位计重时一样，这位日记作者似乎也被这些香料的惊人数量震惊到了。在这条船上，最珍贵的香料堆满了房间大小的货舱，通常按盎司出售，而散装的胡椒在货堆里埋得太深，人走在上面嘎吱作响。

　　香料贸易仍保持兴旺的态势，这种情况将持续整个17世纪。消费量的稳定增长虽然并不总是意味着价格也稳步上涨，但大多数香料的利润非常可观。然而，一场关键性变革正在发生：到17世纪60年代，相比于其他从东方进口的商品，尤其是纺织品，香料贸易的价值大幅下降。从那时起一直到17世纪末，尽管香料的进口量仍在持续增加，但其价值占比从荷属东印度公司进口总额的50%下降到25%，英国东印度公司的贸易也出现了同样的情况。香料曾是东方贸易的核心所在，而今却被其他商品挤到了边缘的位置。棉花和丝绸甚至将上等香料挤到了货舱的更深处，在那里，茶叶、咖啡和糖最终会将香料彻底淹没。

　　这是航运增加而导致的必然结果。16世纪90年代早期，平均每年约有4艘商船从东方返回葡萄牙。到1620年，每年约有10艘荷兰和英国商船返程，加上葡萄牙的那几艘商船，货物运输总量在17世纪总体呈现上升趋势，只有个别时期有所降低。船只货舱空间的扩大，意味着体积较大、价值重量比较低的大宗商品会更具商业吸引力。相反，在之前那个运输受限的时代，香料较高的价值重量比使之成为非常完美的运输货物，但这个因素在此时已变得不再那么紧要了。

　　1601年，英国东印度公司一获颁特许状就派出第一批商船，从此次航行的影响可以判断，增加几船胡椒能带来多大不同。4艘“高桅横帆船”，带着价值2.7万英镑的货币和货物，以及公司赞助人和所有英国人民的期望，扬帆起航前往东方。詹姆斯·兰开斯特再次担任舰队总指挥。他们在好望角和马达加斯加补给必需品后，驶向苏门答腊岛西端的亚齐。

1599年，北极探险家约翰·戴维斯曾作为德·豪特曼第二次航行的领航员抵达过亚齐。他发现亚齐遍地都是胡椒，本想与马六甲城的葡萄牙人交涉，却发现他们自己也没有足够的货物。戴维斯先返回尼德兰，1600年返回英国，他向英国东印度公司的意向成员推荐了苏门答腊岛上的亚齐苏丹国。亚齐人背叛并杀死了德·豪特曼及其68名船员之事本应令人沮丧，对此建议产生消极影响，但戴维斯坚持认为，情况并非如此。亚齐苏丹只是憎恨荷兰。在听说英国战胜了西班牙的无敌舰队之后，他一直忠诚于英国，更令德·豪特曼恼火的是，他通过只与戴维斯交往，来卖弄自己的这种倾向。戴维斯说："我们的消遣方式是大吃大喝。"[4] 作为友谊的最后表示，苏丹确保英国人在大屠杀中幸免于难。

这种偏袒，加上听说亚齐的胡椒价格非常便宜，每磅还不到1.5便士，是英国选择苏门答腊岛的决定性因素。兰开斯特计划停靠的第一个港口就是亚齐，他率领的4艘船也全部按照既定路线，安全抵达亚齐苏丹的海滨王国。此地比苏门答腊岛的大多数地区更有益于健康，更多沙地，唯一令他失望的是胡椒的价格，每磅竟接近3便士。苏丹阿拉乌丁非常热情地接待了他们。在他的允许及帮助下，兰开斯特在马六甲海峡的入口处扣押了一艘载有印度织品的葡萄牙卡拉克帆船，大大增加了交易资本的价值。这位英国"将军"将自己的海盗行为极力伪装成亚齐的海盗所为，对此次截获的战利品非常满意。他说，上帝赐予他足够的资金来购买香料，装满4艘船，"如果我有更多艘船的话，这些资金也足以购买更多香料，并装满它们"。[5]

兰开斯特命令一艘船装满香料后回国，另一艘船在苏门答腊岛海岸装载了更多香料后，紧跟在前一艘船后面返程。而后，他原路返回亚齐与苏丹深情告别，沿苏门答腊岛的西海岸行驶，穿过巽他海峡，抵达爪哇岛的万丹。万丹附近是一处散发着恶臭味的锚地，红树林侵占了整个锚地。荷兰人已经在万丹建立了贸易站，贸易站建立在从当地统治者那里争夺来的一片适合修堤防护的土地之上。兰开斯特也效仿荷兰人的做法，建立起英国东印度公司在东方的第一家"商行"。几名"代理人"被留在万丹，以保护那些尚未出售的货物，以及购买新的香料，留在当地的人期盼着从伦敦前来的下一支舰队。而兰开斯特率领着剩下的两艘装满胡椒的船，起航回国。

1603年，这四艘船都回到了伦敦，只是人员损失惨重，经过好望角时还差点发生灾难。鉴于之前的航行都非常失败，这次可以说取得了卓越功绩。兰开斯特被授予爵位，投资人庆贺他安全返航，一起为他的健康干杯。船只停泊在泰晤士河，卸下了约100万磅（50万千克）胡椒。这个数字相当于当时欧洲一整年消费量的25%。同年，荷兰船只运回国约300万磅（150万千克）胡椒，补足了剩余消费量的75%，这导致无论葡萄牙人和威尼斯人进口何种香料，都成了过剩物资。

结果可想而知。在过去的10年里，伦敦每磅胡椒的价格已飙升至8先令，这时骤降到1先令2便士。[6] 但即便降到如此便宜的价格，仍然没有人购买。国王（苏格兰国王詹姆士六世刚刚继任英格兰王位，史称詹姆士一世）可能在另一场劫掠行动中获得了大量胡椒，因而他下令禁止所有的胡椒销售，直到他卖完自己的所有存货。投资人不得不等待，之后被迫接受实物分红，最后他们只能尽最大的可能处理掉这些货物。如果告诉他们，无论在东方，还是欧洲，胡椒粒都曾充当货币，他们似乎也不能得到安慰。

英国东印度公司的第一次远航虽然在名义上有利可图，但从报告中可知，运回来的胡椒"在六年或七年后"仍未售出。

并不是每一次成功的航行都会造成如此灾难性的影响。自1609年起，由于英国东印度公司同意缴纳胡椒进口税，与其竞争的胡椒卖家被收买，例如国王，当然英国东印度公司的前提是要垄断整个国内市场。更为关键的是，再出口至欧洲其他国家的香料最终将占英国东印度公司胡椒进口量的80%，占荷兰东印度公司的胡椒进口量的比例更大，这些再出口的香料会得到有序的协调，以应对突如其来的供应过剩现象。其实，价格下降也的确带来了一些好处，比如有力地抑制了来自红海地区的所有胡椒贸易竞争。事实上，到1615年，伦敦黎凡特公司没有从地中海东部地区进口胡椒，反而是向地中海东部地区出口胡椒。此外，进入庞大的亚洲香料市场，能在一定程度上管控其供应过剩的风险。尤其是荷兰，其贸易站遍布整个东方，从波斯湾到中国、日本，它积极争夺亚洲市场。

但在欧洲，对香料日益增长的需求与香料贸易的价值不断下跌之间的矛盾开始显现。东方贸易只是世界贸易的一个分支；香料贸易在东方贸易中只占很小的比例，且有越来越小的趋势。虽然香料的进口量不断增加，但其价格呈现下降趋势。黑胡椒就是最典型的一个例子。黑胡椒虽然仍旧是所有香料中贸易量最大的，但也是最难管控的。为了满足日益增长的需求，黑胡椒种植区从马拉巴尔海岸向果阿延伸，又跨海延伸至斯里兰卡和马来亚，接着遍及苏门答腊和爪哇西部的内陆地区。没有哪个国家想要监管这么多的销售点，荷兰东印度公司会尝试管控，尽管态度不那么积极，但没有一家公司会指望垄断范围如此广泛的贸易。黑胡椒不再是一种具有商业吸引力的香料，而是变成了一种无关紧要的大宗商品。欧洲许多公司的仓库里堆满了"成山"的胡椒。在克伦威尔时代的最后几年，伦敦的胡椒价格跌至每磅7便士。在阿姆斯特丹，胡椒有时甚至会亏本出售。

应对这个问题的一个解决办法是专注于高价值的"上等香料"，早在1603年，兰开斯特将大量胡椒带入伦敦的市场时就有人想到了这一点。荷兰人也得出了同样的结论。而实行这个方法，就意味着要打破葡萄牙人在香料运输上的垄断地位，显然这并不是什么难事。这也意味着要夺取葡萄牙人在香料群岛和斯里兰卡的主导地位。英国人认为，如果能成功夺取，香料贸易就可能会向所有人开放。

但荷兰人摒除了这样的错觉。对于管理荷兰东印度公司的"十七绅士"来说，香料贸易最大的吸引力在于其特殊性。虽然丁香和肉豆蔻核仁的神秘原产地已被揭开面纱，但它们被保留于这几个极小的、可垄断的岛屿上的奇迹仍然存在。这种情况下的竞争可能是灾难性的：要么香料价格不受控制，要么香料苗木被偷走移植至别处，也可能二者兼有。因此，荷兰坚持要取得香料的垄断权，这也在常理之中。而且，正如葡萄牙人发现的那样，通过管制香料的运输去向来控制香料贸易，花费巨大财力，却并不总是有效。显而易见的答案是控制香料的生产。至此，对于香料路线控制权的争夺即将转战到香料树丛本身。

范·内克舰队（1598—1599年出海）的一支小分队是第一批抵达香料群岛的荷兰船队，而范·内克统领的就是"荷兰第二次远征东印度群岛"的舰队，取得了巨大成就。这支小分队抵达了出产肉豆蔻干皮和核仁的班达群岛，以及出产丁香的特尔纳特岛，他们宣布，荷兰终结了葡萄牙人在这些群岛的特权要求，因而受到岛民的欢迎。班达群岛的奥朗卡亚（重要人物或村庄首领）向他们提供了货物。特尔纳特岛的苏丹赛义德乘坐装饰华丽的王室科拉科拉船（kora-kora，一种细长的独木舟，左右两边最多共可容纳100名桨手），从伽马拉马堡出发，率领船队亲自迎接这些外来者。苏丹登上荷兰人的旗舰后，对船上的设施非常感兴趣，航行日志的记录者说，"他似乎有意向买下这艘船"。小分队的领航员曾花费好几个小时研究"扬·范·林索登的著作，以及书中的地图与图表"。[7]

附近蒂多雷岛上的西班牙和葡萄牙卫戍部队想要阻止他们进入，但因部队规模太小，只能口头劝阻。30年前，葡萄牙人将他们的根据地从香料群岛转移到马蹄形安汶岛（即安博伊纳岛，也称安波那）的避风小港湾里，该港湾位于香料群岛以南300英里（500千米）处。16世纪40年代，承蒙圣方济各·沙勿略主持的令人惊叹的弥撒，基督教在这块伊斯兰教正在发展的前沿地带获得了一批不稳定的信徒，这些基督徒的出现同时为安汶岛带来了责任与机遇。葡萄牙人在当地基督教徒的帮助下，迅速建造起阴郁的维多利亚堡（如今，其中的大部分建筑都是重建的），并设法确立了丁香文化。

此过程似乎涉及从蒂多雷岛移植苗木，以及对塞兰岛上茂盛森林里原生的野生种群进行改良。塞兰岛是一个大岛，几乎能将安汶岛包拢起来，但尚未被探索。丁香实现了第一次跨岛移植，虽然此事在当时未引起轰动，但对未来意义重大。欧洲人的这一举措结束了北摩鹿加群岛对于丁香的垄断，丁香是当时最有价值的香料之一。安汶岛，加上塞兰岛上几个并非完全不可进入的地区，一起加入了精选出来的香料群岛之列。

1601年，荷兰派遣船队第二次抵达摩鹿加群岛，可能还去了其他岛屿。直到1605年，英国人才跟上他们的脚步到达摩鹿加群岛。因此，阿姆斯特丹方面声称，他们在丁香与肉豆蔻核仁贸易上比伦敦更有优势，这个说法是有充分根据的，虽然英国人能够，而且也会回想起德雷克比荷兰人抵达特尔纳特岛早了20年。当亨利·米德尔顿终于率领着英国东印度公司派出的第二支舰队进入摩鹿加群岛的海域时，当地的苏丹（赛义德）仍愿意履行其父亲（苏丹巴布）当年与德雷克的"协定"。这是米德尔顿此行取得的最大收获。但他完全没有准备好迎接接下来这个将决定香料贸易命运的时刻。

在万丹留下了两艘船装运胡椒后，米德尔顿率领其余两艘船去寻找公司上层迫切渴望的上等香料。这四艘船都是当年兰开斯特率领的舰队里的，大部分船员也都经历过那次航行，包括亨利·米德尔顿。但是1605年，两艘适时前往安汶岛的船只情况不太顺利。痢疾肆意传播，船上的航海日志几乎每天都以一句刻板的话结尾，"今天，某某死于痢疾"。其实，米德尔顿不想争夺香料群岛的控制权，他唯一的心愿是确保货物安全，并成功返回万丹时，船上还能剩下足够的人手保证船只顺利航行。

带着这样的决心，起初他似乎非常顺利。驻扎在安汶岛维多利亚堡的葡萄牙总督听到伊丽莎白女王去世，"英国和西班牙重归和平"的消息后松了一口气。米德尔顿拿出了一幅画来证明消息的真实性，该幅画作绘制了詹姆士国王头戴王冠的肖像，还有新铸的硬币样品。葡萄牙总督许诺，英国人可以购买安汶岛的丁香，但在终于获得许可的那一天，"5艘荷兰舰船驶入港湾，意想不到地出现在堡垒前"。接着，出现了更多的荷兰舰船，它们属于荷兰东印度公司派出的一支大型舰队，史蒂文·范·德哈根作为指挥官，率领1500多人，奉命将葡萄牙人赶出香料群岛。

这种规模的舰队攻打安汶岛绰绰有余，葡萄牙人立马私下投降了。未费一枪一弹，维多利亚堡就从葡萄牙人转移到了荷兰东印度公司的名下。不知不觉中，此事开启了之后一系列更为轰动的移交，尽管这些移交很少能如此次这样和平，不到半个世纪，马六甲城、科伦坡和科钦纷纷归属荷兰东印度公司。与此同时，米德尔顿既无权也无力干涉，只能站在一旁观看这场大戏。米德尔顿获得的贸易许可还没来得及用就作废了，因为荷兰人好不容易从葡萄牙人手中争夺来安汶岛的丁香，是绝不会与其他任何人分享这份利益的。米德尔顿唯一的指望，就是在荷兰人到达其他地方之前，率先抵达并完成交易，尽管他的船员此时处境艰难。于是他匆忙派遣"升天"号去往班达群岛，同时亲自率领"红龙"号前往特尔纳特岛，途中遭遇了极其恶劣的天气。

然而，安汶岛的戏码在特尔纳特岛再次上演。他们才刚往"红龙"号上装运了一些丁香，荷兰舰队就抵达特尔纳特岛了。由于未能与特尔纳特岛的苏丹结成稳固同盟，英国人只能将舰船停靠在蒂多雷岛的葡萄牙堡垒前面。这一次葡萄牙人英勇反抗，三天连续轰炸荷兰舰队。在一连串的轰炸下，荷兰的登陆部队只能灰溜溜地逃回船上。所有人都看向蒂多雷岛上的主火山，像往常一样，一缕静谧的蒸汽紧贴着火山侧面升起，这时堡垒一下子爆炸了。不知是谁幸运一击，还是有人背信弃义，故意而为，抑或是谁点燃丁香噼里啪啦蹿起的无辜炉火，引燃了整个火药库。这一插曲过后，荷兰人和葡萄牙人重新投入战斗。黄昏时分，整个小镇燃起熊熊烈火，荷兰人胜利了，葡萄牙人被俘虏。一场大火使米德尔顿再次扑了空，没能获得更多丁香，更不用说在此建立贸易站了。

荷兰人怀疑，闯入的英国人向葡萄牙人提供了大炮和火药，责令他们立马离开特尔纳特岛。苏丹赛义德虽不情愿，但毫无办法。米德尔顿的航行日志记录员写道，苏丹承认自己无法再履行父亲与德雷克之间的约定，对该岛局势的变更心存芥蒂。

> 他说，荷兰人威胁他……如果允许我们（英国人）继续逗留，未来他就可能会允许我们在蒂多雷岛建立贸易站……荷兰人说，我们是窃贼和强盗……荷兰人比英国人多了 19 艘船……荷兰国王（应该是指奥兰治亲王）的海上势力强于其他所有基督教国家……今天，托马斯·里士满死于痢疾。[8]

离开时，米德尔顿愤恨地说道："如果这个浅薄的国家将东印度群岛的贸易全都占为己有（这也是他们希望能做到的），他们将会傲慢无礼到令人无法忍受的程度。"

安汶岛和北摩鹿加群岛都落入了荷兰人手中，看起来荷兰已经垄断了丁香贸易。虽然1606年从马尼拉出发的一支西班牙远征队将荷兰人赶出了北摩鹿加群岛，但同年年底荷兰人又返回了特尔纳特岛。西班牙人在蒂多雷岛保留了一个前哨基地，直到1648年，但当时荷兰的实力比西班牙强得多，几乎可以自由进出北摩鹿加群岛的大多数地区，需要多少丁香就能获得多少丁香。

然而，好景不长，丁香的供应量越来越少。安汶岛和塞兰岛的丁香长势繁茂，但特尔纳特岛、蒂多雷岛及其北摩鹿加群岛的其他近邻的丁香产量被迫下滑，所产的丁香也被视为不受欢迎的竞争商品。约从1630年起，荷兰人前往这些岛屿和塞兰岛未受管辖的地区，带有一定的惩罚性目的，不是纯粹为了购买丁香。岛上的驻军也更多是为了提供情报和执行荷兰的政策，而不是充当保护者。在一项简要称为"灭绝"的政策下，种植丁香的村庄被烧毁，数以百计的丁香采摘员遭到追捕，成千上万棵丁香树被连根拔起。运气较好的村庄，尤其是在安汶岛，被迫种植丁香，其他什么也不能种，因此他们只能依靠荷兰人提供食物。而运气较差的村庄，尤其是在北摩鹿加群岛，被勒令禁止种植丁香，违者以死论处。

显然，这是为了重新调整供求关系，从而确保丁香能维持高昂的价格。但实际操作远比想象的困难许多。丁香树的生长周期较长，要想将其微小花蕾的产量与分散在世界各地的奢侈品市场不断波动的需求量匹配起来，意味着陷入一个无休止的生产过剩与生产不足的循环。指定的丁香种植者与被禁止种植丁香的人一样，一直处于高压之下，负债累累；他们的境况与债役劳工的不无两样。甚至，不确定这一制度是否能为荷兰人带来巨大收益。但作为种植园经济的一种早期尝试，它确实为荷兰东印度公司的投资人获得了丰厚的红利，故而被视为是成功的举措。只是执行的成本非常高，尽管没有量化，但一旦丁香的价格下跌，应该会导致严重损失。

当米德尔顿与"红龙"号的船员艰难度日之时，"升天"号正在班达群岛附近游荡。没过几天，后者也迎来了范·德哈根的一支分舰队。从安汶岛（此时已归属荷兰）航行至班达群岛，只需要一天半的时间。班达群岛比丁香群岛小很多，对于潜在的垄断者来说，似乎更容易管控。但是葡萄牙人从未在那里站稳脚跟，西班牙人就更不用说了。由于班达群岛的岛民臭名远扬，而且岛上数不胜数的奥朗卡亚很难打交道，葡萄牙人冒险上岸，只是为了贸易。从未有人私自将肉豆蔻树的幼苗偷运出班达群岛，岛上最多只设立过临时贸易站。

易惹事的德雷克也没有在班达群岛留下任何相互冲突的主张。1598年，荷兰人第一次到达班达群岛，无可争辩地击败了英国人。1605年，他们在一系列协议上取得了班达人的签名，这些协议承诺，荷兰人对于班达群岛——也就是整个世界——所有的肉豆蔻核仁和干皮生产拥有独占权。然而，这些文件的合法性令人怀疑。且不说班达人是否能理解这些协议的内容，岛上没有公认的可以代表所有群体的奥朗卡亚团体，这些群体分散在这个小小群岛上。共和主义也有其弊端，极力追求独立的尼德兰省份的公民应该对此比大多数人都更有体会。班达人没有理会那些协议，继续向所有人出售肉豆蔻，其中一些是来自爪哇和望加锡（苏拉威西岛上的一座港市，以打破葡萄牙的特许通行证制度而闻名）的传统贸易伙伴，另一些是英国东印度公司的代理人。

尽管英国人的人数少得可怜，但从1601年开始，他们一直设法派兵驻守班达群岛最偏远的两个岛屿。被兰开斯特留在万丹的那群人向东航行寻找肉豆蔻，曾抵达班达群岛中的艾岛和岚屿，二者分别距离班达群岛的西端岛屿5英里和10英里（8千米和16千米）。他们在这两个岛屿装载了肉豆蔻干皮和核仁运回万丹，船只大多是从望加锡租来的大帆船和马来快船。"升天"号在此地露了一面，但其实那里很少会出现飘扬着英国东印度公司旗帜的船只。班达人对荷兰人的厌恶之情日益强烈；艾岛和岚屿都非常陡峭，林木茂盛，四周为珊瑚礁环绕，要想在这两岛登陆十分困难，季风时节更是难以靠近。英国人依靠这两个因素，得以守住这两座岛屿。

荷兰人则不得不一直忍受这种境况，直到找到相应的解决办法。在此之前，1605年的"升天"号、1609年的"赫克托"号，以及1610年的"远征"号曾在班达群岛的岛屿间巡航而不受惩罚，有时会被愤怒的荷兰船长追赶，有时又受到寂寞的荷兰水手的欢迎，他们相互慰藉，诉说驻守他乡的孤寂与苦楚。与葡萄牙人一样，荷兰人和英国人对班达群岛的岛民也评价甚低。英国东印度公司在给一名船长的航海指南中写道，他们"脾气暴躁、乖张任性、畏首畏尾、背信弃义……经常会因小事烦躁，非常情绪化，比黄蜂还恼人"。[9]

之后，事情变得更为糟糕。1609年，荷兰远征军在班达群岛建造堡垒时遭到了班达人的反对，但他们仍然继续施工。750名士兵挥舞着铁锹在岸边集结，班达人见状肯定"有所触动"；事实上，士兵们离开了，放弃了堡垒的建筑地班达奈拉。班达奈拉岛位于班达群岛的中部核心区，这个核心区由三座岛屿组成，过往船只可以在此休憩。核心区的另两座岛屿是大班达岛和火山岛，前者有一座狭长的山脊，山脊上长满了肉豆蔻树，后者只是一座火山，它通过喷出大量火山灰来表达对入侵者荷兰人在此建堡的不满。因此，荷兰人选择在另一座岛屿修筑堡垒，拿骚堡开始成形。之后，班达人要求再次与荷兰人谈判。荷兰的舰队指挥官彼得·费尔霍芬答应了班达人的请求，在没有带领护卫队的情况下匆忙赴约，结果，这名指挥官与29名随行人员很快就被杀死了。

这场"费尔霍芬屠杀"或"1609年卑鄙班达人的背叛"终结了荷兰人的自满之情；英国人的出现也激发了班达人的反叛情绪，这些因素切断了英国与荷兰在班达群岛和解的所有机会。虽然在欧洲，两国是共同抵制天主教势力的盟友，也时常在东方的其他地区进行贸易合作，共同抵制葡萄牙人，但在班达群岛，荷兰人与英国人的矛盾一触即发。当时，旅行与远航文集的编写者塞缪尔·帕切斯牧师称英荷冲突为"和平时期的不祥之战"，这场战争以恶意的突袭行动为开端，断断续续地进行了12年。

1609年，在班达人的报复行动后，荷兰人遭受了更多损失，但也建成了第二座堡垒（贝尔吉卡堡），并向愿意签订另一项协议的奥朗卡亚展示堡垒。与之前一样，该协议包含班达人只能与荷兰人进行交易的条款——尽管他们签署之后也可能会违反此项条款——并加上了一则条款，大意是班达奈拉归于荷兰的统治之下。尼德兰联省共和国由此在东方获得了第二个殖民地，第一个是安汶岛（从严格意义上来说，万丹属于租借地）。

和以往一样，英国人也只能效仿荷兰人的做法。1616年，艾岛已经被荷兰人占领，但岚屿仍在顽强抵抗。英国人可能暗中进行了精心的策划，拟好了行动草案，然后成功赢得了岚屿和艾岛奥朗卡亚（此时成了流亡者）的效忠。这些奥朗卡亚用行动献出了作为班达人的最诚挚誓言——一捆带叶的肉豆蔻幼苗，每根幼苗的根部都完整包裹在土中（没有任何记录表明，英国人曾尝试将这些幼苗移植到班达群岛之外的地区）。由此，英国，即未来的大英帝国，也在东方拥有了第一个殖民地。一份非常具有说服力的文件说明了整个移交过程，即使颇具争议，国王詹姆士仍

"承蒙天恩"，被认可为"英格兰、苏格兰、爱尔兰、艾岛和岚屿的国王"。[10]

即使只是统辖一座小于2平方英里（约5平方千米）的偏远小岛，岛上大部分地区是原始林地，甚至直到今天也未展现一丝文明的曙光，英国还是被赋予了新的使命。1616年，英国东印度公司的纳撒尼尔·考托普奉命前去管辖岚屿，他得到上级命令，只需静观其变。他确实这样做了，度过了漫长且焦虑不安的四年时光。放弃这个地方就意味着叛国，但他失去了唯一的那条船，光是从其他岛屿——其中，最近的岛距离岚屿5英里（约8千米），但到处都有荷兰人的巡逻队——获得食物和水，就令他们及其班达盟友绞尽脑汁。有一次，一支英国舰队向他们运送补给，已经近在咫尺，最终却还是被荷兰人赶走了。其他来此的英国船只被荷兰人截获，船员被囚禁在班达奈拉。

到1618年，考托普已经在岚屿生活了两年，他变得越来越焦躁不安。"我手下有38个人抵抗荷兰军队及其暴行。我们极其渴望食物和酒，但我们只有大米和水。现在他们有8艘船，还有2艘桨帆船，而且据我所知，他们全都是冲着我们来的。我每天都观察局势，战战兢兢，生怕他们来攻打我们。"[11] 一年后，考托普及其手下更绝望了。他写道："我们已经被折磨得脱了好几层皮，再这样下去，我们就只剩骨头了。"这是他写的最后一封书信。1620年的一个深夜，他从邻岛乘小船驶回岚屿时，遭到荷兰人的伏击。人们不太确定之后发生了什么。他也许被杀了，也许在游向安全地带时溺水而亡了，可以确定的是，他的尸体被海水冲到了艾岛。

这件事在当时引来了部分关注（之后，引来了更多关注[12]），其中一个原因是 18 个月前，英荷两家东印度公司正式决定暂停交战，但班达群岛的人显然还不知道这项决定。在双方政府的压力下，他们签署了一份协定，双方成为香料贸易的合作伙伴，联合打压葡萄牙。考托普这些年来的坚守没有白费，但如果他知道英荷两方已达成和解，他就不需要在夜幕的掩护下冒着生命危险外出了。

更大的骚动导致了英荷两方关系的转变，此次骚动主要发生在爪哇岛。1611 年，荷兰人将他们的根据地从疟疾盛行的万丹转移到巴达维亚。而意料之中地，英国人也跟着转移根据地。他们找到了一个机会，发泄心中对荷兰人积蓄已久的不满情绪。当时，英国人手头握有一支实力非常强大的舰队，他们围攻了荷兰人刚刚建成但尚未设防的贸易站。荷兰立马派来了一支规模更大的舰队，将英国人赶出了爪哇岛，后者损失惨重。有好几个月，双方舰队一遇到就开战。在这种战事连连的局势下，"十七绅士"任命扬·彼得松·科恩为荷兰东印度公司在东印度群岛的总督。

阴郁的"科恩国王"（这是英国人对他的众多称呼中最好听的一个了）总是有非常明确的目标。在东印度群岛，他试图建立荷兰对香料贸易的垄断地位；运用各种手段对付竞争对手英国人和背叛他们的班达人。他刚刚把英国人赶出爪哇岛，就传来了英荷两家东印度公司和解的消息，但这对他没有产生丝毫震慑力。相反，他更加随心所欲了，还及时地处理掉了考托普。1621 年年初，在考托普去世仅几周后，他驶向班达群岛，实施"屠杀计划"。

第一个遭殃的是大班达岛。几番煽动之后，班达人的一声战斗号令成了荷兰人进攻的信号。村庄被夷为平地，房屋被烧毁，岛上的所有人——男人、女人和儿童——不是聚集在一起，就是四散逃跑。一部分人逃到了其他岛屿，一部分人死在山间，一部分人在林间被残忍杀害，还有一部分人从悬崖跳下，结束了生命。大多数人被运到爪哇售卖为奴隶。威拉德·汉纳说："原本班达群岛上可能有1.5万人，但最终活下来的似乎不到1000人。"他是摩鹿加人民的捍卫者，不屈不挠，备受尊敬。一部分活下来的人逃到了岚屿和艾岛，但"驻扎在那里的英国人没有积极维护他们，只是偶尔微弱地震慑一下荷兰人"。[13] 至于大班达岛上的奥朗卡亚，有44人遭受严刑拷打——专业术语是"受审"，然后戴着镣铐行进到一个围场，被均匀划分为四小队，全部由荷兰在日本的商行雇来的武士斩首。

艾岛人与大班达岛人的命运一样，部分已经被卖为奴隶。岛上的一小撮英国驻军对此惊恐不已，尽管他们有此感受合乎情理，但他们没有什么应对的举动，只是站到了一边，成为荷兰的盟友后，他们也牵涉其中。最终，他们选择全体撤离此岛。临走前，他们大肆砍伐岛上的肉豆蔻树。而艾岛人多年来顽强抵抗的回报是肉豆蔻树被砍伐，岛民人数也因遭受屠杀而锐减。

同行的几名军官背地里议论、责骂科恩，后来上级也委婉地谴责了科恩，但他没有受到任何处罚，反而再次被任命为荷兰东印度公司在东印度群岛的总督。他在班达群岛上实施的"屠杀计划"的第二阶段开始了。为了以固定价格向荷兰东印度公司提供稳定数量的肉豆蔻核仁和干皮，这些岛屿（此时几乎荒无人烟）被划分成68小块土地，每块土地承租给一名土地持有人，每人可得25名奴隶。这些奴隶都是进口而来，大多来自塞兰岛、新几内亚和其他无人管辖的岛屿上的丛林地带；土地持有人也是外来人口，大多是荷兰东印度公司的前雇员，由于一些难以启齿的原因，他们不想返回荷兰。

奴隶和土地持有人都非常不守规矩，难以管控，因此荷兰人制定了严酷的刑法。17世纪30年代，一名德意志人在岛上生活了5年，共目睹了25人被处以死刑，有被斩首的（9人），有被实行绞刑的（9人），有被实行缳首绞刑的（3人），有被火烧死的（2人），有被实行轮刑的（1人），有被火绳枪射杀的（1人）；还有人被鞭笞（17人），被砍下手脚（52人），这些都是常见的刑罚方式。[14] 岛上人数本来就不到4000，还有那么多人被处死或遭受酷刑折磨。这里是人们能想象到的最田园牧歌式的地方之一，群鸽高歌，棕榈叶轻轻摇曳，是大自然费尽心力再现出来的芬芳天堂，香料理应产自这样的地方，但对大多数岛民来说，此时的生活是肮脏的、异常残忍，而且往往十分短暂。

但香料的生产有所回升。荷兰人的垄断起到了一定作用，荷兰东印度公司在阿姆斯特丹售卖的香料价格约是班达群岛的1200%。在欧洲民众的厨房里，有更多的食物开始添加少量肉豆蔻，比如烘焙的蛋糕、白色的酱汁、温热的葡萄酒和各色蜜饯。

据牧师塞缪尔·帕切斯所说，赤道地区的炎热气候导致人们变得狂放与险恶，牧师认为，这是班达群岛和摩鹿加群岛的混乱状态最说得通的成因。原本体面的荷兰人和英国人，在脱下厚重衣物的同时，也卸下了他们的"美德"，香料激发了他们的"野蛮与凶残"，使他们屈从于那些肤色黝黑的合作伙伴的"异教徒习性"。这是一个再好不过的解释，而且就在他刚放下笔时，另一场无法解释的暴动发生了，这个解释似乎被证实了。在科恩于班达群岛实施恐怖统治两年后，一桩更大的丑闻，即"安汶大屠杀"，是压倒英国东印度公司参与香料贸易的最后一根稻草。

荷兰驻安汶岛的总督赫尔曼·范·斯波伊尔特是科恩的信徒，且比之更肆无忌惮。荷兰东印度公司在安汶岛上经历了几场反叛和兵变之后，变得几近疯狂。而此时就像在班达群岛上一样，英国人只会使情况变得更糟。他们拒绝与新盟友合作，违背了1619年所签协定中的财政和军事承诺，并嘲笑荷兰人在做无用功，称他们为"黄油盒子"和"马粪"，甚至更难听的绰号。

而荷兰人将自身的处境类比为一边要承受挥霍无度的妻子带来的负担，一边还要忍受这样的妻子背着他们勾结当地情人。1623年，这场痛苦的争夺战终于要结束了，双方均同意不再结盟。英国东印度公司无法再承受结盟带来的负担或耻辱，决定撤离香料群岛。安汶岛的荷兰人显然知道了这个消息。也许是总督范·斯波伊尔特不接受这个决定，也许是离撤离的时间越来越近，英国人越发令他厌恶，他做出了出人意料的举动。

如果这位荷兰总督心智健全，他一定知道自己做那些事时代表的是荷兰东印度公司的立场。没有任何征兆，他逮捕了14名英国人和10名日本人，控告他们抢夺维多利亚堡。日本人作为荷兰人的雇佣兵，被视为反叛者，且作为亚洲人，更显得无关紧要。他们的作用似乎只是将英国人卷入此事，之后他们被全部处决。而被逮捕的那些英国人，也有10名被处决。他们被关在堡垒下方阴冷潮湿的地牢里，一直折磨到供认，然后被定罪并斩首。这10个人之中，有一名是英国驻安汶岛的主代理人加布里埃尔·托尔桑，其他9个人中也有英国东印度公司驻当地机构的高层。显然，他们不是无关紧要的人物，荷兰总督是掩盖不了他们的死亡事件的。

英国人向巴达维亚和阿姆斯特丹的荷兰人讨要说法，但没有任何结果。范·斯波伊尔特听令回国，但还没到荷兰就去世了。英国国王詹姆士承诺采取行动，但实际上什么也没做。所有事情堆叠到一起，只会越发激起英国民众的不满情绪。这场"安汶岛大事件"（公众对此事件的称呼）激起了英国民众的民族情绪，他们印发了大量宣传册和小册子。这些册子仿照《殉道者之书》（*Foxe's Book of Martyrs*）而制成，有一些还包含朴实的木版画，刻绘了多种酷刑场景，以方便不识字的人看。约翰·德莱顿将此事写成了剧本；英国东印度公司的负责人宣布，因为政府不作为，公司只能"放弃在东印度群岛的贸易"。这种夸大的说法是可以理解的。除了严刑逼出来的供词，没有证据表明英国人曾计划夺取维多利亚堡，他们既没有值得冒险的明晰理由，也没有获胜的把握。

如同考托普的持久抗争和岚屿的沦陷，安汶岛的屠杀加深了英国人对荷兰人的怨恨与不满。1652—1654年，随着克伦威尔率军与荷兰开战，英国民众将掸掉尘埃，清晰地表露出往日积聚起来的所有憎恨；1665—1667年，英国不断挑衅荷兰，爆发了第二次英荷战争。两国进行的主要是海战，大多发生在北海，第一次英荷战争以荷兰赔偿"安汶遇难者"的家属告一段落，而第二次英荷战争中，塞缪尔·帕切斯被带到荷兰东印度公司一艘商船的船舱里，双方就殖民资产达成了一种广泛的权衡，这些资产在很大程度上而言是冗余的。双方签署了《布雷达和约》（Peace of Breda），均做出了让步，荷兰放弃北美洲的多个殖民地，包括新阿姆斯特丹（今纽约）及其曼哈顿岛，英国放弃在香料群岛的所有权利，包括人口已锐减的岚屿。放弃岚屿并非为了交换新阿姆斯特丹，它的转让恰好是同一和解协议的一部分。

至于香料贸易，英国东印度公司确实履行了协议条款：1624年，撤离摩鹿加群岛（包括班达群岛）；1628年，从巴达维亚转移到万丹；1683年，最终被迫完全退出爪哇岛。英国东印度公司逐步西撤，表明了他们对肉豆蔻和丁香的兴趣正逐步降低，但这不等于完全放弃相关贸易。据荷兰人所言，摩鹿加群岛的香料仍会通过马来快船和舰载艇被"偷运"至望加锡和婆罗洲，尽管数量有限，最终还是能落入英国人之手。甚至在失去万丹后，胡椒依然能够证明，英国东印度公司在苏门答腊岛西南端设立的明古鲁贸易站是合理的，因为万丹的大多数库存还是来自那里。

明古鲁，以约克堡（命名自约克公爵，后约克公爵成为詹姆士二世），之后是马尔伯勒堡（命名自马尔伯勒将军，后马尔伯勒将军成为公爵）而出名，最终却被证明，那里只能获取微薄利润且名声极差。虽然这一定居点在整个18世纪都存在，但在那个时候，它很容易被忽视。英国东印度公司在抛开了早年的香料梦想后，终于从古吉拉特、泰米尔纳德和孟加拉进口棉布，从波斯进口丝绸、靛蓝染料和硝石中找到了自身真正的使命，所有商品全部来源于南亚大陆。1640年，英国占领马德拉斯（今金奈）并设防，1668年占领孟买，1689年占领加尔各答。英国贸易帝国的种子没有在岛屿，而是在亚洲大陆扎根。这些种子在18世纪生根发芽，茁壮成长。在整个印度次大陆，英国军队以压倒性的优势战胜了法国波旁王朝。中国的茶叶成为英国东印度公司在东方最主要的进口商品，而印度的鸦片刚好可以作为购买中国茶叶的支付手段。回头来看，荷兰人将英国人逐出印度尼西亚和香料贸易，似乎还帮了后者一个大忙。

　　不过，如果认为英荷两国在印度和印度尼西亚之间存在某种与《布雷达和约》类似的利益交换，那就错了。与英国东印度公司一样有所取舍——放弃香料贸易，专注于印度，荷兰东印度公司在印度退居一旁，专注于印度尼西亚的香料贸易。直到18世纪中叶，荷兰东印度公司才成为印度贸易的主要参与者，它在古吉拉特、马拉巴尔、泰米尔纳德和孟加拉的代理处均不逊色于英国东印度公司。同样，在东亚，荷兰与日本的贸易在其持续期间是荷兰东印度公司整个投资组合中获利最多的。

　　更确切地说，是葡属印度的衰败决定了英荷两国的殖民发展态势。在阿拉伯海地区，命运较为垂青英国人。霍尔木兹是葡属印度西侧的堡垒，位于波斯湾湾口，1621年，遭受英国与波斯人的合力进攻；20年后，英国与葡萄牙结盟，共同阻止荷兰蚕食印度；此后又过了20年，孟买作为查理二世的新娘布拉干萨的凯瑟琳的嫁妆之一，和平地转移到英国的统治之下。

　　然而，印度另一侧的故事就完全不同了。那时，阿尔布开克攻下的第三座要地马六甲仍然是香料的主要贸易中心，尤其是那些运往中国的香料。1641年，荷兰人侵占马六甲，马六甲第二次落入欧洲势力手中。这次被欧洲人占领同样具有深远影响，再一次标志着香料路线控制权的转移。唯一的区别是，这一次马六甲不再声名大噪，反而名望就此终结。马六甲的贸易大部分转移到了巴达维亚，巴达维亚将逐渐发展成为"东印度群岛之女王"，配得上成为荷兰东印度公司的总部所在地。从巴达维亚开始，荷兰东印度公司最终毫无争议地控制了马六甲海峡，进入印度洋。在接下来的20年里，从巴达维亚出发的荷兰东印度公司舰队通过马六甲海峡，逐渐蚕食葡萄牙在东方的殖民地，比如斯里兰卡、泰米尔纳德的科罗曼德尔海岸和喀拉拉的马拉巴尔海岸。

荷兰最早期的远征队就曾抵达过斯里兰卡，但直到英国人和葡萄牙人撤离香料群岛，荷兰人才抓住机会，垄断了肉桂这种知名香料的收益。17世纪30年代，葡萄牙和康堤王国激烈交战，导致前者国力衰退，后者迫切寻求盟友。荷兰很乐意施以援手，1638年将葡萄牙人赶出了拜蒂克洛（斯里兰卡东海岸），之后趁着两国此时无力反抗，提出了更多要求，夺取了更多领地。1656年，科伦坡不堪长期围攻沦陷；一年后，约翰·马策伊克总督宣布荷兰东印度公司"将成为整个锡兰岛的绝对主宰，这座岛之前一直是由葡萄牙人占领的"。[15]

1658年，荷兰占领了科罗曼德尔海岸的杜蒂戈林港和纳加帕蒂南港；1661—1662年，占领了马拉巴尔海岸的奎隆、坎纳诺尔和科钦。印度的胡椒和斯里兰卡的肉桂从此也成了荷兰东印度公司的香料贸易商品，尽管荷兰没能像垄断丁香、肉豆蔻核仁和干皮一样垄断这两种香料。在此期间，为了向绕行非洲最南端的大量船只提供便利，1652年，荷兰人占领好望角，好望角因而成为欧洲国家在非洲的第一个殖民地。

阿姆斯特丹和巴达维亚之间的直航航线穿过爪哇岛和苏门答腊岛之间的巽他海峡，通常要比穿过马六甲海峡更快一些。但对马六甲的控制重新开启了从马来半岛周边群岛去往印度的航线，这部分是古代香料之路的组成要素和轴心。历史兜了一圈又回到原点。荷兰源源不断地向亚洲和欧洲输送香料，一船船丁香、肉豆蔻核仁和干皮再一次通过马六甲海峡运达印度，路线几乎与马可·波罗时代相同。荷兰殖民扩张的道路非常忠实地沿着古老的香料之路向西延伸，或许它可能是在恢复这条路线。

　　这条路线不会有进一步的发展了。地峡通道已被消除，半岛被绕行，海峡被控制。除了增加了几个新港口，如新加坡，香料将会继续沿着希帕鲁斯、达·伽马、迪亚士和埃尔卡诺开辟出的海上航线向西输送。但自约1800年起，香料不再引人注目。就像封蜡与帆船，它们的时代已经过去了。香料实现了它们的目的，激发了人们的味蕾，在如此漫长的岁月里一直诱惑着那些航海先驱，直到他们到达世界尽头，并且变成了怪物。如今，香料的光芒褪去，但殊荣犹在；曾有鲜血洒在这方热土之上，人类的贪婪之心逐渐平息。在超市的边缘货架上，用玻璃纸包裹的小袋香包还在等待人们的光顾。

结　语

畅销与外包

　　香料曾是东西方贸易中的重要商品，但其地位后来不断衰落，当然这个过程非常漫长。香料的原产地被揭秘，神秘感逐渐被驱散，稳定的供应量也在一定程度上消散了它的独特气息；但口味一时半会儿很难改变，即使廷臣厌倦了添加了胡椒的野味馅饼和芳香的啤酒，他们还未变换的味觉仍然喜欢这些饮食。荷兰香料帝国的黄金时代从17世纪30年代一直持续至18世纪30年代，在此期间，可以说对于香料的需求只要有所增长，都得益于香料群岛上不断发生的"连根拔除"事件和阿姆斯特丹偶尔烧毁未售存货的现象，香料的价格也得以维持相对的稳定。

　　令人失望的是，香料没能跟上不断发展的世界经济的步伐。荷兰东印度公司投资者不断上涨的期望值，实施垄断的成本持续增加，世界贸易的爆炸性增长，均导致香料只有死路一条。从商业角度来看，香料表现不佳。香料成为一堆枯燥乏味的库存，逐渐失去了昔日的光彩，这使得香料在富裕消费者中的受欢迎程度不断下降。香料贸易没有消亡，但确实受到了其他发展更为强劲的商品的抑制，同时，香料贸易自身的增长还受到一系列无关因素的阻碍，很容易被以欧洲为中心的贸易历史叙述所忽视，本书也不例外。

亚洲的需求就是其中一种因素。荷兰人几乎已经垄断了上等香料的生产，自然会努力开拓亚洲和欧洲的广阔市场。结果，丁香、肉桂和肉豆蔻核仁（在适当的情况下，还包括胡椒）从巴达维亚被运送至中国、日本，尤其是印度，这样的交易十分繁荣；但它非常容易受到价格的影响。如果价格太高，货物会售卖不出；如果价格太低，亚洲商人则会代表荷兰的竞争对手——英国人、葡萄牙人、丹麦人和法国人——购买香料，然后再出口至欧洲。荷兰人将开支缩减到最低，通常会委托亚洲承运人负责亚洲地区之间的货物运输。但很难取得适当的平衡，这也意味着，在欧洲，为了阻止其他进口商，香料的价格必须被控制在可能产生巨额利润的水平以下。全球市场有其吸引力，但如果无法实现葡萄牙人曾短暂吹嘘的对于航运的垄断，它似乎会成为一种负担。

另一个阻碍因素来自美洲。哥伦布在自己的第一次航行后汇报道，"我想，我找到了大黄和肉桂"；他还认为自己可能找到了肉豆蔻核仁，但那时不是一年之中出产此种坚果类植物果实的时间；那里肯定有某种胡椒。回到西班牙，他的这些香料样品被认为一文不值，根本就不是他说的那么回事。而当地美洲人确实有自己的香料品种。香草、多香果和多种辣椒，只能在美洲才能找到。哥伦布费尽力气搜集到的香料可能包括上述香料的变种；西班牙人深入美洲大陆，进一步探索了这些自然产物。

香草很快成为一种备受欢迎的新奇事物。16世纪，香草豆荚作为一种药品被进口；在英国，伊丽莎白女王的私人药剂师首次将香草豆荚推荐作为一种调味料；从那以后，它们吸引了面包师和糖果匠的注意，开始挑战肉桂的地位。多香果的名称绝对名副其实。它混合了胡椒、丁香、肉豆蔻和肉桂的香味，用途堪比四合一咖喱粉。但辣椒，尤其是墨西哥辣椒或红辣椒，彻底颠覆了香料贸易的局面。辣椒就像烹饪用的"胡椒"，色香味俱全，受到人们的一致喜爱，有时可带来燃烧般的口感体验，无须参与交易或运输。人们只需运输辣椒的种子并播种，只要满足它对光照和土壤湿度的适宜条件，辣椒就会发芽生长。16世纪末，多亏了葡萄牙人，在欧洲气候较为温和的地区，辣椒种植已颇具规模，并扩展至整个东方。印度最终成为世界上最大的辣椒生产国。虽然黑胡椒仍然占有一定的市场份额，但由于辣椒的入侵，长胡椒几乎不再为人种植。

严格来讲，红辣椒是一种水果，但红辣椒可以像草本植物那样生吃，在商业上可以被归类为一种蔬菜，如今则被列为一种香料，事实上，它确实是香料，少了它，就成不了塔巴斯科辣椒酱，印度的混合香料马萨拉也无法称自己为香辛料了（garam，在印度语中是"辛辣"的意思）。新世界总有办法混淆现有的分类，其中最令人混淆的莫过于植物学的分类了。土豆和西红柿来自关系相近的植物，但土豆的可食用部分是块茎，所以它是一种蔬菜，西红柿则是一种水果，但人们对于西红柿的划分仍然没有达成共识。巧克力豆，或称可可豆，曾在西印度群岛被用作货币；哥伦布注意到了这一点，称它们为"杏仁"。将巧克力豆做成饮品一定是从阿兹特克人那里学习而来，巧克力豆的这种功用传入欧洲的时期大概与咖啡传入欧洲的时期相同。它们都可作为清晨的提神饮品，佩皮斯均有所尝试；正如阿兹特克人的做法显示的那样，烟草与两者都很搭。吸食烟草散发的烟雾，弥漫在欧洲各国首都新开的饮品屋里，不吸烟的人不知不觉间也吸入了满肺的烟。点燃烟草释放出烟雾，诱惑人吸入，会使人产生放松的感觉，这使我想起了飘荡在元老院大厅里的没药香气。这是一种新型熏香。

　　像佩戈洛蒂这样的精明商人会将所有这些产物列为香料；有些商品被引入市场后，确实直接就与现有的香料形成了竞争关系，但不一定是在烹饪领域。就像古代世界的香料一样，它们的巨大优点在于异域产地和所谓的特性。作为地位的象征和刺激物，它们挑战了传统香料的涵盖范围，并设定了新的放纵程度。要么进一步满足人们的味蕾，产生更令人兴奋的效果，要么就宣扬，那些消费它们的人拥有更冒险和不落俗套的生活方式。

　　它们也是新的，而在"新奇"一词与香料几乎不相容的时代，这增强了它们的吸引力。几乎所有新引进的产物都能带来身体和精神上的双重刺激。莎士比亚甚至认为，土豆也是一种催情药，而从名称"pomme d'amour"和"pomodoro"来看，法国人（将西红柿叫作"爱情苹果"）和意大利人（称之为"金苹果"）似乎认为，西红柿也具有催情的作用。上流人士涌去咖啡厅，喝茶成为社会流行风尚。那时的人们对此十分留心，记录下了这种不断变换的社会习性，而社会历史学家注意到了他们记录下的这些变化。但如果有人认为，1650—1675年，咖啡和巧克力，更不要说茶叶，挑战了香料的霸权或在世界贸易中充当了重要角色，尽管此结论得自佩皮斯的日记，这仍然是错误的。这一局面需要再过50年才能实现。17世纪60年代，咖啡只产自阿拉伯南部。虽然英国东印度公司和荷兰东印度公司会将少量咖啡从穆哈港输送出来，但大多数运达欧洲的咖啡是通过黎凡特公司运输的。咖啡、茶叶和可可稀有、新奇、味浓可口，赢得了一些忠实的饮用者，但尚未赢得所属民族的青睐。

　　当荷兰人在马拉巴尔和爪哇成功建立咖啡种植园后，咖啡实现了突破性进展。1696年，西爪哇的勃良安山地种下了第一批咖啡树苗，1711年，人们第一次售出900荷兰磅咖啡。10年后，爪哇岛咖啡的年运输量超过100万荷兰磅，又一个10年过去，年运输量达到600万荷兰磅。从运输量来看，咖啡超过了黑胡椒，其价值也是黑胡椒的两倍多。在那个时期，安汶岛尝试种植咖啡树来替代丁香树，而在班达群岛，那些拥有肉豆蔻津贴、爱喝杜松子酒的自由民开始饮用咖啡，咖啡成为时代的标志。在此期间，爪哇的胡椒变成了濒危物种。18世纪中期，爪哇岛的咖啡出口额是胡椒的10倍，而且只有坚持每次运输咖啡豆时附带运输几荷兰磅的胡椒粒，胡椒种植业才得以留存。在一代人的时间里，荷兰东印度公司的香料帝国变成了咖啡殖民地。

　　茶叶在英国东印度公司贸易清单上的卓越战绩同样引人注目。17世纪60年代，英国东印度公司和荷兰东印度公司均从中国进口了样本量的绿茶，但在17世纪80年代，每磅茶叶的价格为1英镑，英国东印度公司的董事们获得的茶叶仅够"作为礼物，献给宫廷里的好友"。18世纪20年代，人们关注更加便宜的武夷红茶，20万磅茶叶的进口价格骤降到每磅7先令。中国广州是英国东印度公司进行贸易的最繁忙的港口之一，茶叶进入大规模销售阶段。茶叶的进口量可以匹敌荷兰东印度公司的咖啡进口量，10年后，茶叶的年进口价值突破100万英镑大关，到1770年，达到900万英镑。到此时为止，英国东印度公司在中国的贸易额已经超过它在印度所有机构的贸易额总和。茶叶作为其商业投资中最重要的一项商品，向英国本国政府贡献的进口关税占其全部税收经常收入的10%。而且，这还只是官方贸易。与咖啡一样，无照经营者和外国人运输的茶叶数量可能与官方相同，其中大部分被走私到英国。

一个不太熟悉热饮的社会可能会欢迎任何种类的饮品，但是令这些棕色的饮料变得如此美味可口和受欢迎的原因是人们同时过度食用了日益精制的糖。糖，不管呈现何种形式，都曾被归类为香料。糖的供应量一直非常有限，直到原产于南亚的甘蔗通过香料之路开始传播，这种情况才有所变化。在哥伦布将一些甘蔗带到西印度群岛之前，甘蔗断断续续地从亚洲传播到了地中海地区和加那利群岛。在加那利群岛，由于宜人的气候、贪婪的殖民者和遭受奴役的劳动力，从17世纪晚期开始，糖的炼制效率有了巨大的提升。爪哇岛也发生了类似的情况，在该岛，甘蔗成为一种经济作物，与咖啡形成有力竞争，进一步将传统香料边缘化。但是，鉴于爪哇岛的大量蔗糖在亚洲找到了现成的市场，西印度群岛的蔗糖基本上是销往欧洲的。

就在旧世界将冒着热气的茶壶或者某种版本的滴滤咖啡壶端上餐桌的时段，新世界也将满溢的糖盅带到了欧洲的餐桌上，这真是一种愉悦的巧合。比如说，很少有人会有意识地放弃肉豆蔻，而选择巧克力；但是，在一天里，人们会不时地饮用甜甜的棕色饮品，也许还会伴随着吃一些含糖饼干或抽一支烟，却鲜有人调整好味觉，以迎接餐桌上一连串味道微妙的菜肴。香料作为刺激物和慰藉物，到18世纪中期，逐渐被其他商品比下去并廉价出售。正是在这样的背景下，即东方贸易受到价格稳定、需求有限、竞争激烈和经济相关性减弱等因素的困扰，香料猎人的功绩才得以显现。

许多人曾想到，通过归化丁香和肉豆蔻，打破摩鹿加群岛对于这些香料的垄断。西班牙人就曾尝试在菲律宾群岛建立丁香种植区，但失败了。葡萄牙人在安汶岛及其邻近岛屿成功地种植了丁香，并尝试在帝汶岛移植肉豆蔻。17世纪，通过荷兰人的努力尝试，安汶岛拥有了自己的肉豆蔻树。17世纪90年代，苏门答腊岛明古鲁的英国人似乎已经尝试移植丁香和肉豆蔻，移植用的种苗应该是从当地走私者那里获取而来，但大多数移植都失败了。而另一方面，糖、咖啡和其他异域产物的移植和开发取得的显著成果激励着人们。

18世纪50年代，法国探险家皮埃尔·普瓦沃接受了这一挑战。到底是他的名字（"Peter Pepper"或者"Peter Piper"）还是流行的绕口令激励他完成挑战的，我们不得而知。他是学者、爱国者和业余植物学家，身上融合了不可救药的乐观主义、他所处时代的开明思想和深刻的使命感。在中国和越南，他为法国天主教会传教，但法国天主教会并未授以他神职。英国人在马六甲海峡附近劫持了他的船，他为此失去了一条胳膊。他还被荷兰人俘虏过，在巴达维亚度过了一段时间，在那里他对植物学产生了兴趣，产生了为法国争取热带农产品贸易份额的主意。他的使命无关乎基督教，而是与香料有关。

法国人较晚才抵达东方水域，其印度公司经常不得不退而求其次。约瑟夫·迪普莱在东南（科罗曼德尔）海岸，野心勃勃地为法国人争取在印度次大陆的领地，但在印度洋，只有新夺取的法兰西岛（后来的毛里求斯）和波旁岛（后来的留尼汪岛）由法国控制。这些岛屿极大地便利了法国人在东方的海军活动，但耗费了法国人巨大的财力。普瓦沃的使命是将这些岛屿变为香料岛屿，以弥补法国耗费的财富。

1751年，在官方的支持下，他抵达菲律宾群岛，在那里设法获取了丁香和肉豆蔻的幼苗。经受了两年的挫折后，仅有9株肉豆蔻幼苗存活下来，其中4株在返回毛里求斯的途中凋萎死亡。1754年，他再次起程前往摩鹿加群岛；在他离开期间，之前幸存下来的5株幼苗也死了。但是，他凭借一些轻率又出人意料的手段，再次获取了11株肉豆蔻幼苗和一些丁香种子。不过，这些似乎也没能存活足够长的时间以实现繁衍目的，也许是因为普瓦沃又一次没有给予这些植物足够的重视。他返回法国，汇报自己的商业冒险活动，并在法国结婚，还在里昂建立起一座植物园。1776年，他再次被派遣至毛里求斯和留尼汪岛。

这一次，他的职位是行政长官或非军事总督，负责改革岛上境况不佳的农业经济。他建造了一座房子，规划了一片花园，花园中种植着移植而来、各种各样的热带植物，当然，他再次实施了移植摩鹿加群岛香料植物的计划。1770年，这些计划取得了成果。他的两艘船在塞兰岛发现了一名幻想破灭的荷兰人，这名荷兰人指引他们认识了周边一些有叛意的岛民。成百上千的肉豆蔻和丁香幼苗，以及成千上万的种子和未经处理的肉豆蔻核仁（荷兰人习惯用石灰对出口的核仁消毒杀菌以绝育）被装上船；这两艘船均安全返回了毛里求斯。

此时，普瓦沃有办法实现自己的梦想了。这些苗木的生长并非一帆风顺，也经历了许多困难，渐渐地，毛里求斯和留尼汪岛变成了香料苗圃。虽然这些岛屿出口的风干香料对整个贸易的影响无足轻重，但其健壮幼苗的出口最终结束了摩鹿加群岛的垄断地位。到18世纪90年代，香料种植区向北延伸至马达加斯加，然后是桑给巴尔（仍然是世界上主要的丁香生产地），向西延伸至加勒比海的马提尼克岛，接着是格林纳达（仍然是肉豆蔻核仁和干皮的主要生产地）。安汶岛和班达群岛也继续生产香料，至今仍是如此。而如今，印度尼西亚是丁香的净进口国，消费量超过世界上的其他任何市场。一些香料用于烹饪，大多数用于制烟业。丁香曾经是一种药材，然后成为一种烹饪添加剂，现在是香烟制作过程中添加的芳香剂。丁香与烟草混合之后，人们肆无忌惮地吸食，丁香烟的香味弥漫整个群岛。香料群岛仍然散发出香料的味道，但它们来自桑给巴尔，可通过抽烟吸入。

英国人紧跟在普瓦沃之后，在拿破仑战争期间两次占领摩鹿加群岛，运送出更多的香料植物幼苗。1815—1820年，托马斯·斯坦福·莱佛士在担任明古鲁总督期间，发现那时的明古鲁已经有了丁香和肉豆蔻。与普瓦沃一样，他鼓励进一步种植这些香料，希望能把握住这个显然是利基市场的机会来获利，以拯救此时不太景气的定居点。但是，苏门答腊岛的这场试种失败了。1796年，槟榔屿成为英国人在马来亚的第一个殖民地。如同胡椒被引进至槟榔屿一样，事实证明，比起为香料寻找厚利市场，建立香料种植园稍微容易一些。19世纪90年代，香料贸易运作得最成功的是亚齐的胡椒和美国船只之间的低价贸易。新英格兰的快船没有杂项开支，以最少数量的船员将苏门答腊岛的胡椒运至波士顿，通常再转运至欧洲，甚至是黎凡特地区，还能以低于荷兰人的价格售卖。

1819年，莱佛士夺取新加坡，新加坡快速发展为该地区继马六甲城和巴达维亚之后的商业中心，这可能会促使英国人扼住阿姆斯特丹的咽喉，就像阿尔布开克扼住了威尼斯的咽喉那样。香料种植园在马来半岛上建立起来，新加坡确实成了世界上主要的香料市场和转口港。现在也仍然如此。但是，作为其贸易总额的一部分，香料在过去和现在都是微不足道的。

随着香料定义的构成要素越来越少，这种局面也许是不可避免的，香料的重要性变得越来越低。自从佩戈洛蒂列出289种商品后，香料变得越来越具体了。17世纪，药物、染料、焚香和香水逐渐被排除在外。只有烹饪添加剂仍然被包括在内；而且，其中只有四五种因交易数量庞大，才能引起商业关注。一些新的竞争商品不计入在内，比如茶叶和咖啡；糖和鸦片也不算，这两者都包含在佩戈洛蒂的清单中。烟草也不计入在内。

奇怪的是，辛辣食物只属于亚洲人或墨西哥人的现代观念，可能会扭转这一趋势。在超市的货架上随便拿起一罐葛拉姆马萨拉酱，在其配料表中只有两种公认的香料——姜和丁香。这罐混合物没有胡椒——无论是黑胡椒还是红辣椒，应该取消它"香辛"（garam）的资格，这种缺失难以解释。这款"正宗的印度香料混合物"的另一类成分全部都是风干的药草或植物——芫荽、茴香、莳萝和芹菜。药草对于香料架的占领势头似乎在逐渐加强，红辣椒粉、玫瑰花瓣、柠檬草，以及罂粟、葫芦巴、芝麻和芥菜等植物的种子都是其中的代表。日常的共同习惯和词典定义的反复无常，将继续给香料贸易和香料路线带来深远的影响。

注 释

1 堕落之前

1. Pires, vol. Ⅱ, p.204.
2. Orta, p.273.
3. Wallace, p.297.
4. Herodotus, ⅲ, Ⅲ, quoted in Dalby, p.37.
5. Maundevile, pp.167-169.
6. Wheatley, pp.282-305.
7. Yule and Burnell, p.529.
8. Quoted in Chau Ju-Kua, p.63.
9. Ibid, p.62.
10. Strabo, Ⅱ.5.32, XV. Ⅰ.

2 香料的起源

1. Beeton, p.216.
2. Pliny, Ⅻ.3.6.
3. Davidson, p.744.
4. Pliny, Ⅻ.33.59.
5. Castanheda, Fernao Lopez de, *Historia do descobrimento e conquista da India*, quoted in Yule and Burnell, p.284.
6. Lopez and Irving, p.108; Pegolotti's list, pp.109-114.
7. Quoted in Dalby, p.70.
8. Maundevile, p.56.
9. Pliny, Ⅻ.54.111.
10. John Ⅻ, 3.
11. Parry, p.36.

12. Beeton, p.183.
13. Rosengarten, p.7.
14. Davidson, p.745.
15. Pliny, XⅢ.2.18.
16. Ibid, XⅢ.4.22.
17. Ibid, XⅢ.4.25.

3　乳香和肉桂

1.　Pliny, XⅢ.1.2.
2.　Proverbs ⅶ, 17-18.
3.　Pliny, XⅢ.1.1.
4.　Ibid, Ⅻ.14.29.
5.　Groom, pp.22-24.
6.　I Kings, 9-10.
7.　Groom, p.52.
8.　Miller, pp.153-172 and *passim*.
9.　Pliny, Ⅻ.42.86-88.
10. Miller, p.157.
11. Strabo, Ⅱ.i.17.
12. Ibid, Ⅱ.1.14.
13. Miller, p.10.
14. Agatharchides Ⅴ.52b.
15. Herodotus, Ⅲ.107.
16. Groom, pp.160-161.
17. Browning, pp.47-48.
18. Crone, *passim*.
19. Agatharchides Ⅴ.99b.
20. Ibid, Ⅴ.101-1a.
21. Ibid, Ⅴ.105a.

4　希帕鲁斯和跨海航线

1.　Anon., *The Periplus of the Erythraean Sea*, p.54.
2.　Ibid, p.52.

3. Strabo, XV.1.71.
4. Anon., *Periplus* p.32.
5. Strabo, Ⅲ, p.210.
6. Anon., *Periplus* p.35.
7. Ibid, p.36.
8. Lionel Casson, 'Ancient Naval Technology and the Route to India', in Begley and de Puma, p.10.
9. Anon., *Periplus* pp.41-42.
10. Ibid, pp.42-43.
11. De Puma, 'The Roman Bronzes from Kolhapur', in Begley and de Puma, pp.82-85.
12. Anon., *Periplus* p.50.
13. Pliny, Ⅻ.60.129.
14. Anon., *Periplus* p.54.
15. Ibid, p.163.
16. Wheeler, pp.137-150.
17. Anon., *Periplus* p.56.
18. Warmington, p.189.

5 璀璨的红宝石之地

1. Lionel Casson, 'Ancient Naval Technology and the Route to India', in Begley and de Puma, p.10.
2. E.g.in Miller, pp.26-28.
3. Pliny, Ⅻ.41.84.
4. Miller, p.11.
5. Pliny, XV.31.105.
6. Miller, p.11.
7. Quoted in Dalby, p.88.
8. Quoted Ibid., p.131.
9. Pliny, Ⅻ.15.30.
10. Wheeler, pp.133-134.
11. Ibid, p.139.
12. Wheatley, p.138.
13. Quoted Ibid., p.139.
14. McCrindle, pp.239-241.
15. Ibid., pp.247-253.

16. Warmington, p.140.

17. Cosmas Indicopleustes, p.322 and *passim*.

18. Ibid, p.365.

19. Ibid, p.373.

6 碎片上的虫子

1. Ferrand, vol. I , pp.101-102.

2. Quoted in Hourani, pp.118-120.

3. Yule and Burnell, pp.563-564.

4. Quoted in Hourani, pp.54-55.

5. Quoted Ibid., p.66.

6. Edouard Chavannes, quoted in Ferrand, vol. I , p.633.

7. Quoted in Ferrand, vol. I , p.26.

8. Ibid, p.28.

9. Ibid, p.566.

10. Ibid, p.31.

11. Hourani, pp.76-77.

12. Ibid, pp.75-76.

13. Buzurg, pp.84-86.

14. Chaudhuri, p.148.

15. Buzurg, pp.49-52.

7 游历世界

1. Goitein, vol.1, pp.215, 276.

2. Zakariya al-Kazwini, quoted in Mackintosh-Smith, p.126.

3. Ferrand, vol. II , pp.300-315.

4. Pernoud, p.104.

5. Ibid, pp.108-109.

6. Rickert, pp.87-88.

7. Chaucer, p.90.

8. Maundevile, pp.163, 196, 203, 223.

9. Ibid, pp.187-188.

10. Ibid, p.5.

11. Yule, vol. Ⅰ, p.28.

12. Abu'l Ghazi Bahadur, Khan of Khiva, quoted in Tucker, p.224.

13. Yule, vol. Ⅱ, p.293.

14. Polo, vol. Ⅰ, p.108.

15. Ibn Batuta, vol. Ⅱ, p.413.

16. Ibid, p.361.

17. Polo, vol. Ⅱ, pp.249-250.

18. Ibn Batuta, vol. Ⅳ, pp.813-814.

19. Polo, vol. Ⅱ, pp.264-265.

20. Chau Ju-Kua, pp.209-211.

21. Polo, vol. Ⅱ, p.284.

22. Ma Huan, pp.108-109.

8 由东向西

1. Galvano, p.57.

2. Paranavitana, pp.331-341.

3. Ma Huan, p.6.

4. Quoted in Wheatley, p.89.

5. Ma Huan, pp.91-92.

6. Ibid, p.118.

7. Levathes, pp.114-117.

8. Ibid, pp.195-203.

9. Menzies.

10. Quoted in Wheatley, p.89.

11. Conti, p.17.

12. Ashtor, *Levant Trade*, p.63.

13. Cadamosto, pp.4-6.

14. Boxer, *The Portuguese Seaborne Empire*, p.21.

9 基督教徒与香料

1. Camoes, vol. Ⅱ, p.11.

2. Cadamosto, pp.36 ff.

3. Boxer, *The Portuguese Seaborne Empire*, p.31.

4. Cadamosto, p.108.

5. Ibid, pp.46-47.

6. Ibid, p.73.

7. Ibid, p.91.

8. Ibid, pp.108, 110, 124.

9. Galvano, p.67.

10. Joao de Barros, quoted in Diffe and Winius, p.176.

11. Osorius, quoted in Correa, pp.38-39.

12. Gama pp.3-5.

13. B. W. Diffe, in Diffe and Winius, p.177.

14. Gama p.13.

15. Ibid, pp.23-24.

16. De Barros, quoted in Correa, pp.80-83.

17. Tibbetts, pp.9-11.

18. Gama p.48.

19. Ibid, pp.77-78.

20. Ibid, p.131.

10　胡椒海港与咖喱修士

1. Pire, vol. I , p.1.

2. Gama pp.87-93.

3. Ibid, pp.113-114.

4. Ibid, pp.115-116.

5. Ibid, p.128.

6. 'Brazil-wood', in Yule and Burnell, p.113.

7. Heyd, p.519.

8. Lach, vol. I , bk 1, pp.104-105.

9. Correa, p.381.

10. Ibid, pp.299-302.

11. Ibid, p.311.

12. Ibid, pp.312-320.

13. Ibid, pp.331-332.

14. Varthema, pp.156, 178.

15. Correa, quoted in Diffe and Winius, p.263.

16. Barbosa, vol. II , p.169.

17. Varthema, p.224.

18. Pire, vol. Ⅱ , p.285.

11　太平洋航道

1. Camoes, trans. Fanshaw, quoted in Albuquerque, pp.71-72.
2. Boxer, *The Portuguese Seaborne Empire*, p.62.
3. Varthema, pp.223-224.
4. Albuquerque, vol. Ⅲ , p.65.
5. Ibid, pp.116-118.
6. Ibid, p.127.
7. Pire, vol. Ⅱ , pp.286-287.
8. Lach, vol. Ⅰ , bk 1, pp.166-167.
9. Diffe and Winius, p.360.
10. Varthema, pp.243-247.
11. Quoted in Diffe and Winius, p.361.
12. Orta, p.273.
13. Hanna, p.8.
14. Pire, vol. Ⅰ , pp.214-215.
15. Pigafetta, vol. Ⅰ , p.88.
16. Ibid, p.113.

12　远　洋

1. Linschoten, vol. Ⅰ , pp.1-2.
2. Pigafetta, vol. Ⅰ , p.127.
3. Lach, vol. Ⅰ , bk 1, p.118.
4. Pigafetta, vol. Ⅰ , pp.146-147.
5. Ibid, p.148.
6. F. C. Lane 'The Mediterranean Spice Trade: Further Evidence of its Revival in the Sixteenth Century', in *American Historical Review*, vol.XLV, 1940, repr. In Pearson, p.585.
7. C. H. H. Wake, 'The Changing Pattern of Europe's Pepper and Spice Imports, ca 1400-1700', in *Journal of European Economic History*, vol. Ⅷ , 1979, repr: in Pearson pp.361-403.
8. Meilink-Roelofsz, p.144.

9. C. R. Boxer, 'A Note on Portuguese Reactions to the Revival of the Red Sea Spice Trade and the Rise of Atjeh, 1540-1600', in *Journal of Southeast Asian History* vol. Ⅹ, 1969, pp.415-428.

10. Drake, p.137.

11. Ibid, p.138.

12. Williamson, p.193.

13. Linschoten, vol. Ⅰ, pp.112-113.

14. Quoted in Keay, *Honourable Company*, p.11.

15. Purchas, vol. Ⅱ, p.186.

16. Furber, vol. Ⅱ, p.343.

17. Lach, vol. Ⅰ, bk 1, pp.225-226.

18. Penrose, p.201.

19. Linschoten, vol. Ⅰ, pp.111-114.

20. Furber, vol. Ⅱ, p.12.

13　香料带来的影响

1. Purchas, vol. Ⅴ, p.232.

2. Glamann, pp.23-24.

3. Pepys, Ⅴ, p.146.

4. Purchas, vol. Ⅱ, p.315.

5. Lancaster, p.108.

6. John Bastin, 'The Changing Balance of the Southeast Asian Pepper Trade', repr. in Pearson, pp.284-285.

7. Quoted in Hanna and Des Alwi, pp.118-119.

8. Middleton, p.54.

9. Quoted in Hanna, p.34.

10. Purchas, vol. Ⅴ, p.182.

11. Ibid, pp.104-105.

12. Hanna; Keay, *Honourable Company*; and Milton.

13. Hanna, p.55.

14. J. S. Wurfbain, 'Fifj Jaren op Banda', ed. N. P. van den Berg, in *Tijdscrift van het Bataavisch Genootshap, 1872*, quoted in Hanna, pp.66-67.

15. Quoted in Furber, p.57.

参考文献

Agatharchides of Cnidos, *On the Erythraean Sea*, trans. Stanley M. Burnstein, Hakluyt Society, London, 1989.

Albuquerque, Affonso de, *The Commentaries of the Great Afonzo Dalboquerque*, trans. and ed. W. de G. Birch, 4 vols, Hakluyt Society, London, 1880-1884.

Anon, *The Periplus of the Erythraean Sea*, trans. G. W. B. Huntingford, Hakluyt Society, London, 1980.

Ashtor, Eliyahu, *Levant Trade in the Later Middle Ages*, Princeton University Press, Princeton, 1983.

——, (ed.), *Studies on the Levantine Trade in the Middle Ages*, Variorum, London, 1978.

Ballard, G. A., *Rulers of the Indian Ocean*, London, 1926; repr. Asian Education Services, New Delhi, 1998.

Barbosa, Duarte, *The Book of Duarte Barbosa: an Account of the Countries Bordering on the Indian Ocean* etc., ed. M. L. Dames, 2 vols, Hakluyt Society, London, 1918-1921.

Beeton, Isabella, *Mrs Beeton's Book of Household Management*, Ward, Lock, London, 1915.

Begley, Vimala, and de Puma, R. D. (eds), *Rome and India: the Ancient Sea Route*, University of Wisconsin Press, Madison, 1991.

Boxer, C. R., The Dutch Seaborne Empire 1600-1800, Hutchinson, London, 1965.

——, The Portuguese Seaborne Empire 1415-1825, Hutchinson, London, 1969.

——, Dutch Merchants and Mariners in Asia 1602-1795, Variorum, London, 1988.

Browning, Iain, *Petra*, Chatto and Windus, London, 1973.

Buzurg ibn Shahriyar of Ramhormus, *The Book of the Wonders of India*, ed. and trans. G. S. P. Freeman-Grenville, East-West, London, 1981.

Byrne, E. H., *Genoese Shipping in the Twelth and Thirteenth Centuries*, Medieval Academy of America, Cambridge, Mass., 1930.

Cabral, Pedro Alvares, *The Voyage of Cabral*, trans. and ed. William Brooks Greenlee, Hakluyt Society, London, 1938.

Cadamosto, *The Voyages of Cadamosto and Other Documents*, trans. and ed. C. R. Crone, Hakluyt Society, London, 1937.

Camoes, Luis de, *Os Lusiadas*, trans. R. F. Burton, 2 vols, Quaritch, London, 1880.

Cary, M. and Warmington, E. H., *The Ancient Explorers*, Methuen, London, 1929.

Charlesworth, M. P., *Trade Routes and Commerce of the Roman Empire*, Cambridge University Press, Cambridge. 1926.

Chaucer, Geoffrey, 'The Tale of Sir Topas' The Canterbury Tales, in *The Works of Geoffrey Chaucer*, ed. A. W. Pollard, Macmillan, London, 1898.

Chaudhuri, K. N., *Trade and Civilization in the Indian Ocean: an Economic History from the Rise of Islam until 1750*, Cambridge University Press, Cambridge, 1985.

Chau Ju-Kua, *His Work on the Chinese and Arab Trade in the Twelfth and Thirteenth Centuries entitled* Chu-fan-shi, trans. F. Hirth and W. W. Rockhill, Imperial Academy of Sciences, St Petersburg, 1911.

Conti, Nicolo de, 'The Travels of Nicolo de Conti in the East' in *India in the Fifteenth Century*, ed. R. H. Major, Hakluyt Society, London, 1857.

Corn, Charles, *The Scents of Eden: a History of the Spice Trade*, Kodansha, New York, 1998.

Correa, Gaspar, *The Three Voyages of Vasco da Gama and his Viceroyalty*, trans. And ed. H. E. J. Stanley, Hakluyt Society, London, 1869.

Cosmas Indicopleustes, *The Christian Topography of Cosmas*, trans. and ed. J. W. MacCrindle, Hakluyt Society, London, 1897.

Crone, Patricia, *Meccan Trade and the Rise of Islam*, Blackwell, Oxford, 1987.

Cummins, John, *Francis Drake: the Lives of a Hero*, Weidenfeld and Nicolson, London, 1995.

Dalby, Andrew, *Dangerous Tastes: the Story of Spices*, British Museum, London, 2000.

Danvers, F. C., *The Portuguese in India*, W. H. Allen & Co., London, 1894.

Davidson, Alan, *The Oxford Companion to Food*, Oxford University Press, Oxford, 1999.

Davis, John, *The Works and Voyages of John Davis*, ed. A. H. Markham, Hakluyt Society, London, 1880.

Diffie, B. W. and Winius, G. D., *Foundations of the Portuguese Empire 1415-1580*, University of Minnesota Press, Minneapolis, 1977.

Disney, A. R., *Twilight of the Pepper Empire, Portuguese Trade in South West India in the Early Seventeenth Century*, Harvard University Press, Cambridge, Mass., 1978.

Drake, Francis, *The World Encompassed*, ed. W. S. W. Vaux, Hakluyt Society,

London, 1854.

Fels, Marthe, *Pierre Poivre ou l'Amour des Epices*, Hachette, Paris, 1968.

Ferrand, Gabriel (trans. and ed.), *Relations de Voyages et Textes Géographiques Arabes, Persans et Turks Relatifs à l'Extrême Orient du VIIIe à XVIIIe Siècles*, 2 vols, Leroux, Paris, 1913.

Furber, Holden, *Rival Empires of Trade in the Orient 1600-1800*, Oxford University Press, London, 1976.

Galvão, Antonio, *The Discoveries of the World from their First Original unto AD 1555*, ed. C. R. D. Bethune, Hakluyt Society, London, 1862.

Gama, Vasco da, *Journal of the First Voyage*, ed. E. G. Ravenstein, Hakluyt Society, London, 1898.

Glamann, Kristof, *Dutch Asiatic Trade 1620-1740*, Danish Science Press and Martinius Nijhoff, Copenhagen and The Hague, 1968.

Goitein, S. D., *A Mediterranean Society: the Jewish Communities of the Arab World as Portrayed in the Documents of Cairo Geniza*, 6 vols, University of California Press, Berkeley, 1967-93.

Groom, Nigel, *Frankincense and Myrrh*, Longman, London, 1981.

Hall, Richard, *Empires of the Monsoon: a History of the Indian Ocean and its Invaders*, HarperCollins, London, 1996.

Hanna, Willard A., *Indonesian Banda: Colonialism and its Aftermath in the Nutmeg Islands*, Institute for the Study of Human Issues, Philadelphia, 1978.

Hanna, Willard A and Des Alwi, *Turbulent Times Past in Ternate and Tidore*, Yayasan Warisan dan Budaya, Banda Naira, 1990.

Herodotus, *The Histories*, trans. Aubrey de Selincourt, Penguin, London, 1972.

Heyd, W., *Histoire de Commerce du Levant au Moyen Age*, 2 vols, Harrassowitz, Leipzig, 1923.

Hourani, G. F., *Arab Seafaring in the Indian Ocean in Ancient and Early Medieval Times*, Khayats, Beirut, 1963.

Jayne, C. K., *Vasco da Gama and His Successors, 1460-1580*, Methuen, London, 1910.

Ibn Batuta, *The Travels of Ibn Battuta*, trans. H. A. R. Gibb, 5 vols, Hakluyt Society, Cambridge, 1962.

Keay, John, *The Honourable Company: a History of the English East India Company*, HarperCollins, London, 1991.

——, *India: a History*, HarperCollins, London, 2000.

Lach, Donald, *Asia in the Making of Europe*, 6 vols, University of Chicago Press, Chicago, 1965-93.

Lancaster, James, *The Voyages of Sir James Lancaster to Brazil and the East Indies 1591-1603*, ed. William Foster, Hakluyt Society, London, 1940.

Lane, F. C., *Venetian Ships and Ship-building of the Renaissance*, Johns Hopkins Press, Baltimore, 1934.

Levathes, Louise, *When China Ruled the Seas*, Oxford University Press, Oxford, 1990.

Linschoten, Jan Huyghen van, *The Voyage of Jan Huyghen van Linschoten*, ed. and trans. A. C. Burnell and P. A. Tiele, 2 vols, Hakluyt Society, London, 1885.

Lopez, R. S. and Raymond, I. W., *Medieval Trade in the Mediterranean World: Illustrative Documents*, Oxford University Press, London, 1955.

Ma Huan, Ying-Yai Shen-Yang, 'The Overall Survey of the Ocean's Shores', trans. J. V. G. Mills, Hakluyt Society, Cambridge, 1970.

McCrindle, J. W., *Ancient India as Described by Ptolemy*, Calcutta, 1885.

Mackintosh-Smith, Tim, *Travels with a Tangerine*, Murray, London, 2001.

Maundevile, Sir John, *The Voiage and Travaile*, ed. G. Halliwell, Reeves and Turner, London, 1883.

Meilink-Roelofsz, M. A. P., *Asian Trade and European Influence in the Indonesian Archipelago, 1500-1630*, Nijhoff, The Hague, 1962.

Menzies, Gavin, *1421: The Year China Discovered the World*, Bantam, London, 2002.

Middleton, Henry, *The Voyage of Sir Henry Middleton to the Moluccas 1604-06*, ed. William Foster, Hakluyt Society, London, 1943.

Miller, J. Innes, *The Spice Trade of the Roman Empire, 29 BC to AD 641*, Clarendon Press, Oxford, 1969.

Milton, Giles, *Nathaniel's Nutmeg*, Hodder, London, 1999.

Orta, Garcia da, *Colloquies on the Simples and Drugs of India*, trans. and ed. C. R. Markham, Henry Sotheran & Co., London, 1913.

Paranavitana, S., 'The Tamil Inscription on the Galle Trilingual Slab', in *Epigraphia Zeylanica*, no.36, vol 3 (1928-33), OUP, London, 1933.

Parry, J. H., *Europe and a Wider World 1415-17*, Hutchinson, London, 1949.

Parsons, Edward Alexander, *The Alexandrian Library*, American Elsevier, New York, 1952.

Pearson, M. N. (ed.), *Spices in the Indian Ocean World*, Variorum, London, 1996.

Penrose, Boies, *Travel and Discovery in the Renaissance 1420-1620*, Harvard University Press, Cambridge, Mass., 1960.

Pepys, Samuel, *The Diary of Samuel Pepys*, ed. H. B. Wheatley, Geo Ben, London, 1895.

Pernoud, Regine, *The Crusades*, trans. Enid MacLeod, Secker and Warburg, London, 1962.

Pigafetta, Antonio, *Magellan's Voyage: a Narrative Account of the First*

Circumnavigation, trans. and ed. R. A. Skelton, 2 vols, Yale University Press, New Haven, 1969.

Pires, Tome, *The Suma Oriental*, trans. and ed. A. Cortesao, 2 vols, Hakluyt Society, London, 1944.

Pliny, *Natural History*, trans. H. Rackham, 10 vols, Heineman, London, 1968.

Polo, Marco, *The Book of Ser Marco Polo*, trans. and ed. H. Yule and H. Cordier, 2 vols, Murray, London, 1921.

Ptolemy, *Ancient India as Described by Ptolemy*, ed. J. W. MacCrindle, Trubner, London, 1865.

Purchas, Samuel, *Hakluytus Posthumus or Purchas His Pilgrimes*, 20 vols, repr. Maclehose, Glasgow, 1905.

Rickert, E., *Chaucer's World*, Oxford University Press, London, 1948.

Rosengarten, Frederick, *A Book of Spices*, Livingston Publishing Co., Wynnewood, PA, 1969.

Schivelbusch, Wolfgang, *Tastes of Paradise*, Pantheon, New York, 1992.

Simkin, C. G. F., *The Traditional Trade of Asia*, Oxford University Press, London, 1968.

Strabo, *The Geography*, trans. H. C. Hamilton and W. Falconer, 3 vols, H. G. Bohn, London, 1854.

Theophrastus, *Enquiry into Plants and Concerning Odours*, trans. A. Hart, Loeb, London, 1916.

Tibbetts, G. R., *Arab Navigation in the Indian Ocean Before the Coming of the Portuguese*, Royal Asiatic Society and Luzac, London, 1971.

Tomalin, Claire, *Samuel Pepys: The Unequalled Self*, Viking, London, 2002.

Tucker, Jonathan, *The Silk Road: Art and History*, Philip Wilson, London, 2003.

Turner, Jack, *Spice: the History of a Temptation*, HarperCollins, London, 2004.

Unger, Richard W., *The Ship in the Medieval Economy 600-1600*, Croom Helm, London, 1980.

Valentijn, François, *Description of Ceylon*, trans. and ed. Sinnappan Arasaratnam, Hakluyt Society, London, 1978.

Varthema, Ludovico di, *Travels of Ludovico di Varthema*, trans. J.W. Jones and G. P. Badger, Hakluyt Society, London, 1863.

Wallace, A. R., *The Malay Archipelago*, 1869, repr. Oxford University Press, Singapore, 1986.

Warmington, E. H., *The Commerce Between the Roman Empire and India*, Cambridge University Press, Cambridge, 1928.

Wheatley, Paul, *The Golden Khersonese*, University of Malaya Press, Kuala Lumpur, 1961.

Wheeler, R. E. M., *Rome Beyond the Imperial Frontiers*, G. Bell & Sons, London,

1954.

Williamson, James A., *The Age of Drake*, A. and C. Black, London, 1938.

Wood, Frances, *The Silk Road*, Folio Society, London, 2002.

Yule, H., *Cathay and the Way Thither*, 2 vols, Hakluyt Society, London, 1866.

Yule, H. and Burnell, A. C., *Hobson-Jobson: a Glossary of Anglo-Indian Words etc.*, 1886, repr. Routledge and Kegan Paul, London, 1968.

编后记

　　本书的作者约翰·凯伊（专业作家、学者和旅行家）曾经是《经济学人》的时政记者，后来还担任过英国广播公司（BBC）电台的纪录片撰稿人。数十年来，他笔耕不辍，已出版了二三十本著作。他主要关注亚洲的历史、经济、文化和社会发展，2009年被英国皇家亚洲事务学会授予珀西·塞克斯爵士纪念勋章，以表彰他对于亚洲研究的文学贡献。本书正是其中的一本。

　　从书名可知，本书的主要内容紧紧围绕香料之路的探索。香料之路是古代连接东方和西方的贸易路线。通过香料之路，印度、东南亚和中东地区的香料被运往欧洲和地中海地区，促进了古代文明的发展和交流。本书旨在通过全面深入地介绍香料之路的探索过程，使读者更好地了解这段历史，并探究其对现代社会的影响和启示，提高大家对香料的认识和了解。因此，本书的出版不仅仅是出版一本关于香料之路历史的书，也是助力人们了解香料文化与行业发展的重要读物。

　　作者约翰·凯伊毕业于牛津大学莫德林学院，师从历史学家A.J.P.泰勒和知名剧作家艾伦·贝内特，以出色的文学天赋和对于文献的细致研究见长。在阅读本书的过程中，读者将会深刻地感悟到这两点，不由得折服于作者细腻委婉又幽默诙谐的文风和对于历史文献的独到研究功力。此外，作者还写过一本关于英国东印度公司的著作，不日也将出版，敬请对于这个主题感兴趣的读者关注。

　　当代香料市场的现状丰富多样，人们在各个方面都可以看到香料的应用。从日常生活用品到食品、药品和化妆品，香料已经融入了我们的生活中。随着全球化的发展，香料贸易不只是经济层面的交流，更具有文化、历史和生态的意义。鉴于此，还请广大读者一定不要错过本书。当然，由于时间和编辑水平有限，本书可能存在一些错误，还请各位读者批评指正。

编者

2024年4月

图书在版编目（CIP）数据

香料之路：一部关于欲望、探险和帝国的历史 /
(英) 约翰·凯伊著；荣岩译. -- 北京：九州出版社，
2024.7（2024.7重印）

ISBN 978-7-5225-2738-3

Ⅰ.①香… Ⅱ.①约… ②荣… Ⅲ.①香料贸易—贸
易史—世界 Ⅳ.①F746.79

中国国家版本馆CIP数据核字(2024)第063430号

THE SPICE ROUTE: A History by John Keay
© John Keay, 2005
All rights reserved.

著作权合同登记号：图字01-2024-1885
地图审图号：GS（2023）1996

香料之路：一部关于欲望、探险和帝国的历史

作　　者	［英］约翰·凯伊 著　荣　岩 译
责任编辑	陈丹青
出版发行	九州出版社
地　　址	北京市西城区阜外大街甲35号（100037）
发行电话	（010）68992190/3/5/6
网　　址	www.jiuzhoupress.com
印　　刷	北京盛通印刷股份有限公司
开　　本	889 毫米 × 1194 毫米　　32 开
印　　张	10.75
字　　数	250 千字
版　　次	2024 年 7 月第 1 版
印　　次	2024 年 7 月第 2 次印刷
书　　号	ISBN 978-7-5225-2738-3
定　　价	74.00元